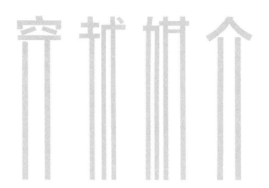

穿越媒介

FLOWING THROUGH MEDIA

从绘画到新媒体艺术

李镇 著

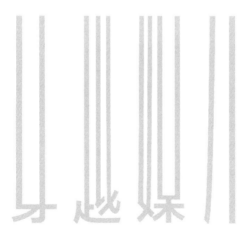

机械工业出版社
CHINA MACHINE PRESS

《穿越媒介　从绘画到新媒体艺术》是李镇近二十年从绘画到设计再到新媒体艺术三段学术研究经历的文章合集。28篇文章分为"中西–比较""师说–读画""数字–媒体"三个部分，以及由"编译–访谈"组成的附录，呈现了作者在两次学术研究转向过程中的所思与所想，尤其是对艺术中各种媒介的观察与分析。本书可供各大院校艺术设计相关专业师生、艺术工作者、学术研究者参考。

图书在版编目（CIP）数据

穿越媒介：从绘画到新媒体艺术 / 李镇著.
北京：机械工业出版社，2025.4. -- ISBN 978-7-111-77862-2

Ⅰ. G206.2-53
中国国家版本馆CIP数据核字第20251C4Q28号

机械工业出版社（北京市百万庄大街22号　邮政编码100037）
策划编辑：马　晋　　　　责任编辑：马　晋
责任校对：梁　园　王　延　责任印制：任维东
北京瑞禾彩色印刷有限公司印刷
2025年4月第1版第1次印刷
145mm×210mm·12印张·2插页·232千字
标准书号：ISBN 978-7-111-77862-2
定价：88.00元

电话服务　　　　　　　网络服务
客服电话：010-88361066　机 工 官 网：www.cmpbook.com
　　　　　010-88379833　机 工 官 博：weibo.com/cmp1952
　　　　　010-68326294　金 书 网：www.golden-book.com
封底无防伪标均为盗版　机工教育服务网：www.cmpedu.com

自序

二十年来,我的研究兴趣发生了两次改变,第一次是从绘画转向设计,第二次是从设计转向新媒体艺术和数字艺术,这两次改变与我学习、工作的三段经历有关。

第一段是2004年至2008年在清华大学美术学院绘画系跟随刘巨德教授攻读博士学位,进行中西绘画及艺术的生命精神比较研究。老师是大艺术家和大教育家,主张实践与理论并重,因此我在画画和完成博士论文之余写了一些文章,虽然常常得到老师和同学的鼓励,但是大都不成体统,可以算是读书笔记。第二段是2009年至2019年在中华女子学院艺术学院教书。这所学校没有美术专业,我只能教设计基础、艺术史论和设计史论。随着边学边教,我发现设计是一个更大的世界，可以帮助我重新理解绘画和艺术，同时身在女院，我开始了解女性主义，开始用性别视角看问题，因此对绘画和艺术有了新的认识。第三段是2020年调入中国艺术研究院摄影与数字艺术研究所从事新媒体艺术和数字艺术的研究工作。我好奇心重，而且周围做当代艺术尤其是新媒体艺术和数字艺术的师友多，因此在耳濡目染中开始尝试理解这个领域。我为自己设定了翻译、调研和写作三条主要工作路径，先从基础的"学科基建"入手。基于这个框架，最近四年，我与好友、同事彦风以及团队完成了《十二次访问：策展人》《十二次访问：艺术家》《中国新媒体艺术教育20年（第一辑）》《中国新媒体艺术教育20年（第二辑）》《数字艺术》《艺术中的新媒体》《数字艺术指南》七本书的著、编、译，同时写作并发表了一些文章。

本书是我学习、工作三段经历期间所写28篇文章的合集，话题从"中西–比较"和"师说–读画"到"数字–媒体"和"编译–访谈"，原本以为是"窃取陈编，强为贯穿"，但在重新整理、编辑的过程中得以重新审视自己的研究之路对我而言仍然是有价值的，尤其是当我在做年轻策展人和艺术家调研、中国新媒体艺术教育调研以及数字艺术与媒介理论著作翻译等项目时，发现档案和文献远比我想象的更加珍贵。

庄子说过:"故为是举莛与楹,厉与西施,恢诡谲怪,道通为一。"无论以绘画和设计为媒介还是以新媒体艺术和数字艺术为媒介,无论以创作为媒介还是以研究为媒介,其艺术本质都是相通的。人到中年之际,我时时想起刘巨德老师让我好好思考的关于艺术中本我、自我、超我、大我、无我的问题。或许,人是艺术的媒介,也是生命的媒介。

是为自序。

目录

自序

第一篇　中西－比较

11　《石涛画语录》的体系
19　析西方美术历程中"我"的变迁
25　女人的晚宴——朱迪·芝加哥及其女性主义艺术
33　中西美术比较研究的跨文化视野
45　任熊及其《十万图册》
55　项圣谟及其《花卉册十开》
65　李鱓及其《花鸟册十二开》
75　作为手工艺的绘画：威廉·莫里斯和保罗·塞尚

第二篇　师说－读画

99　先生的先生　导师的导师——庞薰琹
111　殊途同归　高峰相会——吴冠中先生的艺术与科学思想
121　师说九则：刘巨德先生艺术思想初探
147　关于身体的寓言：石冲艺术的一种阐释
153　传神写心　意境典雅：刘临中国人物画艺术初探
159　天地人·风雅颂：王宏剑绘画中的史诗意象和生命关怀
169　新媒体《山海经》：从刘旭光的一件作品说起
177　比抽象和东方更多：刘旭光艺术中的古典修辞
183　蜜蜂小姐：梁白波与20世纪30年代上海漫画

第三篇　数字 - 媒体

195　蜜白盒子内外：李泊岩的空间策展实践
207　受控随机：数字艺术的早期探索（20 世纪 50 年代至 70 年代）
231　基于社交媒体的新类型公共艺术实践——以"每个人的东湖"和"六环比五环多一环"为例
243　如何重新观看"家"？——胡介鸣基于反预设和在地性的摄影创作
257　跨媒体艺术中作为元图像的影像：以杨福东的艺术创作为例
279　数字艺术中交互影像的非线性叙事
303　从实际出发——"中国新媒体艺术教育 20 年"综述

附录　编译 - 访谈

321　当代艺术与新媒体：数字鸿沟，还是混合话语？
347　当代艺术实践中的摄影身份——访艺术家王友身
361　表演影像与媒介反思——访青年艺术家陶辉
373　关于访谈的访谈

致谢

第一篇

中西－比较

《石涛画语录》的体系

内容摘要：《石涛画语录》是中国传统画论的集大成之作，其价值在于一个由"一画论"构筑的绘画美学体系，这个体系自形上而至形下又回到形上，赋予艺术以一种生命逻辑。本文尝试在已有的关于《画语录》的研究基础上重新梳理其"一画"体系，理解围绕一画展开的一系列命题，寻找天人合一的绘画之源，更本质的体验理论背后的生命精神。

关键词：石涛；画语录；一画；生命精神

创作于石涛晚年定居扬州（1693年）之后，成书于1696年至1700年之间的《石涛画语录》[1]（又名《苦瓜和尚画语录》或《画语录》）不仅是石涛（1642—1707）艺术生命的理论总结，更是中国古代画论史上的一座里程碑。我们目前所能见到的最早的《画语录》版本是南京图书馆所藏清雍正年间汪绎辰[2]的精抄本《石涛和尚画语录》。此书前有序言，后接《苦瓜和尚画语录》全文，其后的张沅跋和汪绎辰跋很明确地指出了《画语录》一书的几个特点：其一是内容深刻玄奥，不易理解；其二是文字有先秦子书之风，自成一家；

其三是该书所写乃画家对艺术的真实体验,既有作为艺术家群体的普遍感受,又有作为艺术家个体的特殊感受,因此被视作"不传之秘"。此三点之外,汪绎辰认为更重要的是,从深度和广度上,《画语录》都表明石涛的视野不囿于绘画,他构建了一个由追溯宇宙的生命起源引出绘画的生命精神、以讲述绘画心法为主兼顾技法的理论体系,实现了哲学与艺术、艺术与技术的完美统一。

俞剑华在《画语录研究》[3]一文中写道:"《画语录》十八章是一个整体,是一个完整的有机的体系。从无到有,从简到繁,从一到万,逐渐发展,然后又从有到无,从繁到简,从万复归于一,层层统属。散之则山川人物,鸟兽虫鱼,森罗万象,争奇斗异,似乎各不相关;聚之则溯流以追源,从枝以寻根,系统分明,有条不紊,确乎不可分离。"

《画语录》全文以《一画》开篇,从宇宙生成绵延出全文的核心——"一画论"。"所以一画之法,乃自我立。"一画之法又是画家生命的体验。"夫画者,从于心者也",因此绘画与生命在一画之法上相通。一画之法既立,众法随之产生。有法必得法,了法是为了去障,因此第二章是《了法》。了法的关键是得"乾旋坤转之义"。顺应天地运行的规律,绘画就变得圆融无碍,"画道彰矣,一画了矣"。在石涛看来,艺术是有生命的,不应受到成法的束缚,"至人无法,非无法也,无法而法,乃为至法"。于是第三章《变化》就针对清代画坛的泥古之风强调了"具古以化"的道理。如何具古以化呢?古与今相对,石涛在"借古以开今"尊重时代性的基础上提出了尊重个性的"我之为我,自有我在"这一颇具人文精神的命题。艺术家体验生命的途径是感受(非量)与认识(包括感性认识和理性认识或者说现量与比量)。那么受与识孰先孰后,其关系如何?《尊受》一章告诉我们感受在先,认识在后,但同时二者可以相互生发。"画受墨、墨受笔、笔受腕、腕受心",一画论最终落实在"尊受"二字上。以上四章是《画语录》的第一部分,这一部分是《画语录》的灵魂,虽然艰涩难懂,所谈无非是无法与有法、障与法、古与化、识与受的辩证关系,绘画与生命在一画之法上的统一。

笔墨是中国画的主要媒介,也是中国画论的重要概念。石涛将一画论运用其中,赋予笔墨新的意义。第五章《笔墨》、第六章《运腕》和第七章《絪缊》就是围绕这一问题展开的。石涛在"笔墨"一章中拈出"蒙养"与"生活"[4]一对概念与笔墨对应。他认为墨需要蒙养即表现生命的统一性方能尽其灵,笔需要生活即表现生命的多样性方能足其神,二者兼备方能有笔有墨。笔与墨、蒙养与生活、灵与神都是一画的生命精神的两元。如果说"笔墨"章讲的是用笔用墨的心法,"运腕"一章讨论的则是笔墨的技法。运腕的实、虚、正、仄、疾、迟、化、变、奇、神都能创造出截然不同的笔墨魅力。第七章是《絪缊》。笔与墨会的状态是为絪缊,犹如天地浑然一体。于絪缊中见出笔墨、于浑沌里画出天地,便要遵循"自一以分万,自万以治一"的一画之法。石涛说:"在于墨海中立定精神,笔锋下决出生活,尺幅上换去毛骨,混沌里放出光明。纵使笔不笔、墨不墨、画不画,自有我在。"这既是"絪缊"章的要义,也可视作

《画语录》第二部分的总结。

在介绍了一画之法的表现形式笔墨及其心法与技法之后,石涛更将一画论贯彻于中国画之大宗——山水画的创作中。第八章《山川》讲的是山川的质与饰即乾坤之理与笔墨之法的关系。质与饰相得益彰,山川方能"文质彬彬"[5]。此章虽立足于山川,谈的仍是天之权、地之衡、我之一画之法诸大问题。然而在艺术实践中运墨操笔时峰与皴本来无间,皆源于一画的自然生长,是为第九章《皴法》。《皴法》与《山川》可合为一章,第十章与第十一章亦可联系起来看。第十章题为"境界",说的是山水画的章法,批评了程式化的"三叠法"与"两段法"[6],强调构图不必拘泥于细碎之势而应一气贯通;第十一章题为"蹊径",列举了创造意境的六种方法:对景不对山、对山不对景、倒景、借景、截断、险峻[7],目的是拓宽构图与章法的思路。树是中国古代山水画的重要因素,甚至在许多作品中以树为主,山水为辅,因此石涛在第十二章专谈了"林木"。第十三章是《海涛》。仅从题目上看,似乎是要说画水之法,其实不然,此章借山海相通来说山水画的气象。"庄周梦蝶",蝴蝶就是庄周,庄周就是蝴蝶,皆因梦者视点从之一超越为一[8]。第十四章是《四时》。自然界有春夏秋冬、风雨阴晴,画家唯有悉心体悟四时的变化,方能描绘出宇宙生命的诗情画意。四时之景是引子,终点是"诗中有画,画中有诗"[9],画通诗中意,诗通画里禅的玄机。从第八章到第十四章是《画语录》的第三部分,涉及山水画创作的方方面面,虽从点着眼,却能连成线、排成面、叠成体,宏的是一画之法，画的是生命精神。

第十五章和第十六章讨论作为创作者的艺术家，是《画语录》的第四部分。"尘"由"物"使，"俗"因"愚"生，《远尘》和《脱俗》二章分别从客观和主观两方面谈艺术家和艺术的境界。一方面，物与人相对，在画家而言即客观事物。执着于笔墨刻画，艺术的品格就会降低。这是物阻碍了人。那么如何改变这种局面呢？作者提出的解决方案是不为物蔽、不与尘交，专心体验宇宙的生命精神。会画画的人很多，懂得一画之法的人却很少。唯有将心智升华到"一"的境界，运用一画之法，画家才能"远尘"。画家通达、明了而后生变化，变化而后感受事物和描绘形象便无形无迹，运墨操笔也自然而然。因此"脱俗"的关键是明达。通达、明了者何？石涛没有说，或许就是一画之法。

第十七章《兼字》从笔墨的丰富表现力写到书法与绘画相通，"字与画者，其具两端，其功一体"。并由字画相通回到一画之法上来，"一画者字画先有之根本也，字画者一画后天之经权也"。石涛再次强调艺术家不能知经权而忘根本。大自然教给艺术家一画之法，而如何运用一画之法则要看艺术家的悟性——"所以古今字画，本之天而全之人也"。第十八章《资任》是《画语录》全文的收篇。"资"有取之意，"任"则含义丰富，文中先后出现的六十六处"任"因语境的不同含义也有差异。此章写笔与墨、写蒙养与生活、写山与水、写天与人，写了一大堆，结论却是"不任于山，不任于水，不任于笔墨，不任于古今，不任于圣人"。这些都不是本质，"是任也，是有其资也"。根源在于"我"的"一画之法"。朱良志认为"如果说《一画》章是立一法，由一而万，为绘画创作确立一个本体的道，那么，《资任》章则侧重于由万治一，由万法归于一法，由万物归于蒙养生活，归于天地及自我的创造精神。《一画》章的核心是'一'，《资任》章的核心是'我'；《一画》章侧重于本源论，《资任》章侧重于心性论；因为我有'一画'，所以必资其任，因为我资天任、我资我任，所以要归于'一画'。'一画'和'资任'密不可分。"[10] 以上两章是《画语录》的第五部分。

《画语录》全文以一画论为明线，生命精神为暗线贯穿始终，从宇宙的"一画"开始，论笔墨的心法和技法，论山水画的创作，论艺术家和艺术的境界，运用一画论对绘画的方方面面进行分析、综合，最后回到画家的"资任"上来。第一部分和第五部分是一画论的首和尾，第二部分到第四部分是一画论的展开，这样看来全文又可整合为由宏观、抽象到微观、具体又回到宏观、抽象的三部分。文章体系完整，结构清晰，逻辑缜密，文字洗练，同时不乏艺术家的才情，读来酣畅淋漓，令人颇有醍醐灌顶之感。

注释

[1] "语录"是一种记录老师讲话的文体,始于唐代佛门,盛于宋代儒家,类似今天的听课笔记。《石涛画语录》有所不同,全书由作者自己写成,因石涛是和尚,故采用了语录的说法。

[2] 汪绎辰,字陈也,新安人,工花卉,张庚《国朝画征续录》有传,著有《即是深山馆诗集》。

[3] 道济:《中国画论丛书·石涛画语录》,人民美术出版社,1959,第 81 页。

[4] 此处采用了韩林德在《石涛与〈画语录〉研究》中对"蒙养"与"生活"的解释。朱良志在《石涛研究》中对此二词有更深入的考证,但基本意思相同。

[5] 子曰:"质胜文则野,文胜质则史。文质彬彬,然后君子。"见《论语·雍也》。"文"即"饰"。

[6] 三叠法:一层地,二层树,三层山,自下而上排列。两段法:景在下,山在上,中以云分作两段。

[7] 吴冠中在《我读石涛画语录》中解释六种蹊径:"此景并非属此山之景,此山并非属此景之山。景中物象有正有斜,颠倒错杂;移花接木,调动不同地区之景物织入同一画面;截取景物之局部以构建画面;险峻或奇观。"

[8] 止庵在《樗下读庄》一书中认为庄子哲学的根本所在是视点从之一到一的超越。

[9] 苏轼在其题跋《书摩诘〈蓝田烟雨图〉》中写道:"味摩诘之诗,诗中有画;观摩诘之画,画中有诗。"提出了"诗中有画,画中有诗"的命题。

[10] 朱良志:《石涛研究》,北京大学出版社,2005,第 89 页。

本文发表于《装饰》50 周年院庆特刊

析西方美术历程中"我"的变迁

1898年,在南太平洋的塔希提岛,保罗·高更(Paul Gauguin)有感于生命的无常,开始用画笔和油彩在一块粗糙的巨大麻布上向自己、向整个人类和宇宙发问。大约一个月与重感冒相伴的工作的果实便是今天藏于美国波士顿美术馆的象征主义杰作——《我们从何处来?我们是谁?我们向何处去?》。它仿佛是一个关于人类的寓言,又让人们的思绪回到两千多年前苏格拉底(Socrates)在德尔斐神庙的门楣上写下的那句话:"认识你自己"。

无论对于艺术家还是普通人而言,"我"都是生命体验的原点。从"物我不分"到"以我观物""以物观物"再到"物我两忘",人类对物我关系的认识经历了一个轮回。艺术,尤其是现代主义绘画的绵延与转捩重现了这一历程。从"物我不分"到"以我观物""以物观物"再到"物我两忘",是人类寻找"我"的历程,也是艺术创造的规律。

世界各民族的神话都把世界之初描绘为浑沌状态,"天人合一"是宇宙在先民头脑中最朴素的映像。古希腊哲人巴门尼德(Parmenides)第一个把对"存在"的追问作为哲学研究的根本任务提出来，标志着哲学的滥觞。存在，首先是"人"的存在。因此，尽管在拉斐尔（Raffaello Santi）的《雅典学院》中柏拉图（Plato）右手指向天，亚里士多德（Aristole）左手指向地，分别象征形上与形下的智慧，但是立于天地间的依然是作为人的"我"。以"我"为参照系，头上的天和脚下的地才有意义。

中世纪人神分离，在"原罪"的桎梏下，"人"变成了"人类"，"我"以"我们"的形式出现，神在《圣经》中立下规矩："我，是世界的阿尔法和欧米伽"。但神毕竟是人的创造，这个人创造的神必得托诸人形回到人间。作为神的"我"不过是作为人的"我"的神化。随着文艺复兴和启蒙运动的到来，但丁（Dante Alighieri）开始用意大利文在《神曲》中描绘自己理想的天国，彼德拉克（Francesco Petrarca）的十四行诗闪现出人性的光芒，薄伽丘（Giovanni Boccaccio）的《十日谈》对爱欲进行淋漓尽致的铺陈，让－雅克·卢梭（Jean-Jacques Rousseau）、伏尔泰（Voltaire）和孟德斯鸠（Montesquieu）更以他们的思想树起自由、平等、博爱之旗。于是，不但人类从神的监护下解放出来，而且人类也承认了人的存在，个性在人性中萌芽。

在人本主义的框架下，理性主义者笛卡尔（René Descartes）做出了"我思故我在"的著名论断，将人的存在归功于人的理性，至任何存在都需经过理性尺度的检验。经验主义者霍布斯（Thomas Hobbes）和洛克（John Locke）则从经验的角度分别把人看作处于战争与和平状态的个体。之后，理性主义诞生了康德（Immanuel Kant）

的"物自体"与黑格尔（G. W. F. Hegal）的"绝对理念"，非理性主义诞生了叔本华（Arthur Schopenhauer）的"悲观无意义"与尼采（Friedrich Wilhelm Nietzsche）的"乐观无意义"，"自我"的命题逐渐丰满并且取代了"我"变为哲学的轴心。

西方艺术有希腊和希伯来两个文化母型：相对面言，希腊文化偏爱存在世界的和谐即"美"，在艺术上长于对形式的研究；而希伯来文化则追求精神领域的冲突即"崇高"，在艺术上勤于对内容的探索。前者创造了从古希腊、古罗马艺术到拉斐尔到普桑（Nicolas Poussin）、洛兰（Claude Lorrain）再到大卫（Jacques-Louis David）、安格尔（Jean-Auguste-Dominique Ingres）的古典主义艺术；后者则先后孕育出中世纪艺术，早期巴洛克艺术，以及以籍里柯（Theodore Géricault）、德拉克洛瓦（Eugène Delacroix）为代表的浪漫主义艺术。古典和浪漫两条脉络交替以主流的姿态出现，并相互作用，绵延出19世纪前的西方艺术史。古典主义的信条是温克尔曼所说的"高贵的单纯和静穆的伟大"[1]，而浪漫主义在波德莱尔（Charles Pierre Baudelaire）那里"既非主题的选择，也非客观的真理，而是一种感觉的情绪"[2]，二者不过是"我"的两面，是"醒"的"我"与"醉"的"我"[3]对自然的体验。

进入20世纪，哲学取得了现代形态，在科学精神的引导下关于"我"的研究加速向纵深发展，西格蒙德·弗洛伊德（Sigmund Freud）在"自我"的基础上发现了"超我"和"本我"。在他看来，"本我"是潜藏在"自我"之后的具有原始本能的"我"，"自我"协调着原始本能与现实社会。而"超我"则是经过道德洗礼的"我",同时监督着"自我"和"本我"并把原始本能置换到对真、善、美的追求上。萨特（Jean-Paul Sartre）把以"自我"为中心的人本主义推向高潮,"我思故我在"在他这里变成了"我在故我思"。"存在先于本质",因此"人的自由先于人的本质",自我在人的相互异化中实现。列维纳斯（Emmanuel Levinas）由同样的前提推出了截然相反的结论——"我是他者","我"的体验源于"我们"的相互依赖。于是自我隐去,个体向群体回归。最终福柯（Michel Foucault）接过尼采的接力棒从根本上否定了"我"和"我们"的存在,在他眼中"作为主体的人已经死亡"。

19世纪末,后印象主义和新印象主义的出现标志着西方现代艺术的萌芽。塞尚（Paul Cézanne）、修拉（George Seurat）、梵高（Vincent van Gogh）和高更一方面从模仿走向表现,从自然走向自我,追求绘画的独立性、纯粹性和专一性。另一方面也继承了古典和浪漫两条艺术的脉络：其一是从塞尚、修拉到野兽派、立体主义到构成主义再到抽象主义,其二是从梵高、高更到象征主义到表现主义再到超现实主义。当然,还有两类元素的融合,比如意大利未来派就被看作法国立体主义和德国表现主义的综合,而美国抽象表现主义顾名思义就是抽象主义和表现主义的结合。20世纪50年代左右"自我表现"的艺术已经取代"模仿自然"的艺术而蔚为大观。"自我"从幕后走到台前,幻化出绚烂的西方现代主义景观。

物极必反。20世纪60年代以后,波普艺术大肆泛滥,物我关系变得空前冷漠,这预告了"自我"逻辑的终结。物我对立是"自我"发展到极端的结果,在科学精神、进步论以及肯定和否定二元论的夹攻下,人与自然的关系剑拔弩张,"我"遗失在对自我、超我和本我的追问中。

此时,艺术需要一种更具人文关怀的超越精神来拯救。《庄子·天地》中有一则关于"玄珠"的寓言:"黄帝游乎赤水之北,登乎昆仑之丘而南望,还归,遗其玄珠。使知索之而不得,使离朱索之而不得,使吃诟索之而不得也,乃使象罔,象罔得之。黄帝曰:'异哉,象罔乃可以得之乎?'""象罔"包含"知"(知识)、"离朱"(感受)和"吃诟"(言说),又有对三者的超越,因此可得道的真性——"玄珠"。鉴于故事的启发,笔者认为,在寻找艺术的玄珠——"我"的历程中仅仅借助科学精神向纵深研究所获得的自我、超我和本我是不全面的,还应包括"大我"和"无我",而它们正是中国传统美学的产物。事实上,当代西方的艺术已经开始从中国、东方美学中寻找出路,只是尚处于探索阶段。

注释

[1] 温克尔曼（Winckelmann，1717—1768）在其早期著作《关于在绘画和雕刻艺术里模仿希腊作品的一些意见》中对古希腊艺术特征的归纳。

[2] H. H. 阿纳森:《西方现代艺术史：绘画·雕塑·建筑》，邹德侬、巴竹师、刘珽译，天津人民美术出版社，1994。

[3] "醉"与"醒"即狄奥尼索斯的酒神精神和阿波罗的日神精神，见尼采《悲剧的诞生》。

本文发表于《美术观察》2006 年第 5 期

女人的晚宴
——朱迪·芝加哥及其女性主义艺术

内容摘要： 朱迪·芝加哥（Judy Chicago）是西方女性主义艺术的重要代表人物。她的视觉史诗作品《晚宴》今天已经成为女性主义艺术经典中的经典。本文通过梳理朱迪·芝加哥从 20 世纪 70 年代的"女人之屋"到 90 年代的《解决：及时一针》三十年间艺术创作的逻辑关系，揭示《晚宴》在其艺术创作中承前启后的核心地位，总结朱迪·芝加哥的女性主义艺术的基本语言体系。

关键词： 女性主义艺术；朱迪·芝加哥；晚宴

从 19 世纪到 20 世纪，西方女性主义运动经历了两次浪潮，它们分别发生在 19 世纪末 20 世纪初和 20 世纪六七十年代。如果说女性主义运动第一波的目标是为女性争取选举权、工作权和受教育权，那么女性主义第二波的目标则是批判性别主义、性别歧视和男性权利。值得注意的是，两次浪潮之间，女性主义思想泰斗波伏娃（Simone de Beauvoir）的著作《第二性》(*The Second Sex*) 1949 年横空出世，几乎成为女性主义的圣经。波伏娃（Simone de Beauvoir）接受萨特存在主义和自由主义的哲学基础，认为女性不过是男性的

"他者",或者说"第二性",并且"一个人并不是生而为女性而是变成女性的"。因此,女性解放的唯一途径便是改变这种现状。

西方女性主义运动的两次浪潮分别与现代艺术和后现代艺术的滥觞平行。但是艺术领域与思想领域不同,如果说19世纪末20世纪初的女艺术家们还分属现代艺术的各个流派,她们的艺术活动仅仅是"女性艺术",或者说"女性主义艺术"的萌芽,比如奥基弗(Georgia O'Keeffe)的抽象主义绘画,那么20世纪六七十年代的女艺术家及其艺术活动则开始显现出女性自觉意识的共识,专属后现代艺术之一流派的真正意义的"女性主义艺术"开始出现,比如"女性主义艺术"的开山鼻祖,身兼艺术家、作家、女性主义学者、教育家、知识分子数职的朱迪·芝加哥,其作品已经是一种从绘画发展出来的综合艺术,尤其是她的视觉史诗作品《晚宴》(*The Dinner Party*),今天已经成为女性主义艺术经典中的经典。

朱迪·芝加哥,1939年7月20日生于芝加哥一个犹太人家庭,1957年进入加州大学洛杉矶分校艺术学校(UCLA),1962年毕业并成为美国大学优等生荣誉学会会员,1964年获得绘画和雕塑学士学位。朱迪·芝加哥的艺术创作始于20世纪60年代。20世纪60年代极少主义(Minimal Art,又被称为ABC艺术)方兴未艾,故其早期艺术创作受到极少主义的影响,比如她1966年创作的《彩虹纠察队》(*Rainbow Pickets*)曾在重要的极少主义艺术展览"基本结构"(Primary Structures)中展出。

进入70年代,朱迪·芝加哥的名字正式启用,她原来姓科恩（Cohen），婚后则姓杰罗维兹（Gerowitz）。用出生地城市的名称代替父姓和夫姓，朱迪·芝加哥希望以此消除"男权社会凭借强势对自己全部名字的强加"。她从此开始女性主义艺术创作。1970年，朱迪·芝加哥在加州州立大学弗雷斯诺分校（California State University, Fresno）建立了第一个以培养女性艺术家为目标的女性主义艺术项目［这个项目被记录在由朱迪·丹克夫（Judith Dancoff）导演的电影《朱迪·芝加哥和加州女孩》（*Judy Chicago and the California Girls*）中，1971年公映。］。

1971年，女性主义艺术理论家琳达·诺克琳（Linda Nochlin）在《艺术新闻》发表了她的著名论文《为什么没有伟大的女艺术家？》，第一次在艺术史领域向男权社会宣战。同年，朱迪·芝加哥和米拉姆·夏皮罗（Miriam Schapiro）结成同盟并带领弗雷斯诺的学生转战加州艺术学院（California Institute of Art）。从1972年1月30日至2月28日，芝加哥和夏皮罗组织了首次女性主义艺术展"女人之屋"（Woman House）。展览开幕的第一天只允许女性观众参观，之后才允许男性观众参观。这个展览的概念最初由一位女性艺术史学生宝拉·哈珀（Paula Harper）在会议中提出并引发激烈讨论：传统观念认为家庭是女性的全部，女性为之奋斗的目的是取悦他人，那么假如女性只取悦自己，家庭会变成什么样子？于是，芝加哥和夏皮罗带领23名女学生和3名女纤维艺术家用娃娃、枕头、化妆品、卫生巾、丝袜、内衣、儿童玩具、洗手盆、烤面包机、煎锅、冰箱、门拉手、浴帽、棉被、缎子床单等女性用品将好莱坞一所有17个房间的大房子改造成一个装置和行为的艺术综合体。"女人之屋"意义非凡,从此朱迪·芝加哥和她的女性主义艺术粉墨登场。

对朱迪·芝加哥及其女性主义艺术而言,"女人之屋"只是序幕,《晚宴》才是高潮。从 1974 年至 1979 年,历时六年,朱迪·芝加哥和她的团队(芝加哥在吸纳其他人加入创作之前,最初三年一直是单枪匹马工作的。之后三年中,400 余人为创作做出贡献。她们中的绝大多数都是志愿者。大约 125 个做出长期努力的人被称为"项目成员",此外一个项目小组在最后三年的工作中精诚合作。芝加哥设计了主要部分并享有最终决定权。)耗资 25 万美元,完成了这件向 1038 个神话和历史中著名女性致敬的包括陶瓷和纺织工艺的边长14.63 米的等边三角形大型装置。1979 年,这件惊世骇俗的女性主义艺术作品在旧金山现代艺术博物馆(San Francisco Museum of Modern Art)面世,从此便在毁誉参半中巡回展览,直到 2007 年由伊丽莎白·赛克勒基金会(Elizabeth A. Sackler Foundation)捐赠给布鲁克林博物馆(Brooklyn Museum)并成为其中伊丽莎白·赛克勒女性主义艺术中心的永久展品。

《晚宴》企图通过视觉艺术重写西方由男性主导的文化史。朱迪·芝加哥设计了 3 组每组 13 个单元的等边三角形桌子意在邀请西方神话和历史中从原始女神到奥基弗的 39 位杰出女性共进晚宴。另外 999 个杰出女性的名字被记录在装置中央的白色陶瓷地板中。三角形象征女性,等边象征平等,每组 13 个女性则与最后的晚餐中的13 个男性对应。每个单元配置一块绣着一名女性名字和与其贡献相关的图形或符号的桌旗，一块餐巾，一套餐具，一个玻璃酒杯和一个陶瓷盘子。39个盘子的图案是像蝴蝶或花朵一样的女性生殖器，并且按照次序从平面逐渐变成高浮雕，意味着现代女性的逐渐独立和平等。传统观念往往认为绘画和雕塑是主流艺术、一等艺术、男性的艺术，纺织（编织、刺绣、缝纫）和陶瓷等工艺美术是边缘艺术、次等艺术、女性的艺术，而在《晚宴》中女性和工艺美术获得了与男性和美术同等的尊重。《晚宴》还包括一系列补充文字信息，比如横幅、时间表和一个由三本书组成的展览出版物提供了每一个女性的背景资料和工作过程。

《晚宴》既是一首献给女性观众的赞美诗，又是一颗掷向男性观众的臭鸡蛋，爱之者奉为圭臬，恨之者咬牙切齿。比如1990年朱迪·芝加哥准备将《晚宴》作为礼物送给哥伦比亚特区大学（University of the District of Columbia），大学也准备翻修一个图书馆作为文化中心永久收藏《晚宴》，但是这一计划遭到了共和党议员的强烈抗议，后者以削减大学的财政预算和终止国家艺术资助相威胁，最后不了了之。尽管如此，朱迪·芝加哥及其《晚宴》还是获得了世界性的影响，在西方女性艺术史中举足轻重。

《晚宴》中的视觉史诗文献系统在朱迪·芝加哥后来的艺术创作中反复出现。1978年朱迪·芝加哥创立了一个支持女性主义艺术的非营利组织"穿越花朵"（Through the Flower）并任艺术总监。1980年至1985年，朱迪·芝加哥与"穿越花朵"一起完成了作品《生育计划》（Birth Project）。她设计了数十幅与生育相关的图像，然后由来自美国、加拿大、新西兰的缝纫女工制作成纺织品并与文献资料一起展出,最后通过"穿越花朵"向全世界传播。1986年至1993年,朱迪·芝加哥与丈夫摄影家唐纳德·伍德曼(Donald Woodman)合作完成了作品《大屠杀计划:从黑暗到光明》(*Holocaust Project: From Darkness Into Light*)。这件作品包括一个壁毯,两个彩色玻璃窗,13幅大型的充满戏剧性的绘画和摄影结合的平面作品。作品回顾了人类现代历史中纳粹屠杀犹太人的历史,促使观众思考人与人之间、人与社会之间的关系,以及人类生活的这个世界的过去、现在和未来。1994年至2000年,朱迪·芝加哥与之前和她合作过的缝纫女工们再次合作一起完成了作品《解决:及时一针》(*Resolutions: A Stitch in Time*)。她在这件由19幅图像和一件雕塑组成,包括刺绣、贴花、绗缝、珠绣、编织、褶裥、缝纫和纳纱等工艺的作品中重新审视人类古老的价值观:家庭、责任、宽容、人权、交流、希望和改变。

从"女人之屋"到《解决:及时一针》,朱迪·芝加哥30年间的艺术创作从未离开女性主义的主线,尤其是她与奥基弗一脉相承的仿佛蝴蝶和花朵的女性生殖器图案在《晚宴》中光芒四射,已经成为女性主义艺术中本质主义的典型符号。但是从《晚宴》开始,朱迪·芝加哥又从女性主义发展出一系列关于生与死、战争与和平、强权与弱势、人类价值观的命题。由此可见,对于朱迪·芝加哥而言《晚宴》是一个起点。自此开始,她的艺术语言体系建立起来:首先是后现代主义女性主义的立场与现代主义英雄主义的叙事系统并举；其次是工艺美术、边缘艺术、次等艺术的美术化、主流化、高级化；最后是艺术与传播的综合。这些要素使得朱迪·芝加哥的艺术从诺克琳的逻辑出发并在文化领域与波伏娃高峰相会。

参考文献

[1] 李银河. 女性主义 [M]. 济南：山东人民出版社，2005.

[2] 李建群. 西方女性艺术研究 [M]. 济南：山东美术出版社，2006.

[3] CHICAGO J.The dinner party [M]. Revised ed. London: Penguin (Non-Classics), 1996.

[4] LEVIN G. Becoming Judy Chicago: a biography of the artist [M]. New York: Harmony Books, 2007.

本文发表于《中国美术馆》2010 年第 6 期

中西美术比较研究的跨文化视野

众所周知，比较是人类认识世界的一种基本方法。比较的方法关注差异性和相通性，前者涉及事物的多样性，通过分析我们可以观察事物间逐层下降的微观区别，后者涉及事物的统一性，通过综合我们可以发现事物间逐层上升的宏观联系。比较的方法已经在中国文学研究领域开花结果、蔚为大观。

然而，相对而言，今天中国的比较美术研究境遇尴尬。一味固守中国者对"西方"不屑一顾，或是坚定不移地排斥"西方"；一味迎合"西方"者毫不犹豫地拒绝中国本土的东西，对传统嗤之以鼻。中西美术比较研究领域的学者往往被贴上"中不中、西不西"的标签而遭到贬抑。毋庸置疑，如果在 21 世纪的第一个十年回望整个 20 世纪中国美术现代化和民族化的发展历程，吴昌硕、齐白石、黄宾虹、徐悲鸿、刘海粟、潘天寿、张大千、林风眠、傅抱石、庞薰琹、李可染、张仃、吴冠中等前辈导师创造的一系列图像和文字正在深刻地影响着今天中国美术的创作实践、理论研究和教育体系。尽管他们也曾被贴上"中国传统派"或者"西方现代派"又或者"中西融合派"的标签，但是他们的共性在于除了具备深厚的中西文化修养,更重要的是具备宽广的中西美术比较视野。这是 19 世纪末 20 世纪初中国美术的独特现象,也是今天全球化和中西文化充分交流语境中值得思考的命题。

全球化进程始于 15 到 17 世纪的欧洲地理大发现。两次世界大战则是这一进程的升级。21 世纪计算机和互联网的普及使全球化进程迅速成为现实。麦克卢汉关于"冷媒介和热媒介""媒介是人的延伸""媒介即是讯息"、地球已成为一个小小的"环球村"的预言也一一实现。而与文化的全球一体化并行的恰恰是关于文化的民族性、个性和身份认同的讨论。艺术的差异性和相通性同样引人注目、发人深省。中国文化自 19 世纪末 20 世纪初的"西学东渐"以来无时无刻不曾面对全球化进程的考验。中西美术的比较研究正是在这一背景中发生和发展的。

季羡林认为:"从中国全部历史来看,同外来文化的撞击,大大小小,为数颇多。但是,其中最大的仅有二次:一次是佛教输入,一次是西学东渐。"[1] 王国维甚至将西学东渐称为"第二之佛教"。对于前者,始于汉而盛于魏晋南北朝的五百余年间,经历内乱之痛的中国人希望借佛教抚平身心之伤,故有主动获取意味的"佛教输入"之潮;对于后者,以 1840 年鸦片战争为滥觞而以 1919 年五四运动和 20 世纪 80 年代改革开放为高潮的 140 年中,品尝过外敌之苦的中国人企图借西学实现国富民强的理想,故有被动接受意味的"西学东渐"之流。

时至今日,中国的比较美术的研究基本借鉴了比较文学的方法。

乐黛云和王向远在《中国比较文学百年史整体观》一文中指出:"比较文学的出现是人类社会文化及文学本身发展到一定阶段的产物。它作为一门独立学科的形成是以 1877 年世界第一本比较文学杂志的出现(匈牙利)、1886 年第一本比较文学专著的出版(英国)以及 1897 年第一个比较文学讲座的正式建立(法国)为标志的。经过法国学派倡导的各国文学相互传播及相互影响的研究,第二次世界大战后美国学派倡导的平行研究及跨学科研究,又经过 20 世纪 80 年代后中国比较文学的崛起和繁荣,比较文学学科走过了百年历程。"[2]目前世界范围内的比较文学研究有 19 世纪侧重影响研究的"法国学派"和 20 世纪侧重平行研究的"美国学派"之分,而 20 世纪 80 年代兴起的以跨文化甚至跨学科为特点的文化研究为特点的中国比较文学学派则是中国比较美术研究方法论的主要依据。欧美比较文学主要强调的是欧美各国文学间的联系性和相通性,而中国比较文学则具备强烈的区别和差异意识。20 世纪以来,以陈寅恪和季羡林为代表、以文献实证为特色的传播和影响研究一直是中国比较文学研究中的主流。平行研究虽然在中国产生之初就曾遭到影响研究界的质疑和批评,但是自 1904 年王国维的《〈红楼梦〉评论》诞生以来,1920 年周作人的《文学上的俄国与中国》,20 年代茅盾的《中国神话和北欧神话研究》、钟敬文的《中国印欧民间故事之类型》,以及 1935 年尧子的《读〈西厢记〉与 Romeo and Juliet(罗密欧与朱丽叶)》等文章,直至钱钟书的一系列著作,都表明平行研究在影响研究之外具备独特的生命力并绵延出自己的发展线索。相对前二者侧重时间之轴的纵向比较和侧重空间之域的横向比较而言，超越时空界限的跨文化、跨学科的文化研究在 20 世纪 80 年代中国面临着更多的质疑和批评，如履薄冰，举步维艰。

20 世纪中国比较美术研究深受比较文学方法的影响，其发展轨迹与后者基本相似，不同之处在于文化研究中的跨文化研究方法早在 20 世纪初蔡元培提出"美育代宗教"之时就已经开始生根发芽并以中西美术比较研究的姿态出现在美术教育领域，进而影响到 20 世纪中国美术的创作实践和理论研究。

蔡元培 1912 年出任中华民国第一任教育总长，1916 年出任北京大学校长，开始在文化、科学和艺术诸领域中推行其"思想自由，兼容并包"的教育理想。他在《〈北京大学月刊〉发刊词》中说："大学者，'囊括大典，网罗众家'之学府也。"[3] 进而又在《致〈公言报〉函并答林琴南函》中解释说："对于学说，仿世界各大学通例，循'思想自由'原则，取兼容并包主义，与公所提出之'圆通广大'四字，颇不相背也。无论为何种学派，苟其言之成理，持之有故，尚不达自然淘汰之命运者，虽彼此相反，而悉听其自由发展。"[4] 蔡元培不仅旧学根基深厚而且热衷新学，新学中又深受康德哲学和美学的影响，并以之为基础形成自己的教育思想。蔡元培的教育思想体系由五个部分组成，即军国民主义、实利主义、德育主义、世界观主义、美育主义。前三者为"隶属政治之教育"，军国民主义源自德国、日本，实利主义源自美国，德育主义源自法国。后二者为"超轶政治之教育"，皆源自德国尤其是康德的哲学和美学思想。对于世界观教育和美育教育,蔡元培认为:"世界观教育,非可以旦旦而聒之也。且其与现象世界之关系,又非可以枯槁单简之言说袭而取之也。然则何道之由?曰美感之教育。美感者,合美丽与尊严而言之,介乎现象世界与实体世界之间,而为津梁。此为康德所创造,而嗣后哲学家未有反对之者也。在现象世界,凡人皆有爱恶惊惧喜怒悲乐之情,随离合生死祸福利害之现象而流转。至美术,则即以此等现象为资料,而能使对之者,自美感以外,一无杂念。例如采莲煮豆,饮食之事也,而一入诗歌,则别成兴趣。火山赤舌,大风破舟,可骇可怖之景也,而一入图画,则转堪展玩。是则对于现象世界,无厌弃而亦无执着也。人既脱离一切现象世界相对之感情,而为浑然之美感,则即所谓与造物为友,而已接触于实体世界之观念矣。故教育家欲由现象世界而引以到达于实体世界之观念,不可不用美感之教育。"[5] 这一观点概括起来就是蔡元培的"以美育代宗教"之说,而蔡元培所崇尚的兼容并包和思想自由的教育理想体现在美术教育领域就是"中西融合"的艺术道路。

1919年以前,蔡元培比较关注的是意大利和法国的传统美术,尤其是博物馆和学院中的美术。对于中西融合,蔡元培分析道:"中国画与西洋画,其入手方法不同。中国画始自临摹,外国画始自写实。《芥子园画谱》,逐步分析,乃示人以临摹之阶。此其故,与文学、哲学、道德有同样之关系。吾国人重文学,文学起初之造句,必倚傍前人,入后方可变化,不必拘拟。吾国人重哲学,哲学亦因历史之关系,其初以前贤之思想为思想,往往为其成见所囿,日后渐次发展，始于已有之思想，加入特别感触，方成新思想。吾国人重道德，而道德自模范人物入手。三者如是，美术上遂亦不能独异。西洋则自然科学昌明，培根曰：人不必读有字书，当读自然书。希腊哲学家言物类原始，皆托于自然科学。亚里斯多德随亚历山大王东征，即留心博物学。德国著名文学家鞠台（Coethe）喜研究动植物，发现植物千变万殊，皆从叶发生。西人之重视自然科学如此，故美术亦从描写实物入手。今世为东西文化融合时代。西洋之所长，吾国自当采用。抑有人谓西洋昔时已采用中国画法者，意大利文学复古时代，人物画后加以山水，识者谓之中国派；即法国路易十世时，有罗科科派，金碧辉煌，说者谓参用我国画法。又法国画家有摩耐（Claude Monet）者，其名画写白黑二人，惟取二色映带，他画亦多此类，近于吾国画派。彼西方美术家，能采用我人之长，我人独不能采用西人之长乎？故甚望中国画者，亦须采西洋画布景实写之佳，描写石膏物像及田野风景，今后诸君均宜注意。此予之希望者一也。"[6] 在蔡元培看来，西方的传统艺术尤其是写实绘画是科学性、系统性的艺术，值得中国艺术家学习，有益于中国艺术的发展。此时，蔡元培心目中的中西融合就是中国传统艺术与西方传统艺术的融合，这与康有为的观点基本相同。

　　此后的三件事改变了蔡元培对艺术中中西融合的观点。其一，1921年1月至8月，蔡元培考察访问了法国、瑞士、德国、奥地利、匈牙利、荷兰、英国、美国诸国，而当时的现代主义艺术正值高潮：野兽派、立体派、象征主义、表现主义、抽象主义、达达主义、超现实主义各种流派风起云涌，它们取代传统艺术成为主流并影响着整个西方世界。其二，蔡元培与刘海粟相识并于1921年邀请后者到北京演讲并举办画展。刘海粟其人其画使蔡元培重新认识了印象派和后印象派。其三，1924年，蔡元培在其与法国公使发起的斯特拉斯堡莱茵宫展览会中发现了林风眠及其带有象征主义和表现主义特征的油画《摸索》而对现代主义艺术心生好感，并于次年邀请林风眠出任北平国立艺专校长。基于这三方面原因，蔡元培发现与西方传统艺术相比，西方现代艺术似乎与康德的美学思想更契合，这促使他在现有的中西融合方案之外又补充了中国传统艺术与西方现代艺术融合的方案。

蔡元培"以美育代宗教"的思想和以中西比较的跨文化视野为基础形成的两套中西融合方案几乎影响了整个20世纪的中国美术教育。徐悲鸿与林风眠则分别是这两条道路理论及实践的典型个案。徐悲鸿与林风眠选择了"中西融合"的道路并同样得到蔡元培的支持，但是二人的具体方法又大相径庭。前者强调中国传统绘画尤其是宋代前后的绘画与库尔贝（Gustave Courbet）现实主义及其以前的绘画的融合。这种方法对新中国美术教育产生了深远的影响，在世界范围内已经退出历史舞台的现实主义美术在中国一枝独秀直至今天。后者强调中国传统绘画和工艺美术与塞尚及其以后的绘画的融合，或者说中国意境与西方形式的融合。吴冠中是这种方法的传承者，因此也被称为"林吴体系"。与徐悲鸿和林风眠的道路相反，潘天寿从吴昌硕的艺术中得到启发而选择了"中西分立"的道路，强调坚守并发扬中国绘画的特点和优点，因此他与吴昌硕、齐白石、黄宾虹并列为20世纪中国画传统派四大家。徐悲鸿的"改良论"、林风眠的"调和论"和潘天寿的"距离论"对中西美术的分合争论给出了不同的答案。他们的答案概括出20世纪中西美术比较研究的三条主线。

对比徐悲鸿和林风眠的中西融合之路，前者出发点较多关注中西绘画的差异性，后者出发点则较多关注中西绘画的相通性。黑格尔在其《小逻辑》中曾说："假如一个人能看出当前即显而易见的差别，譬如，能区别一支笔与一头骆驼，我们不会说这人有了不起的聪明。同样，另一方面，一个人能比较两个近似的东西，如橡树与槐树，或寺院与教堂，而知其相似，我们也不能说他有很高的比较能力。我们所要求的，是要能看出异中之同和同中之异。"[7] 可见，差异之中的相通之处和相通中的差异之处正是跨文化比较研究的两面。

从蔡元培到徐悲鸿和林风眠，中西比较的跨文化视野其实孕育了整个20世纪中国美术的基本框架和重要的文化贡献，然而20世纪80年代至今这种以沟通、交流为手段，以促进文化多元发展为目的跨文化视野甚至中西比较的方法正在中国美术研究领域遭遇着和比较文学研究领域相似的越来越多的质疑和批评，它饱受崇洋派和国粹派的双重夹击，又往往被"艺术阴谋论"者解释为文化的新殖民主义。

钱钟书在《谈艺录》中写道："流连光景，即物见我，如我寓物，体异性通。物我之相未泯，而物我之情已契。相未泯，故物仍在我身外，可对而赏观；情已契，故物如同我衷怀，可与之融会。"[8] "物"与"我"、客体与主体，虽体相相异尚未泯灭，但性情相通已经契合。钱钟书描绘的是审美活动中"物我两忘"的精神观照。这让我们联想到庄周梦蝶的寓言："昔者庄周梦为蝴蝶，栩栩然蝴蝶也，自喻适志与，不知周也。俄然觉，则蘧蘧然周也。不知周之梦为蝴蝶与？蝴蝶之梦为周与？周与蝴蝶则必有分矣。此之谓物化。"[9] 止庵认为，无论是"栩栩然蝴蝶也"蝴蝶的视点还是"蘧蘧然周也"庄周的视点，这都是"之一"。"之一"之上还有一个"一"。从"一"的视点观看，此"之一"和彼"之一"没有分别，蝴蝶和庄周没有分别，这就是"物化"，就是"道通为一"[10]。这还让我们联想到笛卡尔的怀疑论："笛卡尔从关于各种感觉的怀疑入手。他说，我能不能怀疑我正穿着晨衣坐在这儿炉火旁边？能，我能怀疑；因为有时候我实际赤身睡在床上（当时睡衣以至睡衫还没有发明），可是我梦见了我在这里。并且，精神病人往往有幻觉，所以我也可能处在同样状况。"[11] 既然物与我、蝴蝶和庄周、梦的笛卡尔和醒的笛卡尔"体异性通"，那么由"一"的视点观看，中西美术乃至中西艺术的比较是否可以从体之异和性之通的双向研究开始呢？

蔡元培曾经告诉我们："艺术是唯一的世界性语言。"[12] 贡布里希也曾断言："实际上没有艺术这种东西，只有艺术家而已。"[13] 中西艺术是从中西文化中生长出来的两个"之一"，它们之间的体象差异显而易见，无须阐释，而由艺术和艺术家则是这两个"之一"之上的"一",从"一"的视点观看"之一",中西美术虽源流不同,却同是人类创造的艺术,二者性质相通亦不言而喻。比较中西两个艺术体系,从分析现象的差异到综合本质的相通,从体之异到性之通,或许正是接近艺术之真的坦途。

注释

[1] 季羡林：《古代穆斯林论中西文化的差异——读〈丝绸之路〉札记》，《传统文化与现代文化》1995 年第 5 期，第 91–92 页。

[2] 乐黛云、王向远：《中国比较文学百年史整体观》，《文艺研究》2005 年第 2 期，第 49 页。

[3] 蔡元培：《〈北京大学月刊〉发刊词》，高平叔编：《蔡元培全集》（第 3 卷），中华书局，1984，第 211 页。

[4] 蔡元培：《致〈公言报〉函并答林琴南函》，同上书，第 271 页。

[5] 蔡元培：《对于新教育之意见》，同上书，第 134 页。

[6] 蔡元培：《在北大画法研究会演说词》，同上书。文中外国人名与当下习惯译名不一致处，均保留原文。

[7] 黑格尔：《小逻辑》，贺麟译，商务印书馆，1981，第 253 页。

[8] 钱钟书：《谈艺录》，中华书局，1984，第 53 页。

[9] 《庄子·齐物论》。

[10] 止庵：《樗下读庄》，东方出版社，1999，第 39 页。

[11] 罗素：《西方哲学史及其与从古代到现代的政治、社会情况的联系》（下），何兆武、李约瑟译，商务印书馆，1963，第 86 页。

[12] M. 苏立文：《东西方美术的交流·中文版序言》，陈瑞林译，江苏美术出版社，1998，第 1 页。

[13] 贡布里希：《艺术的故事》，范景中译，林夕校，生活·读书·新知三联书店，1999，第 15 页。

本文发表于《中国美术馆》2011 年第 9 期

任熊及其《十万图册》

任熊（1823—1857），字渭长，一字湘浦，号不舍，浙江萧山人，清道光至咸丰年间海派绘画的代表人物之一。其艺术师法陈洪绶而别开生面，他与其弟任薰、其子任预、其侄任颐合称"海上四任"，又与朱熊、张熊合称"沪上三熊"。

任熊童年家境清贫，其父任椿是萧山一带小有名气的民间画师，受其影响，任熊自幼喜爱绘画。父卒之后跟随乡村塾师学画肖像，由于不愿恪守粉本而往往窃变其法，引起塾师不满，很早就离开家乡，浪迹江湖，鬻画为生。任熊曾在定海观吴道子石刻，力摹唐人笔意，又与同乡陆次山侨寓杭州西湖，临摹孤山圣因寺五代贯休十六尊者石刻画像，寝卧其下，临摹不辍，对唐人画法的认识更进一步，作《仿贯休十六罗汉图》（现藏南京博物院）。周闲喜爱任熊的绘画，与之订交钱塘，邀其至自己的杭州范湖草堂。三年中，任熊日日临摹古人佳作名画，稍不满意，就再画一遍，直到乱真或超越原作才肯罢休，通宵达旦，废寝忘食，画艺日益精进。在范湖草堂任熊结识诗人、画家、收藏家姚燮，姚燮邀其至自己的宁波大梅山馆。姚燮家收藏丰富，任熊与其在此朝夕切磋诗画，遍览宋元明清诸家。在两个多月的时间里，任熊依据姚燮诗意，绘成《大梅山民诗中画》六册，一百二十页。"是册内容丰富，题材广博，有人物、仕女、武士、神仙、佛道、鬼怪、博古、花鸟、虫鱼、走兽、鞍马、山水、楼台、宫室等等，诗奇画绝，珠联璧合。一册之中，工笔写意，错杂出之，光怪陆离，不可方物。有清一代之册页，当推此为第一。"任熊在宁波、杭州、苏州、上海等地交游鬻画，30岁时已经声名远播，娶刘文起之孤女为妻，生子任预。30岁之后，任熊创作了《列仙酒牌》（四十八幅）、《剑侠传》（三十三幅）、《于越先贤传》（八十幅）、《高士传》（未完成，仅二十六幅）等一系列画稿并刻印传世。去世前一年创作的《自画像》（现藏故宫博物院），铁画银钩，汪洋恣肆，不仅是任熊的人物画精品，更是中国历代画家肖像画及自画像的代表作。此年他还创作了《十万图册》十开（现藏故宫博物院），亦属晚清青绿山水画之杰作。任熊35岁卒于萧山家中，卒之日，吴越之民，皆叹息不已。

任熊工山水、花卉、翎毛、虫鱼、走兽，尤善人物，十分全面，无一不精。其艺术意境雄浑，泽古深厚，脱去凡近，颇具宋人神韵。周闲《任处士传》中记载评者以为任熊的绘画"变化神妙，不名一法，古人所能，无不能，亦无不工。其布局运笔，惨淡经营，不期与古人合，而间古人所不能到。设色精彩，复能胜于古人"。任熊不但深得古代优秀传统绘画之三昧，而且休养全面、饱游饫看。他"能吟诗填词"，"诸子百家，咸皆涉猎"，"能驰马，能关弓霹雳射，能为贯跤诸戏，能刻画金石，能斫桐为琴、铸铁为箫笛，皆分刌合度，能自制琴曲，春秋佳日，以之娱悦"，"游佳山水，必造其险奥，一树一石有奇致，亦必流连其间，曰：'此天生画本也'"。因此，任熊能够超越晚清其他文人画家戛戛独造。

《十万图册》是任熊的传世名作之一。全画共十开，泥金笺本，青绿设色。画前有周闲题"参倪两王"四字，画后有周闲、黄鞠和竹隐居士跋各一段。十开均有任熊篆书图名，分别为"万笏朝天""万横香雪""万竿烟雨""万壑争流""万丈空流""万点青莲""万卷诗楼""万林秋色""万松叠翠""万峰飞雪"，下钤"任熊印信"白文印。从周闲跋文可知，元代倪瓒曾为陶宗仪画过《十万图册》，清代王翚曾摹一册，周闲得王翚摹本并随身携带于行箧中。任熊偶见，遂复作此本赠孙礼斋，但此本画法与王翚摹本有天壤之别，因此只是借用图名的重新创作。

中国山水画自六朝至隋代展子虔，唐代李思训、李昭道父子形成青绿金碧一脉，两宋之交又分出金碧、大青绿、小青绿三种类型，南宋赵伯驹、赵伯骕兄弟将多勾勒、少皴擦、设色浓重、画风装饰的大青绿一脉发扬光大。明董其昌在《画禅室随笔》中说："李昭道一派，为赵伯驹、赵伯骕精工之极，又有士气。后人仿之者，得其工，不能得其雅。"元、明、清三代，受文人画影响，水墨为主、青绿为辅的小青绿逐渐取代大青绿成为青绿一脉的主流。任熊的《十万图册》是典型的小青绿山水，画家远师唐宋诸家兼及赵孟頫，近承仇十洲与陈老莲，借题发挥、自出机杼，十幅画皆画风装饰、笔墨高古典雅、色彩富丽堂皇，构图千变万化，意境远尘脱俗，精工中见士气，得青绿之工，亦得青绿之雅，细细品读，令人叹为观止。

任熊《十万图册》：

第一开"万笏朝天"，泥金笺、设色，26.5cm×20.5cm，1856年，北京故宫博物院藏。画壁立千仞的群山。山峰陡峭，层层叠叠，直上直下。画家先以松动的笔墨勾勒皴擦点染山石的层次，然后以石青、石绿自上而下多次晕染，远山用石青、石绿和淡墨直接画出，山石间点缀小片杂树，或浅或深。苏州"吴中第一山"天平山其山峰直立，峻峭嶙峋，当地的和尚将之比作文武百官朝见皇帝时所持之笏，故称作"万笏朝天"。

第二开"万横香雪"，泥金笺、设色，26.5cm×20.5cm，1856年，北京故宫博物院藏。画苏州香雪海。画中一片高低不平的坡地，近处以水墨为主，远处以青绿为主，层层描绘，中间一条小溪蜿蜒流过，前景有一座小桥。溪水两旁及山坡上，一片雪白，仿佛大雪纷纷，其实是梅花凌寒开放，舒展冷艳的姿色，倾吐清雅的馨香，令人怡情陶醉。画家以白粉作点画在树枝间，时疏时密，给人繁花似锦、香气扑鼻的感觉。

第三开"万竿烟雨"，泥金笺、设色，26.5cm×20.5cm，1856年，北京故宫博物院藏。画自右向左峻峭山崖石壁下一片茂密的竹林。氤氲缥缈的云雾弥漫在竹林间，形成一片波涛翻滚的"云海"。远景的山崖石壁和近景的山石以青绿法画出，流水以白描法勾勒，密密匝匝的竹林及波涛汹涌的云海皆自左向右倾斜，双钩，然后以石青石绿晕染。云海仿佛群山，山即海，海即山，山海不分，可谓"迁想妙得"。

第四开"万壑争流"，泥金笺、设色，26.5cm×20.5cm，1856年，北京故宫博物院藏。画南方山林间淙淙溪水。春暖雪融之际，一股股溪水形成瀑布，呈现勃勃生机。山石简洁洗练，以水墨分染层次，极具形式感。溪水瀑布以流畅的墨线勾勒，然后稍加分染，疏密有致，仿佛能够听见流水的声音。画面上部以双钩法画小丛杂树，点染石青石绿。东晋顾恺之从会稽山回来，被问及山川之美时，答曰："千岩竞秀，万壑争流"。

第五开"万丈空流"，泥金笺、设色，26.5cm×20.5cm，1856年，北京故宫博物院藏。画江南太湖一带的湖光山色。画面左侧有青绿巨石突兀耸立，其间杂树姿态俯仰，右下角亦有青绿巨石与之呼应。巨石之间的湖水以墨线画出层波叠浪，波浪轻轻拍打岸边，激起簇簇水花。远处留出大片空白，水天一色，波澜不惊，烟波浩渺，无边无际。如果说"万壑争流"画的是小溪之动、之满，"万丈空流"画的则是大湖之静、之空。

第六开"万点青莲"，泥金笺、设色，26.5cm×20.5cm，1856年，北京故宫博物院藏。画盛夏荷塘。唐李商隐诗云："隔树潇潇雨，通池点点荷"。又宋杨万里诗云："接天莲叶无穷碧，映日荷花别样红"。绿色的荷叶，白色的荷花，层层叠叠。荷塘中右侧一块太湖巨石以水墨勾勒分染，更衬托出荷塘的无限生机。荷叶荷花呈"S"形向远处绵延，水面不勾不染，全部留白，意在突出荷花与荷叶。一派江南景色,诗中有画,画中有诗。

第七开"万卷诗楼",泥金笺、设色,26.5cm×20.5cm,1856年,北京故宫博物院藏。画几株高大的梧桐、杂树,枝繁叶茂,树荫下露出一座楼阁的屋顶,透过开启的门窗,可以看到室内排列着整齐的书架,架上放满了书。梧桐、杂树的树干和树枝为水墨,树叶或为双钩或为点叶,皆罩染浓重的石绿。古代有许多藏书家,称自己的书斋为"万卷楼",形容主人书籍收藏之丰富。以"万卷楼"命名的书斋,由宋至清有数十家。

第八开"万林秋色",泥金笺、设色,26.5cm×20.5cm,1856年,北京故宫博物院藏。画浅绛平远山水的金秋美景。画家似乎受到元赵孟𫖯《鹊华秋色图》的影响,笔墨之间古意盎然。"之"字形水墨坡石间画满各种杂树,近处树干双钩,远处树干单笔画出,树叶皆作点叶,以石青、石绿、朱砂、白粉点出,色彩变化丰富。左下角和右上角的水全部留白,与繁复茂密的坡石、杂树形成一种对比。画面中的秋天没有萧瑟,只有绚烂。

第九开"万松叠翠",泥金笺、设色,26.5cm×20.5cm,1856年,北京故宫博物院藏。画气势磅礴的高山巨石,经过青绿渲染,苍翠欲滴,一股飞泉自山石间缓缓流出,山坳里生长着大片的松林,整个画面郁郁葱葱。王维诗曰:"寒山转苍翠,秋水日潺湲"。深秋的山石呈现出一种深沉的石青、石绿。纵向排列的松干和横向排列的松针密密麻麻,仿佛松海听涛。飞泉日渐潺湲,与松林唱和,远处天空不着笔墨,尽显风流。

第十开"万峰飞雪",泥金笺、设色,26.5cm×20.5cm,1856年,北京故宫博物院藏。画银装素裹的冬日山水。画面中层峦叠嶂的山峰和参差错落的点景杂树以黄公望《富春山居图》的松动笔墨画出,然后以白粉再次勾勒、渲染,茫茫苍苍,一片雪白。北宋著名画家郭熙形容四时之山:"真山之烟岚,四时不同。春山淡冶而如笑,夏山苍翠而欲滴,秋山明净而如妆,冬山惨淡而如睡。""万峰飞雪"一图,即有"惨淡如睡"之意。

本文发表于《十万图册》[清·任熊],

人民美术出版社,2012年

1 "参倪两王"。

2 第一开"万笏朝天"。

3 第二开"万横香雪"。

4 第三开"万竿烟雨"。

5 第四开"万壑争流"。

6 第五开"万丈空流"。

7 第六开"万点青莲"。

8 第七开"万卷诗楼"。

9 第八开"万林秋色"。

任熊及其《十万图册》

10　第九开"万松叠翠"。　　11　第十开"万峰飞雪"。

12　周闲跋。　　13　黄鞠跋。　　14　竹隐居士跋。

项圣谟及其《花卉册十开》

项圣谟(1597—1658),初字逸,后字孔彰,号易庵,别号甚多,浙江嘉兴人,明末清初嘉兴派代表人物之一。

嘉兴项氏系名门望族,项圣谟的祖父项元汴是明末著名书画收藏家、鉴赏家和书画家。项圣谟自幼受家庭熏陶,耳濡目染,痴迷书画,虽曾由秀才举荐为国子监太学生,但他与祖父一样志不在仕而在书画。项圣谟很早就显现出全面的艺术才能,山水、人物、花鸟兼工,诗文书画无一不精,曾得到明末两位最著名鉴赏家——董其昌和李日华的高度评价。前者称其"所谓士气,作家俱备";后者称其"英思神悟,超然独得"。除曾进京入国子监为太学生之外,项圣谟还曾进京"为天子绘九章法服,斟酌楷定太常礼器",之后便回到家乡沉浸诗文书画创作之中。张庚《国朝画徵录》记载项圣谟"善画,初学文衡山(徵明),后扩于宋而取韵于元"。文家与项家几代之间,往来密切。项圣谟初入画坛,从文徵明入手,但是很快就开始放弃文徵明而直接向古人学习,并且不落一朝一代一家一法之窠臼,其24岁创作的《松斋读易图》已经显示出画家以元人笔墨,运宋人丘壑的艺术追求。家族富甲天下的历代收藏加上自己观察自然、远游写生的经验，使项圣谟的绘画从当时势力最大的华亭派和自己所在地区的浙派中脱颖而出，在明末清初画坛独树一帜。

项圣谟是明末清初的遗民画家，其诗文书画政治色彩强烈，思想内容深刻，时代气息鲜明。明天启、崇祯年间，江南自然灾害频繁严重，魏忠贤阉党与东林党斗争激烈，项圣谟就曾画《甲子夏水图》和《乙丑秋旱图》（此二图今已不见）记录江南水旱灾害，表达其对民间疾苦的同情，又画前后《招隐图》批评讽谏朝廷党争。1644年甲申之变明亡清兴，次年乙酉之变清兵消灭南明弘光政权，残酷镇压江南抗清斗争，项氏家族遭受灭顶之灾，项圣谟家中收藏被清兵洗劫一空，他仅孑身负母并妻子逃离嘉兴。经历国破家亡的项圣谟满腔悲愤、血泪斑斑，异族的统治更加深了他对故国的怀念。甲申乙酉之间，项圣谟创作了一幅纪念碑式的自画像《依朱图》（又名《朱色自画像》，现由台湾私人藏家收藏），图中画家抱膝而坐，倚靠一株大树，肖像部分全用白描，而大树及远山则全用朱色，落款"江南在野臣"，并题两首七言律诗，表达其对明王朝的忠诚。从此他在画中就不再署朝代纪年而仅署干支，并钤盖"大宋南渡以来辽西郡人""皇明世胄之中嘉禾处士"等印。类似的作品还有《大树风号图》（现藏故宫博物院）。由于明清交替、国破家亡，项圣谟晚年清贫，却志存高洁，不结交权贵，鬻画自给，终年62岁。徐树铭评价项圣谟的绘画说其："用笔不落偏锋，位置亦都谨细，画史之董狐也。六月雪篇有时变之感，望扶桑篇有故国之思，诗史之董狐也。"

五代时期中国花鸟画已经形成"黄家富贵，徐熙野逸"工笔与写意两种不同风格，此后，徐黄体异，平行演进。项圣谟一方面认真继承黄筌画派精谨慎严的审物造物精神，另一方面画法吸收写意一派的笔墨特点，从中发展出一种工写结合、兼工带写的样式。项圣谟的花鸟画造型准确、注重写实，同时清新典雅、超凡脱俗，一反当时画坛追求"逸笔草草、不求形似"的粗率画风。其花鸟画大都以水墨画出并略施淡彩，有时也纯用色彩作没骨法，色彩淡而不薄，笔墨俊秀飘逸，虽有姣妍之色相，却寓嶙峋之风骨。他的这种画风又被之后的恽寿平、蒋廷锡等人继承和发展。此外，项圣谟喜画象征朱明王朝的高大的乔木，尤喜画松树，勾勒皴擦点染精细，体积感强烈，故有"项松之名满东南"之誉。

项圣谟56岁创作的《花卉册十开》（现藏辽宁省博物馆）是其花鸟画册页精品之一。十幅画皆纸本设色、淡彩没骨，依次画千叶桃花、石榴、白色桃花、白色梅花、海棠、兰花、野菊、秋菊、荷花荷叶、莲蓬莲藕，第一、三、四、五、八开画家题诗，第二、六、七、九、十开画家仅题名号，十幅都由清代画家汪家珍题写诗文。项圣谟的这组册页构图巧妙，取折枝对角之势，除树枝和山石以水墨和淡彩画出之外，花卉部分皆以没骨法画出，花叶和花瓣凸凹毕现。画家似乎在画每一幅画之前都经过仔细观察和认真写生，然后凝神定志、深思熟虑、一笔不苟、一挥而就。尽管项圣谟的主要成就在山水画，但是无论对于画家自己一生创作而言，还是对于明末清初花鸟画领域而言，《花卉册十开》这组生动活泼的作品都堪称杰作。

项圣谟《花卉册十开》：

第一开，纸本设色，31cm×20.5cm，1652 年，辽宁省博物馆藏。此图画折枝千叶桃花。千叶桃花又名碧桃，初开白色，渐转白而微红，作淡桃红色。项圣谟题诗："六宫粉黛顿凄凉，千叶桃花也淡妆，寄语芙蓉秋见老，一番人面几回肠。"画面中的折枝千叶桃花自左上至右下呈对角之势，枝干以淡墨勾勒、赭石渲染，桃花以胭脂和白粉调和，桃叶以深浅两种绿色，皆作没骨法分出阴阳，清新典雅。

第二开，纸本设色，31cm×20.5cm，1652 年，辽宁省博物馆藏。此图画折枝石榴。北宋画家赵昌善画没骨花卉，常于清晨朝露未干之时，围绕花圃观察花木神态，调色描绘，自号"写生赵昌"，曾画折枝石榴。项圣谟显然受其影响，画面中的折枝石榴仍然自左上至右下呈对角之势，枝干、石榴和叶子的没骨画法与第一开类似。由于深入观察，精心描绘，画家笔下的三枚石榴娇艳欲滴，栩栩如生，惟妙惟肖。

第三开，纸本设色，31cm×20.5cm，1652 年，辽宁省博物馆藏。此图画折枝白色桃花。项圣谟题诗："清华别领一风骚，绿萼为胎玉是膏，若使此花能结实，燕都应不数银桃。"画面中的折枝白桃仍然自左上至右下呈对角之势，与前两开不同的是此画中的枝干没有勾勒，只有点染，亦为赭墨没骨画法，白色花头与绿色叶子参差并置，花头层次微妙，叶子层次清晰，二者相互衬托呼应，冰肌雪肠、玲珑剔透。

第四开，纸本设色，31cm×20.5cm，1652年，辽宁省博物馆藏。此图画折枝白色梅花。元代画家王冕《白梅》诗云："冰雪林中著此身，不同桃李混芳尘。忽然一夜清香发，散作乾坤万里春。"画面中的折枝白梅风姿绰约，枝干自右上而左下垂落、由粗而细，勾勒点染，苍古烟润，白色梅花点缀其间，暗香疏影，皎皎皑皑。另有胭脂点花头和白粉点枝干。项圣谟形容自己所画折枝白梅曰："骨有烟月姿，花同冰雪皎。"

第五开，纸本设色，31cm×20.5cm，1652年，辽宁省博物馆藏。此图画折枝海棠。明代《群芳谱》记载：海棠有四品，皆木本。西府海棠、垂丝海棠、木瓜海棠、贴梗海棠四品之中只有西府海棠既香且艳，属于海棠上品。画面中的折枝海棠枝干花叶皆以没骨法仔细画出，淡粉色的海棠包围在翠绿色的叶子和胭脂色的花苞之中，更显妩媚动人。项圣谟题诗："小雨茆檐下，海棠娇十分，惜花不忍折，写此更殷勤。"

第六开，纸本设色，31cm×20.5cm，1652年，辽宁省博物馆藏。此图画一丛兰花。兰花又称香草，气清、色清、神清、韵清，因其具备高洁清雅的特点，有"花中君子"之名。画面中不是供人赏玩的盆中之兰，而是深林幽园的土中之兰。与宋元之际郑思肖的《墨兰图》不同，画家以色调丰富的绿色直接画没骨兰花，先以浅绿画出俯仰的兰花，再以深绿画出潇洒的兰叶，形成自左下至右上的对角之势，形神兼备。

第七开，纸本设色，31cm×20.5cm，1652年，辽宁省博物馆藏。

此图画杂草野菊。历朝历代关于野菊的诗句数不胜数，陶渊明就有"采菊东篱下，悠然见南山"的诗句。项圣谟似乎画的就是篱下之间杂草野菊。画面中的青石、杂草、野菊自右下至左上呈对角之势，菊叶左顾右盼十分茂密，菊花虽然只有三朵却生机无限。菊花花蕊以藤黄晕染然后细细点出白点，花瓣又以白粉细细画出，显得恬淡空灵。

第八开，纸本设色，31cm×20.5cm，1652年，辽宁省博物馆藏。此图画半紫半白秋菊一枝。项圣谟题诗："周郎铜雀春何处，秋圃年年锁二乔。只问淡妆浓抹意，为谁啼笑两般娇。""二乔"指一株两色的花卉。画面中一株秋菊自右下至左上呈对角之势，最大的一朵秋菊左紫右白，一半浓抹、一半淡妆，宛若半面妆，犹如观音变，令人啧啧称奇。另有一朵白色秋菊，两朵双色秋菊和两个花骨朵似乎也暗指"二乔"。

第九开，纸本设色，31cm×20.5cm，1652年，辽宁省博物馆藏。此图画荷花荷叶。画面中平铺凸起的半片荷叶填满画幅下部的三分之一，居中竖立含苞欲放的荷花花苞，其左侧竖立背面半片荷叶，数根水草穿插点缀竖立荷花荷叶左右。项圣谟没画"映日荷花别样红"，只画"小荷才露尖尖角"。画家深受两宋花鸟团扇册页的影响，以工整细致的没骨法描绘自然可爱的初发芙蓉，心随笔运，取象不惑。

第十开，纸本设色，31cm×20.5cm，1652年，辽宁省博物馆藏。此图画莲蓬莲藕。莲藕有"嘉偶"之意，莲蓬有"连房"之意。画面中的莲藕几乎全部留白，凸起之处略略晕染，莲蓬则以绿色和胭脂勾勒皴擦画出体积，莲藕莲蓬沿自左上至右下的对角线排列，一虚一实，一简一繁，却都饱满充实，仿佛孕育生命。画家深受两宋花鸟团扇册页的影响，虽然运用没骨画法，但是依然细致工整，隐迹立形，备仪不俗。

本文发表于《项圣谟花卉册》[明]，

人民美术出版社，2012 年

1 第一开。

2 第二开。

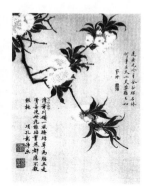

3 第三开。

4 第四开。

5 第五开。

6 第六开。

项圣谟及其《花卉册十开》　　第一篇　中西－比较

7　第七开。

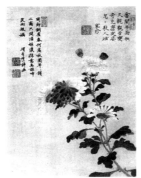

8　第八开。

9　第九开。

10　第十开。

李鱓及其《花鸟册十二开》

李鱓（1686—1762），字宗扬，号复堂，别号懊道人等，江苏兴化人，扬州八怪之一，曾经做过宫廷画家，"两革功名一贬官"，三变其法，其大写意画风对后来的海派赵之谦、吴昌硕等人都产生了很大的影响。

李鱓出生在一个世代书香的官宦之家，其六世祖李春芳曾是明朝首辅，其父李朱衣亦是地方诗文名士。李鱓常常以"神仙宰相之家"和"李文定公六世孙"两枚闲章炫耀其高贵的出身、追忆其家族的荣光。少年李鱓受家庭影响学习诗文之余也向同乡魏凌苍学习黄公望一派山水，之后又去高邮随族兄李炳旦学习八股文和试帖诗，随族嫂王媛学习花卉、山水。与好友郑燮四十多岁才考中进士不同，李鱓二十六岁就考中举人，两年后向在热河避暑的康熙皇帝献画并因此进入宫廷跟随蒋廷锡学习花鸟。蒋廷锡的花鸟画沿袭恽寿平清新典雅的画风，深得皇室贵族喜爱。尽管也画出了《石畔秋英图》（现藏南京博物院）这样的院体作品，但是李鱓由于不受"正宗"束缚而遭排挤，五年后离开宫廷，鬻画为生。郑燮形容他鬻画交游的生活是"声色荒淫二十年，丹青纵横三千里"。李鱓的绘画逐渐发展出纵横驰骋、酣畅淋漓的风格。20 年后，他再度进京，希望通过老师指画大师高其佩的关系重返宫廷，然而雍正朝的宫廷绘画趣味与康熙朝并无区别，因此没有成功。乾隆一朝，李鱓第三次进京谋得临淄知县一职，很快改任滕州知县，任职三年期间"为政清简，士民怀之，忤大吏罢归"，往返山东各地四年有余，之后回到家乡。从此画家功名之梦彻底破灭，开始使用一枚"卖画不为官"的闲章并在作品中多次署名"李鱓"（鱓，一读为 tuó，通鼍，一读为 shàn，通鳝）自嘲，表达其"两革功名一贬官"的心境。李鱓 70 岁定居在扬州竹西僧舍，75 岁左右终老于兴化升仙浮沤馆。《五松图》是李鱓喜欢的一个题材，目前已发现的《五松图》就有 12 幅，创作时间从 50 岁到 70 岁，从题款看出这一题材是为纪念朝中五位直臣而画，他们是画家心中最崇高的道德象征。

李鱓早年师承蒋廷锡含蓄之工，中年师承高其佩豪放之写，其晚年变法与石涛关系最大，他在扬州见到石涛的作品之后便在《画跋》中写道："扬州名笔如林，而写意用笔之妙，生龙活虎，以本朝石涛为最，可与青藤道人并驾齐驱。"在他看来，石涛几乎是清代扬州最优秀的画家。同时，他认为清"四僧"中八大山人长于用笔，石涛长于用墨，笔墨是否生动关键在于用水，自己善用水但笔墨却不及"二僧"。李鱓的这种看法是非常准确的，他的作品狂放不羁、挥洒自如、花叶滋润、历久弥新，用水在其中至关重要。

康、雍、乾三朝，扬州经济发达、文化繁荣、盐商云集、富而后雅，已经是中国南方文人画的中心，与曲高和寡的山水和写真记录的人物不同，花鸟画在富裕商人主导的艺术市场中一枝独秀。此时扬州画坛出现了一种以"扬州八怪"为代表，外放多于内敛、奇姿多于正态、写意多于工笔的新风尚。"扬州八怪"大多数以花鸟画尤其是写意花鸟画见长，而风格各不相同。其中，李鱓不仅画文人热衷的花草树木、虫鱼鸟兽，而且画从来难登大雅之堂却趣味无穷的农家日常生活的器具食物，从而大大拓展了写意花鸟画的表现题材，其表现方法则喜欢运用从石涛画中悟出的破笔泼墨技术，或变化丰富，或激情洋溢，皆令人耳目一新。此外，李鱓的书法也很独特，秦祖咏评价他"书法古朴，款题随意布置，另有别致，殆亦摆脱俗格，自立门庭者也"。他往往画不足以题，题不足以诗，洋洋洒洒、参差错落，使画面十分丰富。"扬州八怪"之中，李鱓大概是受到清末批评家最猛烈攻击的一位，同时也是最具创新精神者之一。

李鱓 67 岁至 68 岁之间画的《花鸟册十二开》显示出其典型的晚年画风。画家在十二开纸本册页中分别画双鸡、鹰、画眉、黄鹂、双燕、草虫、双蝉、鱼、松鼠、蔬果、兰花、牡丹，或为粗笔，或为细笔，或以水墨，或以淡彩，浅吟低唱之间生机盎然。其中第五、七、九、十一、十二开为水墨，其余各开为淡彩，第一开仅题时间、作者，第二开题图名、时间、作者，其余各开皆题长款。李鱓熔蒋廷锡的细腻、高其佩的粗犷以及石涛的蒙养和生活于一炉，似乎漫不经心、信手拈来，却有一种稚气、拙味。好友郑燮认为李鱓"六十外又一变，则散漫颓唐，无复筋骨，老可悲也"。其实，这正是李鱓稚拙天真、物我两忘的艺术追求。

李鱓《花鸟册十二开》：

第一开，纸本设色，25.8cm×40.7cm，1753年，辽宁省博物馆藏。此图画母鸡、野花、怪石。画中两只母鸡一向右一向左，前后排列，画家以短促连续的笔触描绘母鸡一低头一抬头的动态。红色、紫色的野花与黑色的怪石形成轻盈细腻与厚重粗犷的对比。尤其是倾斜的土坡将母鸡与野花、怪石联系起来，极具构成意味。此画笔墨稚拙，设色淡雅，追求野趣，惹人喜爱。

第二开，纸本设色，25.8cm×40.7cm，1753年，辽宁省博物馆藏。此图画雄鹰与栗枝。"雄鹰"与"英雄"谐音，画家题："英雄自立"四字。画中右侧一只雄鹰单爪立于栗枝之上，雄鹰振翅回望，栗枝轻轻弯曲。雄鹰与栗枝用笔概括洗练，用墨层次丰富，构图取从右向左的延伸之势，唯有雄鹰头部呈相反之势。此画以水墨画出，仅在雄鹰头、翅、爪三处浅浅涂抹，尽显卓尔不群的姿态。

第三开，纸本设色，25.8cm×40.7cm，1753年，辽宁省博物馆藏。此图画竹枝画眉。画中构图取从左向右的延伸之势，啼叫的画眉鸟立于弯曲的竹枝之上，竹枝水墨双钩填入淡淡花青，画眉鸟水墨勾勒晕染浅浅赭石。画家题诗："竹间啼鸟似吹竽，难写声音入画图。都笑当年张敞笔，而今空染白髭须。"汉代有"张敞画眉"的典故，形容夫妻恩爱，画家借此感叹年华逝去。

第四开，纸本设色，25.8cm×40.7cm，1753年，辽宁省博物馆藏。此图画朱藤黄鹂。画中构图仍然取从左向右的延伸之势，黄羽、青眼、青爪、朱喙的黄鹂鸟立于朱藤之上，全画墨色极浅淡，几乎全由水色画出。画家题诗:"古木参天倚碧霄,春光零乱好垂条,朱藤画罢无人赏,只有黄鹂吹洞箫。"作者似乎清楚地知道他的画知音难觅,但是绝不因此而媚俗,宁愿孤独寂寞。

第五开,纸本设色,25.8cm×40.7cm,1753年,辽宁省博物馆藏。此图画芦花双燕。画家题诗:"水墨方裁燕子衣,深秋渐觉语声微,春风红杏雕梁里,萧瑟芦花便欲归。"春去秋来,仿佛刚刚画好的水墨燕子正在呼朋引伴,离开温暖的巢穴,栖息萧瑟的芦花,即将飞向遥远的南方。画中水墨双燕"笔简形具、得之自然",双钩芦花若有若无,意境空灵,思乡欲归之情令人动容。

第六开,纸本设色,25.8cm×40.7cm,1753年,辽宁省博物馆藏。此图画野草蝈蝈。画家题诗:"京师南北往来踪,古道萧萧禾黍风。买得商家林草帽,骡纲头顶叫寄笼。"蝈蝈为鸣虫之首。画家曾经三次进京,因此画野草蝈蝈回忆早年京师往来的旅途,寄托自己向往自由的心境。蝈蝈和野草皆淡墨勾勒,浅色晕染,野趣洋溢,所谓"逸笔草草,不求形似",笔墨从心,俨然逸品。

第七开,纸本设色,25.8cm×40.7cm,1753年,辽宁省博物馆藏。此图画垂柳双蝉。唐代李商隐《柳》诗云:"曾逐东风拂舞筵,乐游春苑断肠天,如何肯到清秋日,已带斜阳又带蝉。"画家题录此诗,"春苑"改为"原上"。画家六月溽暑蒸人之日画水墨高柳鸣蝉,只为夏秋之际的一丝清凉。粗笔柳干和细笔柳枝皆以水墨画出,双蝉概括洗练,生动精彩,仿佛能够听到双蝉的哀鸣。

第八开,纸本设色,25.8cm×40.7cm,1753年,辽宁省博物馆藏。

此图画月影游鱼。画中稍稍偏右以淡墨湿笔晕染出一轮月影，环绕月影下部边缘以浓墨干笔勾勒皴擦出三尾游鱼，两尾游鱼自左向右，一尾游鱼自右向左，仿佛见面交谈，另有右侧水草若隐若现。游鱼为实，月影为虚，画家题诗："一片清光万里寒，蛟龙几觉咽吞难，谁知荇底鱼儿辈，翻得嫦娥隔水看。"

第九开，纸本设色，25.8cm×40.7cm，1753年，辽宁省博物馆藏。此图画松树松鼠。画家善画松树，常常以松树象征朝中直臣，仅《五松图》就有十二幅之多。画中苍松古树斜倚，松干干笔勾勒湿笔皴擦，松针浓墨淡墨相破，一只渴笔渴墨画出的松鼠仰望天空，姿态生动。从题诗可知，画家以松树赞美朝中直臣，以松鼠讽刺逢迎鼠辈，老鹳不在营巢，鼠辈穿窬松树枝头。

第十开，纸本设色，25.8cm×40.7cm，1753年，辽宁省博物馆藏。此图画桃子一枚、枇杷四枚、杨梅二枚。画家八月初秋画朱明时果，又在题款中讨论水果何种味美何种味恶，并将自己喜爱的水果画出：北桃、白沙枇杷、珍珠窝杨梅。画中七枚水果以细笔淡墨勾勒轮廓，然后以胭脂、石绿、朱磦、赭石、花青晕染明暗体积，明显借鉴西洋画法。此画工整精致，有蒋廷锡之风。

第十一开，纸本设色，25.8cm×40.7cm，1753年，辽宁省博物馆藏。此图画水墨兰花。"扬州八怪"多受石涛影响。石涛喜画墨兰，诗曰："十四写兰五十六，至今与尔争鱼目。始信名高笔未高，悔不当初多食肉。"可见其画兰的苦心。李鱓画墨兰与郑燮相互影响，他先以中锋淡墨画出俯仰参差的兰花兰叶两丛，再以中锋浓墨画出两丛与先前所画相破，相破之处笔墨飘逸。

第十二开，纸本设色，25.8cm×40.7cm，1753年，辽宁省博物馆藏。此图画水墨牡丹。"扬州八怪"多受徐渭影响。徐渭始画泼墨牡丹，他将本来姹紫嫣红的富贵花王画成一团黑气，以示荣华富贵与自己无关，独标一格。徐渭的泼墨牡丹前无古人后有来者，李鱓也画泼墨牡丹。画家挥洒自如、酣畅淋漓，只写混沌，不画魏紫姚黄，题曰："看去一团真黑气，不知是魏是姚家。"

本文发表于《李鱓花鸟册》[清]，
人民美术出版社，2012年

1　第一开。

2　第二开。

3　第三开。

4　第四开。

5　第五开。

6　第六开。

7　第七开。

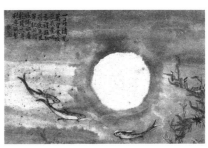

8　第八开。

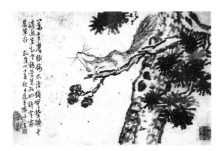

9　第九开。

10　第十开。

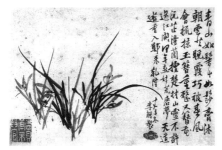

11　第十一开。

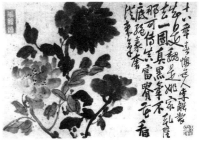

12　第十二开。

作为手工艺的绘画：
威廉·莫里斯和保罗·塞尚

李镇　张欣

内容摘要： 西方现代艺术和设计分别从保罗·塞尚与威廉·莫里斯（William Morris）开始，本文由讨论他们两件作品的两篇文章组成，通过分析这两件导致艺术家重要转向的作品，试图阐释文艺复兴以来的所谓大艺术和小艺术的相通之处，绘画的手工艺属性，以及匠人精神与机械复制时代之间的张力，进而说明这种态度之于中国当代艺术的价值和意义。

关键词： 威廉·莫里斯；保罗·塞尚；手工艺；绘画；

引言

西方现代艺术的历史从19世纪的两个人开始，一个是被称为"现代设计之父"的威廉·莫里斯，另一个就是被称为"现代艺术之父"的保罗·塞尚，前者是英国艺术与手工艺运动的领导者，后者则是法国后印象派绘画三杰中最重要的一代宗师。二人生活在大致相同的时代，后者比前者小五岁，也比前者多活了五年。本文由两篇相对独立的文章组成，分别讨论威廉·莫里斯与《美丽的伊索德》

以及保罗·塞尚与《有高脚盘的静物》的故事,但是通过并置可以发现二者的产生都与瓦尔特·本雅明(Walter Benjamin)所说机械复制时代的大背景有关,而且无论是威廉·莫里斯的手工艺、设计等小艺术还是保罗·塞尚的纯艺术、绘画等大艺术,二人的工作都具备一种回到过去、走向未来的匠人精神,前者的逻辑是以拉斐尔之前包括中世纪艺术对抗学院派,而后者的逻辑则是以普桑的古典主义艺术对抗印象派、自然主义和现实主义。因此就"作为手工艺的绘画"这一点而言,他们其实并无本质区别。

威廉·莫里斯与《美丽的伊索德》

2014 年底至 2015 年初,英国概念艺术家、2004 年透纳奖得主杰里米·戴勒(Jeremy Deller)在牛津现代艺术博物馆策划了一个有趣的展览"爱就足矣:威廉·莫里斯与安迪·沃霍尔"(Love is Enough: William Morris & Andy Warhol)。展览的名字来自威廉·莫里斯的一首诗:"爱就足矣:哪怕万物凋零,森林无声,只有呜呜悲鸣;哪怕天色昏暗,模糊的双眼无法望见 / 毛茛和雏菊争艳天边;哪怕峰峦如影,海洋深邃如谜,岁月如纱,遮掩住所有往事旧迹,但他们的双手不会颤抖,脚步不会犹疑:单调不会令他们厌倦,畏惧不会令他们改变 / 爱人们彼此相对的唇和眼。"策展人在威廉·莫里斯诞辰一百八十周年之际将他与安迪·沃霍尔并置,重提他们对于艺术史的贡献。杰里米·戴勒认为威廉·莫里斯与安迪·沃霍尔分别代表着 19 世纪英国和 20 世纪美国艺术的最高成就,是对他产生最大影响的两位艺术家。同时杰里米·戴勒发现二人的确有着某种相似之处：二人都是各自时代和国家的偶像艺术家，都致力于艺术介入生活进而介入政治的努力，都曾创办印刷工厂并通过批量生产的方法传播自己的作品或者与其他著名艺术家合作的作品。此外威廉·莫里斯精湛的手工艺与安迪·沃霍尔熟练的绘图术之间似乎也有着某种联系。当然二人的差异之处也是显而易见的：比如他们的家庭出身、政治立场，以及对于工业化大生产的态度，这种南辕北辙使得展览呈现出一种和谐中的张力。展览的展品来自英美各地的公共和私人收藏而且极其罕见，两位艺术巨匠的作品以一种互文的方式被策展人陈列在三间画廊中，构建出两个时代两个国家的帝国之梦。有趣的是策展人选择以手工艺而非纯艺术为切入点，通过并置威廉·莫里斯和安迪·沃霍尔的印刷、纺织、手稿和文献揭示二人一个共同的观点，即艺术并无大艺术（纯艺术）与小艺术（手工艺）之分，绘画与手工艺并无本质区别，甚至就艺术的大众化、民主化而言，往往后者比前者更有优势。

　　威廉·莫里斯因其领导的艺术与手工艺运动而被称为"现代设计之父"。他出身富裕的中产阶级家庭，1851年17岁参观伦敦第一届世界博览会时就对维多利亚风格的矫揉造作和机械化大生产的粗制滥造深感忧虑。次年开始在牛津大学学习神学，期间深受约翰·拉斯金（John Ruskin）及其著作《威尼斯之石》《现代画家》《建筑的七盏明灯》的影响而对中世纪文学、艺术和建筑充满兴趣。大学毕业之后的两年内，威廉·莫里斯考察了法国哥特教堂并在专门从事哥特风格设计的建筑事务所工作了一段时间。1957 年他就和好友爱德华·伯恩·琼斯（Edward Burne Jones）一起加入了前拉斐尔派并结识了但丁·加百利·罗塞蒂（Dante Gabriel Rossetti）及其模特简·伯登（Jane Burden）。几经周折，三年后威廉·莫里斯与简·伯登结婚，婚房就是他与好友菲利普·韦伯（Philip Webb）设计的代表艺术与手工艺运动最高成就的作品《红屋》。自此威廉·莫里斯和福特·马多克斯·布朗（Ford Madox Brown）、伯恩·琼斯、罗塞蒂、韦伯成立了承接壁画、壁纸、彩绘玻璃窗、金属工艺、雕塑、刺绣和家具等设计工作的"莫里斯、马歇尔与福克纳公司"（Morris, Marshall, Faulkner and Company）并通过艺术与手工艺运动拉开了百年设计的序幕。

值得一提的是威廉·莫里斯唯一一幅传世油画《美丽的伊索德》。此画现藏英国伦敦泰特美术馆，完成于 1858 年，威廉·莫里斯加入前拉斐尔派（1857 年）之后与简·伯登结婚（1859 年）之前。他以身着中世纪服装的简·伯登为模特描绘了《崔斯坦与伊索德》故事中伊索德哀悼崔斯坦被马克国王放逐的情节。这幅油画曾被误认为描绘的是亚瑟王的妻子桂妮维亚，原因是 1858 年 3 月威廉·莫里斯出版了他的第一部诗集《为桂妮维亚辩护》。关于这幅画，弗朗西斯·福尔（Frances Fowle）写道："画中的伊索德似乎刚刚起床，一只小灰狗卧在皱皱巴巴的被单里。马洛礼爵士（Sir Thomas Malory）在《亚瑟王之死》一书中告诉我们'伊索德身边有一只小猎犬，那是崔斯坦在她第一次到康沃尔时送给她的，而且除非崔斯坦近在咫尺否则小猎犬不会离开她'。她若有所思地站在小房间里，花冠中象征回忆的迷迭香强化了他对崔斯坦的感情。'悲伤'一词写在镜子的侧面。丰富的色彩、强烈的图案以及被照亮的弥撒书都显示出威廉·莫里斯非凡的绘画天赋。他喜欢用图案、刺绣和木雕而非人物画装饰房间，为此他花了数月时间在红狮广场十七号与爱德华·伯恩·琼斯共享的工作室创作这幅作品。画中的许多家饰比如土耳其地毯、波斯绣盖和悬挂的白线刺绣可能是莫里斯的私人收藏。背景的风格接近莫里斯为红狮广场设计的重型挂毯，桌布则是莫里斯和菲利普·韦伯典型的公司教堂装饰风格。"[1]1874年，但丁·加百利·罗塞蒂为讨好简·伯登花了二十英镑从福特·马多克斯·布朗的儿子奥利弗（Oliver）手中买下这幅莫里斯的早期作品。后来此画转至罗塞蒂弟弟威廉·迈克尔·罗塞蒂（William Michael Rossetti）手中甚至几乎被人遗忘，直至后者去世才又回到简·伯登手中。《美丽的伊索德》是威廉·莫里斯短暂的前拉斐尔派时期硕果仅存的一件作品，几乎就是在完成了这幅作品之后他的兴趣立刻从绘画转移到建筑、室内设计和手工艺上来。原因显而易见，尽管《美丽的伊索德》对威廉·莫里斯个人而言相当成功，但是与他的前拉斐尔派朋友尤其是三位兄弟会创始人的作品相比仍然属于学习研究之作。

1848年但丁·加百利·罗塞蒂、威廉·霍尔曼·亨特（William Holman Hunt）、约翰·埃弗里特·米莱（John Everett Millais）三位英国皇家美术学院的青年学生秘密组成了前拉斐尔兄弟会，很快威廉·迈克尔·罗塞蒂、托马斯·伍尔纳（Thomas Woolner）、詹姆斯·柯林森（James Collinson）、弗雷德里克·乔治·史蒂芬（Frederic George Stephens）四人加入，到秋天已经发展至七人。他们认为从 15 世纪末 16 世纪初文艺复兴盛期的米开朗基罗（Michelangelo Buonarroti）和拉斐尔到 18 世纪缔造了英国皇家美术学院的约书亚·雷诺兹爵士（Sir Joshua Reynolds），古典主义学院派已经逐渐走向一种腐朽没落的机械风格主义。这些前拉斐尔派的画家们试图通过回到文艺复兴早期甚至中世纪努力改变当时的绘画潮流。同时他们主张尊重自然和现实，画出丰富的细节、强烈的色彩和复杂的构图。拉斐尔前派后来一分为二，自然和现实派以亨特和米莱为代表，中世纪派则以罗塞蒂和莫里斯为代表。因此威廉·莫里斯后来领导艺术与手工艺运动的主要思想与其短暂的拉斐尔前派时期的中世纪美学一以贯之，这种反对维多利亚风格的矫饰、反对机械化大生产的粗糙、主张回到中世纪哥特式、主张向自然和现实学习的思想观念在 1888 年由他组织成立"艺术与手工艺展览协会"（The Arts and Crafts Exhibition Society）时达到高潮。约翰·拉斯金和中世纪美学既是威廉·莫里斯加入前拉斐尔派进而画出《美丽的伊索德》的原因，也是他做出《红屋》进而兴趣转移至建筑、室内设计和手工艺的理由。

英国设计史学者彭妮·斯帕克（Penny Sparke）在谈到威廉·莫里斯时认为："与之前的卡尔·马克思（Karl Marx）一样，威廉·莫里斯也醉心于因社会分工而引发的异化效应所暗含的社会与政治意义。自 19 世纪 60 年代起，莫里斯的写作与工作也开始聚焦于控制装饰的需求。和他众多的改革同人们一样，他对设计的早期思考是由 1851 年的博览会引发的。虽然他看到了工业生产所带来的问题，但是他并不像人们通常认为的那样反对使用机器。就莫里斯而言，由分工带来的核心问题在于异化劳动并引发了他所认为的不适当的装饰品的制作与消费。和拉斯金一样，莫里斯深深迷恋于这些想法，他信奉中世纪并坚信装饰应当以一种恰当的方式表现自然。他认为装饰不应该是与社会地位相关的点缀，反之，它应该是一种内在的、与使用者在功能与身份方面进行互动的定义属性对象。"[2]威廉·莫里斯的中世纪美学与快乐工作的匠人精神和社会主义的政治理想相辅相成，尽管后两方面对他而言非常矛盾。

《美丽的伊索德》和《红屋》之后的 1860 年至 1876 年是威廉·莫里斯艺术创作活动的中期，他以纺织品、壁纸和地毯设计广为人知。1877 年至 1896 年威廉·莫里斯逐渐形成了系统的以社会主义的政治理想和快乐工作的匠人精神为核心的艺术和设计理论并发表了三十五篇演讲，在哈默史密斯（Hammersmith）成立了凯尔姆斯科特出版社（The Kelmscott Press）并对平面设计产生了深远的影响，这是他艺术创作活动的晚期。自 1877 年起，威廉·莫里斯开始积极参加政治活动。1883 年、1844 年他先后加入民主联盟（很快更名社会民主联盟）和社会主义者同盟并开始系统研究马克思的《资本论》等著作。莫里斯还担任了社会主义者同盟机关报《公共福利》周刊的主编，六年时间为这个刊物写了大量宣传社会主义的诗歌和散文，其中包括他最重要的两部社会主义乌托邦小说《梦见约翰·鲍尔》

(*A Dream of John Ball*,1886)和《乌有乡消息》(*News from Nowhere*,1890)。直至 1891 年,威廉·莫里斯还在哈默史密斯成立了社会主义协会,通过凯尔姆斯科特出版社出版刊物支持社会主义政治活动。社会主义的政治理想和快乐工作的匠人精神既是他相互矛盾的两个方面,又最终完美地统一起来。因此英国设计史学者凯瑟琳·麦克德莫特(Catherine McDermott)写道:"莫里斯认为自己是一个社会主义者和革命家,设计师的工作应该具备一种更加广义的道德责任,他是英国了不起的人物,他的观念和设计影响着我们今天和未来的生活。"[3]

今天的世界和中国都在"匠人精神"的语境中重提威廉·莫里斯,重提艺术与手工艺运动、新艺术运动、装饰艺术运动以及包豪斯。这很容易让人想起中国 20 世纪能够与威廉·莫里斯相提并论的人:庞薰琹(1906—1985)与雷圭元(1906—1989)。中国设计史学者杭间最近在《雷圭元先生》一文中说:"如果说中国现代也有'设计之父',那么,雷圭元和庞薰琹,是最有资格获得此称号的人。"[4]庞薰琹与雷圭元年龄相同,都曾留学法国学习绘画,联手在成都创立具备现代设计性质的成都艺专,进而一起从杭州前往北京创立第一所真正的现代设计学院中央工艺美术学院,前者著有《中国历代装饰画研究》,后者著有《新图案学》。装饰者,藏文采于内也。图案者,意图与方案也。借"工艺美术""装饰"与"图案"这些词在那个苏联现实主义美术一统天下的语境中推行现代艺术和设计教育才是庞薰琹和雷圭元筚路蓝缕,以启山林的良苦用心。遗憾的是"图案""装饰"与"工艺美术"的命运一样,在快速发展的当代中国经历一次又一次的被误读与被批判，甚至忘记了"来自手工艺的设计"和"作为手工艺的绘画"。

保罗·塞尚与《有高脚盘的静物》

1979年8月，法兰西银行发行的一百元法郎纸币以德拉克洛瓦的肖像和作品为图案，而1997年12月发行的新一百元法郎纸币则以塞尚的肖像和作品为图案，这也是2002年1月1日欧元发行前的最后一版一百元法郎。对法国而言，德拉克洛瓦和塞尚分别是18世纪和19世纪最重要的画家。1900年，曾写下"一幅画——在它是一匹战马、一个裸女，或者一件奇谈之前——基本上是按照特殊规律安排色彩的一个平涂表面"[5]这一著名箴言的纳比派画家莫里斯·德尼（Maurice Denis）大概是受到学院派画家亨利·凡汀-拉图尔（Henri Fantin-Latour）1864年创作的《向德拉克洛瓦致敬》的启发，创作了《向塞尚致敬》。

前一幅画描绘了一群德拉克洛瓦的崇拜者聚集在伟大画家的肖像周围。左边：第一行从右至左是詹姆斯·惠斯勒（James Whistler）、坐着的亨利·凡汀-拉图尔（Henri Fantin-Latour）和坐着的路易·埃德蒙·迪朗蒂（Louis Edmond Duranty），第二行从右至左是阿方斯·勒格罗（Alphonse Legros）和查尔斯·考迪尔（Charles Cordier）。右边：第一行从左至右是坐着的以尚弗勒里（Champfleury）为写作笔名的朱-弗朗索瓦-费利克-于松（Jules-François-Félix Husson）和坐着的查尔斯·波德莱尔；第二行从左至右是爱德华·马奈（Édouard Manet）、费利克斯·布拉克蒙（Félix Bracquemond）和阿尔贝·巴勒鲁瓦（Albert de Balleroy）。

后一幅画则描绘了莫里斯·德尼在画商安普罗兹·沃拉尔（Ambroise Vollard）的店里集合了一群纳比派艺术家和批评家朋友为保罗·塞尚庆祝，塞尚1879年创作的静物画《有高脚盘的静物》（又名《高脚盘、玻璃杯和苹果》）放在画架上。此画曾属于保罗·高更，德尼同样推崇他。其实此画背景中就有高更和雷诺阿（Pierre-Auguste Renoir）的画。奥迪隆·雷东（Odilon Redon）处于重要位置：他出现在前景最左侧并且大部分人物都望向他。他在倾听站在他前方保罗·塞律西埃（Paul Sérusier）的讲话。从左至右，我们可以看到爱德华·维亚尔（Edouard Vuillard）、带大礼帽的批评家安德烈·梅莱里奥（André Mellerio）、画架后面的沃拉尔、德尼、保罗·朗松（Paul Ranson）、克尔-格扎维埃·鲁塞尔（Ker-Xavier Roussel）、抽烟斗的皮埃尔·博纳尔（Pierre Bonnard），最后是德尼夫人玛尔特·德尼（Marthe Denis）。

1901年，德尼完成《向塞尚致敬》的第二年，6月5日，塞尚在埃克斯给德尼的信中写道："从报纸上我知道了您对我艺术共鸣的作品在国家美术协会展出的消息。请接受我深深谢意的表达并向加入到您的这个场合中的艺术家们转达我的深深谢意。"八天之后，6月13日，德尼在巴黎给塞尚的回信中写道："我被您如此抬爱地给我写信深深地感动。没有什么比知道深处孤独中的您知道了由《向塞尚致敬》所引发的轰动更让我高兴的了。也许这会让您明白您在我们时代的绘画中所处的位置,您所享有的赞美,以及众多因为从您的绘画中汲取养分而自称是您学生的包括我在内的年轻人进步的热情,而这是我们永远无法充分理解的义务。请接受,亲爱的先生。"[6]

《有高脚盘的静物》,这样一幅小小的静物画为何会出现在德尼的《向塞尚致敬》中并成为纳比派画家眼中塞尚的象征呢?纳比派,又名先知派,始于1888年24岁的塞律西埃从在阿旺桥画《雅各与天使搏斗》的高更那里得到"护符"并带回巴黎,终于1900年30岁的德尼在巴黎完成的《向塞尚致敬》一画。因此仅仅存在了十二年的纳比派,其价值和意义就在于他们作为"先知"将"上帝"高更和塞尚的艺术观念介绍给20世纪的艺术家,从而真正拉开了现代主义绘画的序幕。如果说高更和塞尚的艺术主张深深地影响了纳比派,那么高更的绘画其实恰恰又直接从塞尚的绘画中获得启示,尤其是《有高脚盘的静物》一画,因为高更曾一度拥有这幅画并视为自己的"护符"。

《有高脚盘的静物》完成于1879年至1882年,塞尚40岁至43岁之间。其艺术从前期(1859—1871)的"浪漫、表现、幻想"发展到中期(1872—1885)的"印象、技术、自然"并进一步向后期(1886—1906)的"古典、和谐、永恒"发展。《有高脚盘的静物》可谓塞尚艺术中期的杰作。1872年,塞尚在儿子保罗出生后携妻儿来到蓬图瓦兹与"印象派的摩西"毕沙罗(Camille Pissarro)并肩战斗,开始了他印象派的探索。此后,塞尚在毕沙罗等人的劝说下参加了1874年的印象派第一次展览和1877年的印象派第三次展览。然而塞尚渐渐发现印象派只不过是自然主义的异化，而非自己艺术追求的终极目标，因此他开始偏离自然主义印象派的轨道并回归"法国绘画之父"普桑及其古典主义理想。因此，1979年、1880年、1881年、1882年、1886年印象派五次展览塞尚都没有参加。塞尚《有高脚盘的静物》恰恰完成于他开始放弃印象派并转向古典主义期间。

塞尚在《有高脚盘的静物》中已经逐渐超越了西方绘画的写实传统。西方写实传统以再现客观自然为目的，其基础是关于"形"的透视学和关于"色"的色彩学，19世纪以来从安格尔的新古典主义和德拉克洛瓦的浪漫主义到库尔贝的现实主义再到马奈和印象派都是这一体系的构建。塞尚完全颠覆了这一体系。譬如，他的兴趣显然不在于静物画如何惟妙惟肖、栩栩如生，而在于画如何借助静物呈现形与色的和谐。《有高脚盘的静物》中高脚盘、玻璃杯、桌布、餐刀、苹果、葡萄共同组成金字塔构图，但是这些元素与墙面和柜子其实并无主次之分，都是组成画面的重要元素，尤其是墙面的叶子与柜子的锁孔。从透视和色彩来看，此画比以往的绘画更加主观和表现。一方面，塞尚为了获得坚实的平面效果而将高脚盘和玻璃杯的椭圆画成方中带圆的形状，并将桌布的曲线画成直中带曲的形状；另一方面，塞尚为了获得灿烂的平面效果而提高画面中各个元素的明度和纯度，加大同类色相之间的冷暖差异，并开始用深蓝色勾勒物体的边缘。这两方面统一在塞尚倾斜四十五度密密麻麻的笔触中。

塞尚由此创造出一个全新的时空系统：两条线、三种体和五种主要色彩。1904 年 4 月 15 日，塞尚在埃克斯给埃米尔·贝尔纳（Emile Bernard）的信中写道："让我把曾在这里对你说过的话再重复一遍：要用圆柱体、球体、圆锥体来处理自然。万物都处在一定的透视关系中，所以一个物体或一个平面的每一边都趋向一个中心点。与地平线相平行的线条可以产生广度，也就是说，是大自然的一部分。与地平线相垂直的线条产生深度。可是，对我们人类来说，大自然要比表面更深，因此，必须把足够量的蓝色加进被我们用各种红色和黄色表现出来的光的颤动里去，使之具有空气感。"[7] 关于两条线和三种体，塞尚认为与地平线平行的线和与地平线垂直的线可以暗示自然的广度和深度，而圆柱体、球体、圆锥体三种圆面体可以概括自然的各种形态。两条线和三种体结合出一种与线性透视有区别又有联系的透视，这种透视再与以蓝色为主导的空气透视、色彩透视相结合。关于五种主要色彩，塞尚认为"人加自然"不是再现自然而是用儿童的眼睛去看世界，用色彩的眼睛去看世界，用纯绘画的眼睛去看世界。艺术家以色彩自身的对比和协调重现一个自然，翻译一个自然，并赋予这个自然以新的生命。根据贝尔纳的回忆以及塞尚的笔记本中的备忘录，塞尚的调色盘有五种主要色彩："黄：金黄，拿波利黄，铬黄，赭黄；红：土红，朱红，赭红，火红，茜红，洋红，金红；绿：委罗奈赛绿，翠绿，深绿；蓝：钴蓝，天蓝，普鲁士蓝；沥青黑。"[8] 总而言之，塞尚企图凭借"从印象派中发展出某种坚固、持久的、像博物馆艺术一样的艺术"的传统观和"艺术是一个与自然平行的和谐体"的自然观在平面中画出一种由线、面、体的秩序表现出的全新的空间感和体积感,或者简而言之就是"以自然重画普桑"。

2006年是塞尚逝世一百周年,美国华盛顿国家艺术画廊和法国埃克斯·安·普罗旺斯格兰特博物馆联合举办了"塞尚在普罗旺斯"的回顾展,展出一百五十余幅塞尚的作品。在同名画册的前言中,华盛顿国家艺术博物馆主任鲍威尔伯爵三世(Earl A. Powell Ⅲ)与埃克斯·安·普罗旺斯市长马西尼(Maryse Joissains Masini)合作的文章写道:"塞尚被普遍地认为是19世纪末20世纪初最伟大和最有影响力的艺术家之一:他死后的一百年间,几乎每一个现代艺术家都把这位埃克斯的大师称为自己最重要的前辈。"[9]譬如,马蒂斯(Henri Matisse)曾说:"(塞尚是)我们大家的父亲",毕加索(Pablo Picasso)曾说:"(塞尚是)一个保护孩子的母亲",保罗·克利(Paul Klee)曾说:"(塞尚是)最卓越的老师"。[10]

2001年英国艺术家大卫·霍克尼(David Hockney)出版了一本名为《隐秘的知识》的书。此书作为大卫·霍克尼和物理学家查尔斯·法尔科(Charles Falco)的研究成果呈现给我们一系列证据,这些证据表明从14、15世纪的尼德兰画派代表人物扬·凡·艾克(Jan van Eyck)和胡伯特·凡·艾克(Hubert van Eyck)兄弟到16、17世纪的巴洛克风格代表人物卡拉瓦乔(Caravaggio)再到18、19世纪的新古典主义代表人物安格尔,尤其是15世纪30年代布鲁日一带的画家们无一例外地在借助光学仪器画画,或者说通过一种手工艺制作图像，并且光学仪器的进步与画家再现自然水平的发展一一对应。如果我们相信霍克尼的研究结论，那么按照这个逻辑，摄影术发明之前 14 世纪至 19 世纪的绘画史便顺理成章地成为"摄影前史"。正是由于摄影术的出现，以塞尚为代表的画家开始思考绘画的价值和意义。绘画真正成为绘画。然而塞尚并没有画出康定斯基（Wassily Kandinsky）、蒙德里安（Piet Mondrian）、马列维奇（Kazimir Malevich）以及美国抽象表现主义、德国新表现主义那样的抽象画，梅洛－庞蒂在《塞尚的疑惑》一文中将他的这种作为手工艺的绘画理解为一种二律背反："他的绘画将成为这样一种二律背反的：不离开感觉来寻找真实，在直接的印象中只以自然为向导而拒绝其他；不勾勒轮廓，不用描抹来调配颜色，既不构设透视也不设计画面。这就是贝尔纳所说的'塞尚的自我毁灭'之所在，就是说，他追求真实，却又禁止自己去使用达到真实的手段，这不正是一种二律背反吗？"[11]。

结语

2007 年 10 月 4 日至 12 月 30 日伦敦泰晤士河南岸中心的海沃德画廊总监拉尔夫·罗戈夫（Ralph Rugoff）策划了一个重要展览"现代生活的绘画"，展出了过去 45 年来 22 名[12]各国著名艺术家的 100 幅受摄影启发的绘画作品。展览的目的是通过从个人生活到社会政治等各种主题呈现当代绘画中艺术家对摄影图像的使用和诠释，进而重新审视摄影图像对绘画的内容和技术产生深刻影响的方方面面。自 20 世纪 60 年代起，很多当代艺术家就开始大量借助报纸和广告中的摄影图像进行绘画创作，比如安迪·沃霍尔的丝网印刷、格哈德·里希特（Gerhard Richter）的模糊图像以及维加·塞尔敏斯（Vija Celmins）的照相写实都是当代艺术中借助照片创作的重要个案。中国艺术家刘小东有四幅画作参展，包括《车祸》《观看》《三个女孩看电视》和《下楼梯的人妖》，他认为照片和绘画不可相互替代，照片中有许多客观世界的细节，而绘画中有更多心理活动的细节，自己在画画时总是试图超越照片呈现的现实，因此会有更多主观性。

本雅明曾在《机械复制时代的艺术作品》一文中写道："19 世纪前后技术复制达到了这样一个水准，它不仅能复制一切传世的艺术品，从而使艺术作品的影响开始经受最深刻的变化，而且它还在艺术处理方式中为自己获得了一席之地。"[13] 他的观点在 21 世纪被进一步印证，从威廉·莫里斯到保罗·塞尚，从《美丽的伊索德》到《有高脚盘的静物》，机械复制时代的摄影和电影没有终结绘画，而是使之发生转向，进而成为一种图像时代的手工艺。如果我们能够认识到这一点就会对今日中国的绘画和当代艺术产生一些新的看法。

1　威廉·莫里斯《美丽的伊索德》，布面油画，内框 71.8cm×50.2cm，外框 96.0cm×75.5cm×6.1cm，1858 年，现藏英国伦敦泰特美术馆。

2　从花园看威廉·莫里斯与菲利普·韦伯共同设计的"红屋"，1859 年。

3　威廉·莫里斯的第一幅壁纸设计《棚架》，木板壁纸，1864 年，现藏英国伦敦维多利亚与阿尔伯特博物馆。

4　威廉·莫里斯为凯尔姆斯科特出版社设计的商标。

5 亨利·凡汀-拉图尔《向德拉克洛瓦致敬》，布面油画，160cm×250cm，1864年，现藏法国巴黎奥赛博物馆。

6 莫里斯·德尼《向塞尚致敬》，布面油画，180cm×240cm，1900年，现藏法国巴黎奥赛博物馆。

7 保罗·塞尚《有高脚盘的静物》，布面油画，46cm×55cm，1879年—1882年，私人收藏。

8 保罗·塞尚《玩牌者》，布面油画，135cm×181cm，1890年—1892年，现藏美国宾夕法尼亚梅里恩·巴恩斯基金会。

9 保罗·塞尚《玩牌者》，布面油画，65cm×81cm，1890年—1892年，现藏美国纽约大都会艺术博物馆。

10　保罗·塞尚《玩牌者》，布面油画，
97cm×130cm，1893年—1896年，私人收藏。

11　保罗·塞尚《玩牌者》，布面油画，
60cm×73cm，1893年—1896年，现藏英国伦敦考陶尔德学院画廊。

12　保罗·塞尚《玩牌者》，布面油画，
47cm×56cm，1893年—1896年，现藏法国巴黎奥赛博物馆。

13　理查德·阿奇瓦格等《现代生活的绘画》，海沃德出版社，2008年第1版书影。

注释

[1] 参见英国泰特美术馆官网中对此画的介绍：http://www.tate.org.uk/art/artworks/morris-la-belle-iseult-n04999。

[2] 彭妮・斯帕克:《英国设计，从威廉・莫里斯到今天》，汪芸译，《装饰》2014年第 11 期，第 14-15 页。

[3] Catherine McDermott, Design: The Key Concepts (London and New York: Routledge, 2007), p. 24.

[4] 参见杭间新浪博客：http://blog.sina.com.cn/s/blog_a62317240102w8q0.html（2016 年 2 月访问）。

[5] H. H. 阿纳森:《西方现代艺术史：绘画・雕塑・建筑》，邹德侬、巴竹师、刘珽译，天津人民美术出版社，1994，第 86 页。

[6] John Rewald, ed. *Paul Cézanne, Letters*, trans. Seymour Hacker (New York: Hacker Art Books, Inc., 1984), pp. 272-273.

[7] 赫谢尔・B. 奇普:《塞尚、梵高、高更通信录》，吕澎译，广西师范大学出版社，2002，第 10 页。

[8] John Rewald, *Cézanne, A Biography* (New York: Abradale Press, Harry N. Abrams, Inc., 1990), p.59.

[9] Earl A. Powell Ⅲ and Maryse Joissains Masini, "Foreword," in *Cézanne in Provence*, eds. Philip Conisbee and Denis Coutagne (Washington: Publishing Office, National Gallery of Art, 2006).

[10] Theodore Reff, "Painting and Theory in the Final Decade," in *Cézanne, The Late Work*, ed. William Rubin (London: Thames and Hudson Ltd., 1978), p.13.

[11] 梅洛 - 庞蒂:《眼与心》，刘蕴涵译，张智庭校，中国社会科学出版社，1992，第 45 页。

[12] 理查德・阿奇瓦格（Richard Artschwager）、罗伯特・贝希特勒（Robert Bechtle）、维加・塞尔敏斯、彼得・多伊格（Peter Doig）、马琳・杜马斯（Marlene Dumas）、托马斯・埃格雷尔（Thomas Eggerer）、朱迪思・艾斯

勒（Judith Eisler）、弗朗茨·盖尔驰（Franz Gertsch）、理查德·汉密尔顿（Richard Hamilton）、埃伯哈德·哈费科斯特（Eberhard Havekost）、大卫·霍克尼、约翰内斯·卡尔斯（Johannes Kahrs）、乔安娜·坎德尔（Johanna Kandl）、马丁·基彭伯格（Martin Kippenberger）、刘小东、马尔科姆·莫利（Malcolm Morley）、伊丽莎白·佩顿（Elizabeth Peyton）、米开朗基罗·皮斯特莱托（Michelangelo Pistoletto）、格哈德·里希特、威廉·萨奈尔（Wilhelm Sasnal）、吕克·图伊曼斯（Luc Tuymans）、安迪·沃霍尔。

[13] 本雅明:《摄影小史、机械复制时代的艺术作品》，王才勇译，江苏人民出版社，2006，第113页。

本文发表于《油画》2016年第2期

第二篇

师说 – 读画

先生的先生 导师的导师
——庞薰琹

今年（2011 年）是庞薰琹先生诞辰 105 周年，我们在此缅怀这位中国美术界的一代宗师。

对我个人而言，庞薰琹是先生的先生、导师的导师。我从未见过庞薰琹先生，1985 年他就离开了这个世界，时年 79 岁，而那时我还只是个懵懂少年。如此说来，庞先生之于我仿佛遥不可及，神秘而陌生。然而 12 年前，我就幸运地认识了恩师刘巨德教授，他推荐给我的第一本书便是他的导师庞薰琹教授 20 年（1958—1978）苦难岁月"两句三年得，一吟双泪流"的著作《中国历代装饰画研究》。自此我就从未停止过阅读庞先生本人的和关于他的文字和图像。庞先生的画册和展览还有他的自传《就是这样走过来的》几乎成为我在艺术之路鞭驽策蹇的希望之光。这些丰富多彩的间接经验与刘巨德先生的生动讲述每每结合，此时的庞先生之于我又似乎近在咫尺，朴素而熟悉。

庞薰琹先生有一幅 1943 年在成都由好友迈克尔·苏立文（Michael Sullivan，1916—2013）拍摄的照片（图 1）。我想象中的庞先

1 庞薰琹在成都。

生就是那样一位温其如玉的彬彬君子，从容不迫、坚定不移。

一

1906年6月20日（此年10月22日西方现代艺术之父保罗·塞尚去世），中国现代美术运动决澜社的主要领袖、新中国艺术设计教育体系的奠基者、中央工艺美术学院的创立人庞薰琹先生出生在山清水秀、人文荟萃的江苏常熟一个书香世家，高祖精通音韵，曾祖父曾为探花，祖父和叔祖父皆曾为进士。常熟简称"虞"，虞城有虞山，明代虞山琴派和清代虞山画派皆因此得名。常熟还是元四家之首、《富春山居图》的作者黄公望的故乡。常熟又有七条河，称"七弦"。庞先生名薰琹，字虞弦，更有一方画印"家在琴川第一弦"。庞先生自幼受母亲影响喜爱并学习绘画。音乐和绘画几乎伴随着庞先生筚路蓝缕的一生。庞先生曾在巴黎叙利恩绘画研究所学习绘画的同时跟随巴黎音乐学院退休教师梅隆夫人学习音乐，求学期间曾因为双手动手术在学习钢琴还是专心绘画两者间犹豫再三，并最终选择绘画，但是他依然相信时间艺术的音乐和空间艺术的绘画之间有着某种"体异性通"的联系。恩师刘巨德曾告诉我庞先生喜欢贝多芬，而他跟随庞先生攻读研究生第一堂课的内容就是庞先生由分析西方音乐入手阐释绘画的道理。庞先生还曾因为学医还是学画而犹豫。他15岁考入震旦大学预科学习法文，本来计划预科结束进入震旦大学最好的医学院学医。但是一次考试中，一位神父由于误信庞先生的父亲是银行董事长而要求他做假并帮助他获取高分，庞先生因此对继续学医心生怀疑，同时另一位神父认定中国人成不了大艺术家，庞先生因这一句话而倔强地选择继续学画。鲁迅也曾弃医从文。我想，对20世纪中国的优秀知识分子而言，个体生命求真的使命和集体民族精神的自觉一定是他们共同的理想。

二

回望整个20世纪中国美术的现代化和民族化历程，我们无法回避这样一个事实：自辛亥革命前的李铁夫、李叔同、冯钢百、李毅士和辛亥革命后的李超士、吴法鼎、陈抱一等人先后留学海外始，一批又一批的美术先行者在学习西方、研究西方之后立足中国，至今影响着21世纪中国美术的实践、理论和教育体系。其中尤其是1919年留学法国的徐悲鸿和林风眠，前者带回了西方"现实主义"，而后者则带回了西方"现代主义"，并分别深刻地影响了北平艺专（今中央美术学院）和杭州艺专（今中国美术学院）两所学校艺术教育的历史轨迹。如果说徐悲鸿和林风眠的贡献基于二人殊途同归的中西比较跨文化视野，那么六年之后（1925年）同样留学法国的庞薰琹则不仅仅具备跨文化视野，更具备跨学科视野，除西方美术之外，他还带回了"工艺美术运动""新艺术运动""装饰艺术运动""包豪斯"以来的西方现代设计教育体系，创立并深刻地影响了中央工艺美术学院的教育体系。仅此一点就足以奠定庞薰琹先生20世纪中国艺术教育一代宗师的地位。其实，1925年庞先生初到巴黎的时候便参观了12年一次的世界博览会。此时法国"装饰艺术运动"方兴未艾，并且正是因为此次博览会而举世闻名。庞先生深受启发，他发现所谓美术并非只是绘画和雕塑，衣食住行之间美无处不在。当庞先生决定报考巴黎高等装饰艺术学院时发现这所学校并不招收中国学生，因此将来在中国建立一所这样的学校的念头开始在他心中生根发芽。谁会想到，31年之后（1956年）庞先生竟然真的实现了他的梦想，更有谁会想到，70年后（1995年）这两所学校竟然结成友好院校并开始互派师生合作交流，然而此时庞先生已经无法亲历。

三

"决澜社"是中国现代美术运动中第一个真正的以研究西方现代主义艺术成果为手段以呼唤中国新艺术精神为目的学术性社团，而庞薰琹先生正是这个社团的重要精神领袖。愈是沉寂的空气中狂飙的精神就愈显珍贵。早在 1930 年庞先生回国不久就应汪荻浪之邀与周汰、屠乙和胡道之组织了一个"苔蒙画会"（苔蒙，法文"两个世界"的音译）并开始招收学生，但很快被国民党政府查封。艺术家们没有妥协，他们开始酝酿新的画会。经过一年的准备，1932 年庞先生和倪贻德、王济远、周多、周真太、段平右、张弦、阳太阳、杨秋人、丘堤（其中王济远于第二回展后退出，丘堤却于 1933 年从日本回国后加入）正式成立了"决澜社"并且发表了由倪贻德撰写，经庞薰琹、王济远同意的《决澜社宣言》。宣言文字激越、振聋发聩，今天读来依然使人热血沸腾。在"九一八"事变和"一·二八"事变的硝烟中，"决澜社"先后进行了四次展览，虽然参与的艺术家越来越多，但是由于日本侵华战争的全面展开而在 1935 年第四次展览之后终结。多年以后，庞先生在自传中曾客观地评价了"决澜社"的成败与得失，然而无论如何，庞薰琹先生及其发起的"决澜社"毕竟第一个拉开了中国现代美术运动的序幕进而影响到后来其他美术组织的产生和发展。庞先生在此期间画出了《人生的哑谜（如此上海）》（图 2）和《如此巴黎》（图 3）等带有西方现代主义味道的作品，而在"决澜社"第三次展览中展出并引起一系列风波的《地之子》（图 4）则是这一时期庞先生最重要的作品。庞先生在谈到此画时认为从《地之子》开始他的艺术思想有了一些变化。在我看来，庞先生的《地之子》尽管依然受到他喜爱的画家毕加索的影响，但是其中形式主义的技术已经被悲天悯人的生命情怀取代，每每阅读此画，总感觉它几乎就是那个内忧外患时代中华民族自强不息的精神象征。

2 《人生的哑谜(如此上海)》。

3 《如此巴黎》。

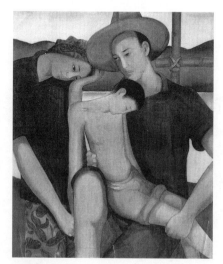

4 《地之子》。

四

从 1937 年抗日战争全面爆发到 1949 年新中国成立，庞薰琹先生和大多数中国知识分子一样终日颠沛流离在中国的大地上。他从北平到江西到湖南到云南到贵州到四川到广东再到上海，并且先后在北平艺专、中央博物院、四川省立艺专、华西大学、重庆中央大学、广东省立艺专、中山大学等单位工作。庞先生曾在他的自传中淡淡地讲述这段居无定所的历史，同时他一批又一批美轮美奂的作品也恰恰产生在这个烽火连天的黑暗时期。在中央博物院工作期间，庞先生不仅研究中国历代装饰纹样并绘制了《中国图案集》，而且开始研究西南地区少数民族的艺术传统，在困难重重的考察中，他发现了民间工艺美术的美。或许工艺美术、美术和艺术设计在庞先生看来从来都是融会贯通、相辅相成的，这段考古学和人类学的研究工作成为他日后在成都陋室完成的著名的《工艺美术集》（1982 年改名《工艺美术设计》，图 5、图 6）、《贵州山民图》以及《背篓》（图 7）等一系列绘画的基础。在成都，庞先生还绘制了大量白描，其中"带舞"系列（图 8）虽被他认为是谋生之作并且之后不想再画，却依然因其气韵生动、清新自然的线的表现力屡屡引人注目。1947 年夏，庞薰琹先生离沪赴粤途经庐山避暑牯岭期间创作了一系列《庐山风景》。正是通过这些作品，庞先生将西方近现代绘画的色彩、构图和中国传统绘画的笔墨、意境结合在其独特的诗性品格中，为中西融合的艺术探索开辟出一条新路。这一系列作品共十二幅（小幅十幅、大幅两幅），其中前后十天完成的《庐山（密林）》

5 《工艺美术集》。

6 《工艺美术集·序》。

7 《背篓》。

8 《群舞》。

（图9）一幅尤其精彩，密密匝匝的树叶和姿态万千的树枝氤氲不分、混沌一体，其间"灵气往来""精力弥满"。关于《庐山风景》系列，庞先生总结经验认为绘画应该是"涤除玄鉴"的自然流露，所谓兴象正是"心斋""坐忘""画从于心"的结果。迄今为止在我心目中

9 《庐山（密林）》。

10 《鸡冠花与吊兰》。

《庐山风景》系列依然是 20 世纪中国风景画的一个巅峰，无人超越。

五

1956 年 11 月 1 日，中央工艺美术学院（现清华大学美术学院）正式建立。每一位曾在这里读书学习的毕业生都应该感谢庞薰琹先生，正是他锲而不舍的努力促成了新中国第一所工艺美术学院的诞生。且不说法国留学时的梦想，就在十年前（1946 年）庞先生曾和教育家陶行知先生详细讨论过建立工艺美术学院的想法，陶先生早逝，庞先生的梦想却经周恩来总理的关怀变成现实。庞先生被国务院任命为第一副院长，他希望学校成为新中国的包豪斯，他希望教授治校，他希望学校研究古今中外的艺术和设计，然而这些美好的理想在现实中却遇到了挫折。"文革"时期，庞薰琹先生遭受了不公正的对待，远离了自己视若生命的艺术创作和教育事业。庞先生从此离群索居，却依然惦念美丽的学校、惦念善良的学生。或许正是这些苦难让他更加理解并喜爱《庄子》的超越哲学，孤独中的庞薰琹先生把这份感情投注在《中国历代装饰画研究》的写作中，投注在一幅又一幅高贵静穆、生机无限的静物画创作中。庞薰琹先生想画人但没人敢让他画，想画风景条件也不允许，于是他画花。那是好心人送来的野花，那是艺术家从垃圾箱捡来的别人不要的花，此时在庞先生眼中依然是生命之花。鸡冠花、菊花、丁香花、海棠花、玉兰花、牵牛花、美人蕉、杜鹃花、绣球花，还有不知名的草花，在这个关于花的图像系谱中，我们看不到庞先生的苦难，只看到美的形、美的色，还有一个个鲜活的生命象征。庞薰琹先生 77 岁时画出了他生前最后一幅以花为主题的静物《鸡冠花与吊兰》（图 10），艺术家用明亮的红色和明亮的绿色演奏生命的乐音，形式与意境相得益彰，"笔简形具、得之自然"，俨然逸品。庞先生穷尽一生孜孜以求的中西融合艺术之花此刻结出了珍贵的果实。

冬去春来，已然满头银发的庞薰琹先生 1978 年重回中央工艺美术学院，1979 年正式平反，1980 年加入中国共产党并恢复副院长的职务。无穷无尽的苦难并没有在庞先生的艺术中显现点滴痕迹，他似乎永远在以那淡淡的笔调在《就是这样走过来的》一书中叙述自己，以那激越的诗情和超凡脱俗的画意表现人生。

结语

刘巨德先生曾告诉我庞先生对"装饰"二字的解释："装，藏也。饰，加以文采也。"庞薰琹先生的艺术贡献，无需我辈喋喋聒噪,"洗尽尘滓,独存孤迥",历史自会重现其璀璨的艺术之光。庞先生属马,他的父亲弥留之际曾对他说:"你是只犟马。"毫无疑问,庞薰琹先生是倔犟而自由的马,更是先知先觉、一心问道的艺术家。他是取回西方现代艺术设计之火种的"普罗米修斯",更是得到中国传统艺术之玄珠的"象罔"。

曾为王国维纪念碑铭写出"独立之精神,自由之思想"的陈寅恪被清华大学同人称为"教授的教授",阅读庞薰琹先生的艺术生命和他的艺术教育思想,就会发现无论对于20世纪的中国艺术史而言,还是对于我们每一个热爱艺术走向未知的人而言,庞薰琹都是先生的先生、导师的导师。

参考文献

[1] 庞薰琹.《中国历代装饰画研究》[M].上海：上海人民美术出版社，1982.

[2] 庞薰琹.《就是这样走过来的》[M].北京：生活·读书·新知三联书店，2005.

[3] 庞薰琹.《庞薰琹工艺美术设计》[M].北京：人民美术出版社，1999.

[4] 庞薰琹美术馆、常熟市庞薰琹研究会.《艺术赤子的求索：庞薰琹研究文辑》[M].上海：上海社会科学院出版社，2003.

[5] 庞薰琹.《庞薰琹》[M].南京：江苏教育出版社，2006.

[6] 庞薰琹.《丹青易帜 百代标程：庞薰琹作品（20世纪30—40年代）全国巡回展》[M].上海：上海人民美术出版社，2008.

[7] 庞薰琹.《光华之路：庞薰琹1977—1985》[M].上海：上海人民美术出版社，2010.

[8] 庞薰琹美术馆，常熟市庞薰琹研究会.《庞薰琹中国传统图案》[M].上海：上海人民美术出版社，2009.

本文发表于《探索·探索·再探索：纪念庞薰琹先生诞辰105周年艺术展作品集》，上海人民美术出版社，2011年

殊途同归　高峰相会
——吴冠中先生的艺术与科学思想

吴冠中先生是我心中的大人物，大人物总有大视野。他的画、他的文留给中国和世界，任人评说。不止于此，吴冠中先生还有更大的视野。1999年中央工艺美术学院并入清华大学，清华大学走上恢复为综合性大学的"人文日新"之路，吴冠中先生在《小鸡、小鸭与天鹅——贺清华大学美术学院成立》（简称《小鸡、小鸭与天鹅》）一文中写下他关于艺术学科中美术与工艺美术之关系的看法。2001年吴冠中先生又在《比翼连理——探听艺术与科学的呼应》一文中写下他关于艺术与科学之关系的看法，这一年是清华大学的九十周年华诞，这一年经过吴冠中、李政道二位先生的策划和倡导，"艺术与科学国际作品展暨研讨会"在中国美术馆拉开序幕。无论"中央工艺美院"的消失和在清华的"美术学院"引来多少争议，无论始于中国美术馆的第一次艺术与科学的对话后来走向何方，这两件事都发生在世纪之交的中国大学，似乎象征着一个新的开始。最近几年，"跨学科""跨专业""大数据""人工智能"，以及各种"简史"和各种"未来"已经成为大学中的热词，艺术、设计与科学、技术结合的专业、课程、工作坊、作品展、研讨会也已经成为美术学院中的一种趋势和潮流。如果我们回望十九年前、十七年前吴冠中先生写下的文字,就会发现今天这些热词乃至潮流和趋势的观念格局其实依然没有超越吴冠中、李政道二位先生关于艺术与科学殊途同归、高峰相会的思想框架。

一、小天鹅与大视野

吴冠中先生心中的文化英雄不是齐白石,是鲁迅。他说:"一百个齐白石也抵不上一个鲁迅的社会功能,少了一个鲁迅中国人的脊梁就少半截。"绘画、美术、艺术的天地对他来说都太小了。早在1946年,吴冠中先生的教育部公费留学考试美术史答卷就被美术教育家陈之佛评为最优并全文抄录珍藏在家,他以第一名的成绩获得前往法国留学的机会。今天重读这份答卷1800字的两篇文章,我们依然感叹吴冠中先生从山水画和文艺复兴写出中西文化绵延的视野之大。当然,以他的"横站生涯"的视野来看,学习手工艺和设计专业的"小鸡"变成献身美术事业的"小鸭"或者反过来都不是问题。他在《小鸡、小鸭与天鹅》一文中写道:"鸡鸭现象不足怪,鸡鸭之争无必要。……纯美术水平影响工艺美术水平,具特色的工艺美术又反过来影响纯美术,不仅绘画与设计如此,绘画与雕塑,雕塑与建筑之间亦同样存在着相互促进的辩证关系。因此美术学院系科的设置宜概括而不宜琐细,学生的基础广则发挥的途径宽。日后有条件时应设立各种不同的学科工作室,由学生自己选学科,自己组合美术自助餐，因材自教，几乎各人各系，岂止小鸡小鸭的差异？还应期望孵化出小天鹅来！"[1]这是他关于中央工艺美术学院转型清华大学美术学院的看法。他认为综合性大学美术学院的发展之路应该与专业性独立的美术学院有所不同，在主张"全人教育"和"通识教育"的综合性大学中美术学院应该以"主修"取代"专业"，打破学科和专业的界限，在自由选修中建立"因材自教""各人各系"的教学体系。他希望通过清华大学这个综合性大学的大平台，借助艺术与科学的沟通和交流，学生能够超越走在地上的"小鸡"和游在水里的"小鸭"变成飞到天上的"小天鹅"。作为艺术教育家的吴冠中先生敏锐地察觉到一所学院浴火重生的转机。十九年过去了，他的这些设想早在麻省理工学院、斯坦福大学、哈佛大学、耶鲁大学等美国名校中实现，而我们在追赶这些名校脚步的同时是否曾经想起吴冠中先生写下的这些文字呢？

就在27岁的吴冠中先生写下精彩答卷的那一年，20岁的李政道先生前往美国留学。1972年李政道先生第一次回国，开始拜访他喜爱的中国艺术家。1996年他邀请吴冠中先生一起主持中国高等科学技术中心的"简单与复杂"国际学术研讨会并创作主题画。吴冠中先生在《流光》一画中的题词经李政道先生补充成为一首艺术与科学对话的小诗："点线面，黑白灰，红黄绿，最简单的因素，营造极复杂的绘画；它们结合在一起，光也不能留住时间；流光——流光，流光容易把人抛，红了樱桃，绿了芭蕉。"[2]他们在艺术之"情"和科学之"理"两条路上殊途同归、高峰相会。

二、比翼鸟与连理枝

吴冠中先生在《比翼连理——探听艺术与科学的呼应》一文中写道:"科学揭示宇宙物质之一切奥秘,艺术揭示情感的深层奥秘。揭秘工作,其艰苦、欢乐当相似。"[3]文中他十分谦虚地从错觉、艺与技、诗画恩怨三个方面总结了他对艺术中科学性的看法。2006年,吴冠中先生在第二届艺术与科学国际作品展暨研讨会的演讲中以"推翻成见,创造未知"为题再次讨论这个问题:"科学和科技不是同一概念,绘画之技和艺术品位更不是一家人,能从技深入到艺,极难极难。画技和科技之间似乎没有多少共同语言。但艺术思维和科学思维之间,两者相亲,同一性根植于思维与探索,根植于思想,推翻成见,创造未知;两者具同样创新思维之核心,探索相似,情愫一致,其分工被误认为分道扬镳。"[4]2007年,吴冠中先生在《李政道与幼小者》一文中写道:"科学探索宇宙之奥秘,艺术探索情感之奥秘,奥秘和奥秘间有通途。这通途凭真性情联系,一个真字穿幽径。"[5]

李政道先生以"一枚硬币的两面"比喻艺术与科学的关系,而吴冠中先生则以比翼鸟和连理枝比喻二者的关系。他们从揭秘的苦乐和奥秘的通途中找到二者关于求"真"的相似和联系,这个"真"既是"物之真理"又是"人之真情"。艺术与科学的相通之处在于二者都是一种"无用"之学,都是一种求"真"的探索,都是一种以想象为基础的创造。从某种意义上说,科学和艺术的主要任务是提出问题,而设计和技术的主要任务则是解决问题。科学与艺术关乎"真",属形而上学范畴,因"真"而美,而设计和技术则关乎"善",属伦理学范畴,因"善"而美。艺术似乎更应该和科学对话,设计似乎更应该和技术对话。清初叶燮有"幽渺以为理、想象以为事、惝恍以为情"之说,科学家探索宇宙幽渺之理和艺术家探索人性惝恍之情都是追求真,他们对真的追求都是一种以想象之事为起点的创造。因此,吴冠中和李政道二位先生的比喻,从狭义上说的是纯科学与纯艺术的思想对话,从广义上说的是科学、技术、艺术、设计之间的相互影响和启发。他们认为艺术中有科学性、科学中有艺术性,二者原本就是你中有我、我中有你,根本不需要结合出一个所谓的新艺术、新设计或者新科学、新技术之类的东西。今天许多美术学院中的艺术与科技结合其目的只是借助"先进"的科技创作"先进"的作品,互为目的和手段的艺术与科技其实谈不上平等的思想对话,更谈不上平等的相互影响和启发。吴冠中先生在《比翼连理——探听艺术与科学的呼应》一文中总结道:"不知从什么时候起,艺术与科学逐步远离,对峙,尤其是在中国,两者间几乎河水不犯井水,老死不相往来。错了,变了,新世纪的门前科学和艺术将发现谁也离不开谁。"[6]

三、物之道与生之欲

吴冠中先生在《推翻成见,创造未知》一文中写道:"是科学家首先发觉科学与艺术间有密码,我个人是受了李政道教授的提示才思考两者间的亲和力,其实这亲和力本来就存在,只是人们不知不觉。"[7] 自 1986 年李政道先生创立中国高等科学技术中心起,他就开始在一系列学术研讨会中邀请艺术家创作主题画。如果说这是李政道先生立足科学郑重地把艺术家及其作品介绍给科学家,那么 21 世纪之初的"艺术与科学国际作品展暨研讨会"就是吴冠中和李政道二位先生以艺术的名义积极地促成艺术家与科学家一起展出作品、讨论问题。在这次展览和会议中来自 20 个国家的艺术家和科学家创作的 688 件作品被展出,50 篇论文被宣读。尽管从这些作品和论文来看,大多数人对"艺术与科学"这一主题的看法没有达到吴冠中和李政道二位先生的高度,比如有些艺术家认为科学和技术是一回事,有些科学家认为艺术和设计是一回事,有人认为二者一定要结合出一个什么东西,有人认为二者的结合就是设计,但是这次展览和会议终于促成了中国大学中第一次艺术与科学的对话。

李政道与吴冠中二位先生先后为这次国际作品展构思了《物之道》和《生之欲》两件巨型雕塑作品。李政道先生《物之道》的创意来自物理学的正负电子对撞和中国哲学的阴阳思想,李政道先生为这件作品写道:"道生物,物生道,道为物之行,物为道之成,天地之艺物之道。"吴冠中先生《生之欲》的创意来自生物学的细菌、病毒蛋白基因和中国艺术的生命精神,吴冠中先生为这件作品写道:"似舞蹈,狂草;是蛋白基因的真实构造,科学入微观世界揭示生命之始,艺术被激励,创造春之华丽,美孕育于生之欲,生命无涯,美无涯。"这两件雕塑作品在展览中分别被摆放在中国美术馆的西侧和东侧,仿佛这次国际作品展的卫护、门神,仿佛物理学与生物学的华山论剑，仿佛二位先生的殊途同归、高峰相会。他们的作品都不是简单的科学图解，都是受到科学启发的纯粹的艺术作品。

在这次展览和会议中，李政道和吴冠中二位先生的观点——"科学和艺术的共同基础是人类的创造性，它们追求的目标都是真理的普遍性，它们像一枚硬币的两面，是不可分割的。""科学揭示宇宙的奥秘，艺术揭示情感的奥秘。"被确立为"艺术与科学国际作品展暨研讨会"的核心思想。2006年，第二届作品展和研讨会在清华大学举办，主题是"当代文化中的艺术与科学"。李政道与吴冠中二位先生共同主持展览和会议并发表了精彩的开幕演讲。2012年，第三届在中国科学技术馆举办，主题是"信息·生态·智慧"；2017年，第四届在清华大学艺术博物馆展出，主题是"对话列奥纳多·达·芬奇"。

四、文学艺术与科学

200多年前，让-雅克·卢梭在他的第一篇重要论文《论科学与艺术》中讨论了18世纪的科学与艺术的复兴是敦风化俗还是伤风败俗的问题。当然，他的结论不是前者，而是后者，他批判的对象是不以求"真"为目的的科学、艺术和不以求"善"为目的的技术、设计。因此他作为启蒙运动最重要的人文知识分子被载入史册。周光召先生在《庆祝清华大学建校九十周年：艺术与科学国际作品展作品集》和《艺术与科学国际学术研讨会论文集》的序中写道："信息时代是一个以高科技为主要特征的时代，对人类生产、生活各个方面都提出了不同于以往的新的要求和挑战。挑战之一就是在高科技为主导的社会中，如何弘扬人文精神，使自然科学和人文科学更好地互融沟通，造福于人类。艺术是人文科学的重要组成部分，艺术与科学的结合，实质上是人文科学与自然科学的结合。"[8] 美国有人文与科学院，常常被翻译为艺术与科学院或者文理科学院，是美国历史最悠久的院士机构和地位最崇高的荣誉团体之一，麻省理工学院有艺术、科学与技术中心，有建筑与规划学院媒体、人文与科学系。这些机构、团体和大学都极其注重人文科学和自然科学的对话。当然，人文科学与自然科学可以对话，但是未必一定结合，二者可能交锋，比如建构主义与科学主义之争。在人文科学中艺术和文学往往更加凭借感性、依靠直觉，感性和直觉的东西往往走在前面，可以引发出某些新的东西。

吴冠中先生在《我负丹青！丹青负我！》一文中写道："我彷徨于文学与绘画两家的门前。……多次谈过我青年时代爱文学，被迫失恋，这一恋情转化而爱上了美术，并与之结了婚，身家性命都属美术之家了。……我晚年感到自己步了绘画大师们的后尘，有违年轻时想步鲁迅后尘的初衷，并感到美术的能量不如文学。文学诞生于思维，美术耽误于技术。长于思维，深于思维的艺术家何其难觅，我明悟吴大羽是真诗人，是思想者，他并不重视那件早年绘画之外衣，晚年作品则根本不签名了，他是庄子。"[9] 吴冠中先生中学时代在浙江大学工业学校学工，大学时代在国立杭州艺术专科学校学艺，他留学巴黎美术学院，回国先后在中央美术学院、清华大学建筑系、北京艺术学院、中央工艺美术学院、清华大学美术学院教书育人，文画双绝,他晚年与李政道先生殊途同归、高峰相会。吴冠中先生的艺术和艺术教育思想从来不是主流,是鲁迅散文中"根本不深,花叶不美,然而吸取露,吸取水,吸取陈死人的血和肉,各各夺取它的生存"的"野草",是他自己绘画签名中的"荼"。在白胡子的年轻人多,二十出头的老年人少的今天,作为人文知识分子的吴冠中先生其知其行特别珍贵。

五、结语

关于吴冠中先生其画、其文、其人,专家、学者的研究已经很多很多,他的"形式美""抽象美""风筝不断线""意境美""笔墨等于零""风格是背影""美盲要比文盲多""以奖代养""取消美协、画院"等观点在他生前身后反反复复任人评说。我想说的是他的大视野,他因与李政道先生交往而产生的艺术与科学思想。吴冠中先生认为一流综合性大学的人才培养应该走跨学科、跨专业之路;他与李政道先生一起认为艺术探索人之真情,科学探索物之真理,二者因求"真"而相通;他与李政道先生一起倡导、策划"艺术与科学国际作品展暨研讨会",促成中国大学第一次艺术与科学的对话;他爱艺术、爱文学,也爱科学,他是"推翻成见,创造未知"的人文知识分子。吴冠中先生1919年出生,那一年是现代世界格局形成之始;吴冠中先生2010年去世,那一年是21世纪第一个10年之末。他的生命历程跨越九十一年,明年将是他的百年诞辰,我以此文纪念他。

注释

[1] 吴冠中:《小鸡、小鸭与天鹅——贺清华大学美术学院成立》,载《背影风格》,团结出版社,2008,第235页。

[2] 吴冠中:《李政道致信吴冠中》,载《老树年轮》,团结出版社,2008,第192页。

[3] 吴冠中:《比翼连理——探听艺术与科学的呼应》,载《横站生涯》,团结出版社,2008,第231页。

[4] 吴冠中:《推翻成见,创造未知》,载《横站生涯》,团结出版社,2008,第238页。

[5] 吴冠中:《李政道与幼小者》,载《放眼看人》,团结出版社,2008,第173页。

[6] 吴冠中:《比翼连理——探听艺术与科学的呼应》,载《横站生涯》,团结出版社,2008,第237页。

[7] 吴冠中:《推翻成见,创造未知》,载《横站生涯》,团结出版社,2008,第238页。

[8] 李政道、吴冠中:《庆祝清华大学建校九十周年:艺术与科学国际作品展作品集》,湖北美术出版社,2002,第2页。

[9] 吴冠中:《我负丹青!丹青负我》,载《横站生涯》,团结出版社,2008,第89-90页。

本文发表于《美育人生——人民艺术家吴冠中百年诞辰纪念文集》,湖南美术出版社,2019年

师说九则：
刘巨德先生艺术思想初探

我总觉得对认识刘老师所谓"传统"的国油版雕与所谓"先锋"的当代艺术天地都太小了，他的艺术应该在超越传统与当代、东方与西方、艺术与设计的语境中被讨论，他的艺术应该与诗歌、哲学和科学对话。老师传承庞薰琹与吴冠中二位先生的衣钵，以"中西绘画及艺术的生命精神比较研究"为课题，渐渐让我们认识到他的艺术和艺术教育思想很独特，他走在一条与众不同的艺术探索之路上，自称"回乡的路"。

一、源头与未知

导师的导师庞薰琹说过自己的一生是探索、探索、再探索的一生；先生的先生吴冠中说过知识分子的天职是推翻成见。老师与他的两位老师一脉相承，一以贯之，在探索中推翻成见、在回到源头中走向未知。

一边回到童年的故乡、文化的故乡、宇宙的故乡、子宫的故乡，一边走向庄子浑沌的未知世界，是老师近五年来念兹在兹的一种艺术研究方法。老师在很多场合讲过这个话题，他作为荣誉教授，先后受邀在我的工作单位中华女子学院艺术学院毕业展开幕式上进行过两次主题讲座。第一次2013年根据我们的展览主题"设计新思"（NEW LOOK NEW MIND），老师讲了"走向未知：有关庄子浑沌的故事"；第二次2015年我们的展览主题是"物悟合一"（INTERPLAY），老师根据这个主题讲了"回到艺术的源头"。

威廉·莫里斯在回望中世纪哥特艺术时开启了工艺美术运动和现代设计；保罗·塞尚在回望古典主义普桑绘画时开启了立体主义、抽象主义和现代艺术。对老师而言，中国文化的源头就是《易经》中的阴阳互生互动走向未知的思想。他常写四个字"怀抱太极"，他主张绘画重在模仿"道"，是画"道"而不是画"物"。《易传·系辞上》中说："一阴一阳之谓道，继之者善也，成之者性也。"又说"富有之谓大业，日新之谓盛德，生生之谓易"。阴为无，阳为有，阴生阳，无生有，阴阳相生，无有相生，就是《易经》和《易传》中"易"的三重含义，简易、变易和不易。老师的艺术至简至微，每一阶段、每一张画都不重复，重在体道、悟道，在流变中求索永恒。老师说艺术家有已知和未知两只翅膀才能起飞，未知中可以孕育出已知，已知中又可以生长出未知，已知和未知是一回事儿，回到源头和走向未知也是一回事儿，他主张每一张画的诞生都是一个新起点。

老师的作品《鱼》（1990，图1）和《秋水》（1992）或许源于《庄子·秋水》中濠梁观鱼的典故，画的其实就是阴阳、无有和黑

1 《鱼》，水墨纸本，50cm×55cm，1990年。

白。《野葵》（1992）、《大戈壁》（1993）、《空漠》（1994）、《猫咪》（1994）、《土桃与土豆》（1995）、《故土乡气》（1998）和《黄河边》（1998，图2），老师在20世纪90年代完成的这批作品被吴冠中先生称为"中国画珍贵的新品种"。然而这些作品总是让我想起南北两宋绘画敬畏艺术的状态。

　　老师常常给学生讲大马哈鱼的故事：生活在大海里的大马哈鱼每次产卵总要逆流而上回到它们故乡江河的源头，受精产卵之后，

2 《黄河边》,水墨纸本,尺寸不详,1998 年。

它们离世,其后代顺流而下来到大海,循环往复,每次逆流而上的大马哈鱼只有极少数能够回到源头。老师说艺术家就是那逆流而上的大马哈鱼,他们都是先进地狱后入天堂的人,经历种种苦难,只为在回到源头中走向未知。

二、浑沌的寓言

老师喜欢讲浑沌的寓言,《庄子》内七篇中最后一篇《应帝王》

的最后一个故事:"南海之帝为儵,北海之帝为忽,中央之帝为浑沌。儵与忽时相与遇于浑沌之地,浑沌待之甚善。儵与忽谋报浑沌之德,曰:'人皆有七窍以视听食息,此独无有,尝试凿之。'日凿一窍,七日而浑沌死。"老师认为这则寓言告诉我们浑沌是源头,也是未知,浑沌具备四个特性:(一)浑沌不可改造;(二)浑沌没有分别;(三)浑沌呈内直觉;(四)浑沌通真达善。浑沌属无为,不刻意,天然,是一,是道;儵忽属有为,刻意,人工,是之一,是物。

老师有两枚经常使用的印章,一枚白文"浑沌",一枚朱文"归一"。《庄子》外十五篇中第十篇《秋水》讨论了"天"和"人"的关系,或者说浑沌与儵、忽的关系。河伯问:什么是天?什么是人?北海若答:牛和马都有四条腿就是天然(牛象征地,马象征天,这里的天指的是天地自然);给马套上辔头和给牛穿上鼻环就是人工。消除人工恢复天然就是人合于天,天人合一。

《庄子》和《石涛画语录》是老师要求学生人人必读的两本书。石涛主要受禅宗"一即一切,一切即一"思想的影响,又综合老庄、《周易》、程朱理学和陆王心学各家学说,在《画语录》中提出了著名的"一画论"。《五灯全书·本月传》中记载了石涛的老师旅庵本月和他的老师玉林通琇的一段答问。玉林通琇问:"一字不加画是什么字?"旅庵本月答:"文采已彰。"石涛说:"笔与墨会,是为絪缊。絪缊不分,是为混沌,辟混沌者,舍一画而谁耶?"又说:"自一以分万,自万以治一。化一而成絪缊,天下之能事毕矣。"他的"一画之法"就是研究"之一"和"一"之关系的绘画方法。

新世纪新千年以来，老师画出了《牧羊女》（2003，图3）和《赶集姐妹》（2003，图4），之后又画出了《白光落地》（2005，图5）。或许因为那时几乎天天围绕在老师身边，所以这三幅水墨画至今是我特别喜欢的作品。从《白光落地》开始，老师的创作日渐呈现出一种石涛所说"墨海中立定精神、笔锋下决出生活、尺幅上换去毛骨、混沌里放出光明"的撼人气势。2010年，我在老师的工作室里看到了他的丈二巨制新画《原上草》（图6），花非花，草非草，层层叠叠，密密匝匝，由繁至简。他在同名小诗中写道："花坡茫茫浪滚天，英雄起步花草间，白马心魂化云去，留下花思落高原。"此后的《披霜草》（2010）、《守夜草》（2010）、《草原悲鸣》（2011）、《星光草》（2011）、《追日草》（2011）、《英雄起步的地方》（2014）都是"浑沌"与"归一"主题的系列绵延。

三、无我的究极

老师说道家思想强调究极和无我，是关于"无"的哲学、艺术的哲学和生命的哲学。由"究极"而通"无我"就是老师艺品的一重境界。《庄子·逍遥游》中说："至人无己，神人无功，圣人无名。"忘记虚名者为圣人，忘记实功者为神人，忘记自己者为至人。圣人外天下，神人外物，至人外生、朝彻、见独、无古今、不死不生。三者层层递进，无我是自我之究极的终点，与有我相对。

究极者大都孤独寂寞，庞薰琹和吴冠中二位先生都是艺术的究极者。庞先生的签名是一个"琹"字，"琹瑟"之"琹"，初为五

3 《牧羊女》，水墨纸本，180cm×90cm，2004年。

4 《赶集姐妹》，水墨纸本，180cm×90cm，2004年。

5 《白光落地》，水墨纸本，136cm×68cm，2005年。

弦，后为七弦，他的精神是音乐，高贵而典雅，大音稀声；吴先生的签名是一个"荼"字，"如火如荼"之"荼"，一种白色茅草的花，霜打之后，白茫茫浩瀚无际，他的精神是此野草，坚强而豪放。老师继承庞吴二位先生的精神，也是艺术的究极者。他的签名是一个"德"字，"道德"之"德"。老师往往将"德"字拆为"十、目、彳、心"四个字，取其从眼到心、直视而行、澄怀观道之意。德者，就是"道"，顺应天道自然而无我也，这正是老师奉行的精神指向。

与那些"正式"的绘画创作（painting）相比，老师更加重视那些"非正式"的素描（drawing）和速写（sketch）。白描、水墨、水彩、油画、铅笔、炭笔、炭精条、木炭条、圆珠笔、签字笔、马克

6 《原上草》，水墨纸本，144cm×365cm，2010年。

笔，一捆笔，信手拈来，心随笔运，取象不惑。老师说这类作品不是画给别人看的，而是画给自己体验生命的。他为自己的这类作品写过一组总题为"面对形象"的文章。其中《根》和《清泉》谈素描、速写、临摹、写生的重要性；《日月眼》谈吴冠中先生所说中国

传统绘画的最高境界"韵"是怎么回事儿;《三位老师》谈艺术家师"古人、造化和心源"如何相互作用;《土豆芽》《莲针草》和《钻铁壁》谈童年和故乡对艺术家的深远影响;《木炭条》和《遥远的呼唤》谈绘画的技与道。将他的这些文章与他的这些作品结合起来,就会

7 《舞蹈家》，水墨纸本，120cm×69cm，2013 年。

发现对他而言，肖像、人体、静物和风景之间没有差异，道通为一，素描、速写就是创作，创作就是素描、速写。这为在他画大画时心手眼合一做了铺垫。比如他的作品《舞蹈家》（2013，图 7），我们在场的同学发现他用一米多长的大毛笔在画速写，结果成了一幅完整的中国画创作。

倪瓒说："仆之所谓画者，不过逸笔草草；不求形似，聊以自娱耳。"老师的素描、速写恰恰具备这种自言自语、自说自话、笔简形具、得之自然的品格，他的素描、速写就像八大山人的花鸟册页和石涛的山水册页，就像马蒂斯和毕加索的线描作品，其中全是天人合一、物我两忘的生命状态。正如老师自己所写："人像也是一个大自然，人体是一个小宇宙，古人远取诸物，近取诸身，师法自然，静心绘事，旨在以一管之笔，拟太虚之体，我试图以速写素描体悟之。"

四、大我的善意

老师说儒家思想强调伦理之"仁"，是关于"大"的哲学。孔孟强调善意和大我。由善意而达大我就是老师人品的另一重境界。《孟子·尽心下》中说："可欲之谓善，有诸己之谓信。充实之谓美，充实而有光辉之谓大，大而化之之谓圣，圣而不可知之之谓神。"尽善尽美、由内而外，从充实而有光辉之大走向圣和神。三者层层递进，大我是自我之善意的起点，与小我相对。

老师认为李政道先生关于为人之道的比喻很有道理。李政道先生的大意是说，做事要从正数做起，不做负数，负数做得再好也是个零。也就是说做人与其批判这个质疑那个，不如践行自己的主张和理想，从一知一行开始，知行合一，积跬步而至千里，积小流而成江海。

孔子说："温柔敦厚，诗教也。"老师心性温柔敦厚，他画画，也写诗。2005 年，他受作家出版社之邀，为作家王蒙的《尴尬风流》一书绘插图。我不知道老师总共画了多少，最后印刷在书中的是 112

幅。这些插图都是 32 开大小的白描,用毛笔画在毛边纸上。后来在一次插图个展中,老师又选出 40 幅,各配一首自己的小诗,重新命名为"画影絮语"展出,受到大家的喜爱。其实,除在课堂内外画素描、速写之外老师还经常用这种方法画默写。他说默写可以最快地记录自己的所感、所悟、所思、所想。这些默写是老师的绘画"日记",也是他创作中国画和油画的基础与源泉。

老师因有大我而有大爱。读他的"画影絮语"系列作品就可以体会到他对生命和艺术深深的爱。《烛梦》(图 8)中一个人左右手各持一支蜡烛,没有五官。老师的小诗云:"悲,生命之路灯,乐,生命之路灯。一粒种子的愿望,生长在悲乐的光阴中。"烛光,一支是悲,一支是乐,互为光影,把生命点燃和照亮。看《无鳍的鱼》(图 9)中的小鱼仿佛就是诗人和艺术家,他们不是用五官和四肢而是用心去体验、观察这个世界,他们的心不属于动荡的海面而属于安静海底。老师的小诗云:"诗人把心放在海里,静听月亮的回声,不小心被渔民捞去,渔民惊呆了:'一只没有鳍的鱼?没有嘴巴、眼睛的鱼?'赶紧放回了大海。"令人回味无穷。

老师画插图的历史可以追溯至 20 世纪 80 年代,中国连环画的黄金时代。1984 年老师受上海少年儿童出版社委托,根据敦煌壁画中的佛教故事创作了连环画《夹子救鹿》。不料 1985 年这本连环画被上海美术电影制片厂看中,请老师去上海画成了动画,拍成电影美术片,屡获大奖,影响了一代人。那故事中的夹子是中国文化中人与自然美善的化身。

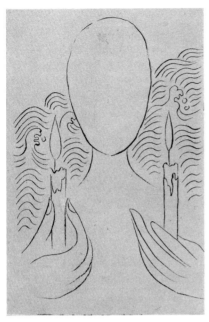 

8 《烛梦》，水墨纸本，20.3cm×13.5cm，2009年。

9 《无鳍的鱼》，水墨纸本，20.3cm×13.5cm，2009年。

五、远尘与脱俗

宗白华引用清代词人周济的话："初学词求空，空则灵气往来！既成格调，求实，实则精力弥满。"得出"空灵与充实是艺术精神的两元"的结论。就中国画创作而言，自20世纪90年代至今，百合、水仙、向日葵、土豆、桃子、山里红一直是老师喜欢描绘且令人印象尤其深刻的几个主题，大都是比较具象的四尺、六尺对开写生小品。2000年以来，老师开始描绘比较抽象的八尺、丈二巨制默写荷塘和草原。初读这些作品会感觉老师似乎主要受到从后印象派、新印象派到抽象主义等西方现代主义绘画的影响而与今天的主流中国画大相径庭。再读这些作品就会发现老师的艺术精神直追两宋，花卉和土豆、山果的清新自然与宋代花鸟小品相通，而荷塘和草原的气象万千又与范宽、郭熙、李唐的山水巨制相通。反过来看，也是如此。就油画创作而言，老师主要是在教学过程中和学生们一起写生，无论是大画还是小画、无论是肖像还是人体，都从中国画的观察方法开始"静观默察，烂熟于心，凝神结想，一挥而就"。因此他的这些作品经过一读再读，就会发现其中四僧的笔墨和德国表现主义的精神。老师说他从学习中国传统绘画精神而来，在看不见的地方从中西绘画的相遇而来。他常默背中西古人经典作品，用心灵阅读、触摸大师作品的每一个角落，看画面的各部分是如何相互生发并血肉相连。他是真正朝拜古人的人。

《石涛画语录》中有《远尘章》与《脱俗章》两篇，分别从客观和主观两方面谈艺术家的自我修养。一方面，石涛认为艺术家如果受到物质的蒙蔽和驱使就会与尘交、心受劳，不能自拔，因执着于笔墨与刻画而自我拘束、自我毁灭。因此艺术家需要专心体悟一画之法。"夫画贵乎思，思其一则心有所著而快，所以画则精微之，入不可测矣。"另一方面，石涛又认为品位庸俗是由于感受愚蠢，感受愚蠢又是由于艺术家的糊涂和蒙昧。因此艺术家需要从通达和明悟中生出变化，感受事物不受形象的限制，表现形象又如羚羊挂角无迹可寻，运墨操笔自然而然。"尺幅管天地山川万物而心淡若无者，愚去智生，俗除清至也。"

老师的绘画创作，或灵气往来，如其笔下的花卉、山果和肖像，或精力弥满，如其笔下的荷塘、草原和人体，都有一种超凡脱俗的生命境界。艺术发展至今，尤其是马塞尔·杜尚（Marcel Duchamp）以来，人人都在求新求变。艺术家中有向外与政治、经济、文化、社会、生态发生关系的，有向内追问自我的。然而当我们回望塞尚、高更、梵高、修拉、马蒂斯、毕加索的绘画，回望从宋元到四僧的绘画，就会发现其实还有一类由内至外、由人至天，由自我至大我和无我，不为潮流所动，不为名利所动，对"什么是好的艺术"这个问题孜孜以求的艺术家，庞薰琹先生和吴冠中先生是这样，老师也是这样，他们从平凡朴素的题材中画出永恒的时空，因远尘而脱俗。

六、什么是装饰

什么是"装饰"？我们今天对这个词依然有一种深深的误解。老师说庞薰琹先生在给他们上研究生第一课时就讲到什么是"装饰"。庞先生引用《辞源》的解释说："装者，藏也，饰者，物既成加以文采也。"他进而解释说，"装"就是藏起来看不见的那一部分，特指天地之道，艺术和设计替天行道，是用看不见的道去化作看得见的物。"饰"在《说文》中的本义是"刷拭"，是擦掉污垢的意思。擦掉心灵的污垢，这个时候看不见的天地之道就会显现在你心灵的镜子上，就是涤除玄鉴。这样庞薰琹先生不仅用"装饰"这个词把艺术和设计统一起来，更重要的是揭示了艺术之本质。庞先生所说的"装饰"虽然受到法国的装饰艺术运动以及巴黎高等装饰艺术学院的

10 《百合》，水墨纸本，70.5cm×45cm，2005年。

影响，但是借"装饰"一词在20世纪50年代那个苏联现实主义美术教育一统天下的语境中，倡导推行现代艺术和现代设计教育才是他筚路蓝缕以启山林的良苦用心。

庞薰琹先生的艺术和艺术教育思想的价值应该被重估。与之前徐悲鸿写实主义的中西比较和林风眠现代主义的中西比较都不一样，他是中国第一个现代美术流派决澜社的发起者和第一所艺术设计院校中央工艺美术学院的创立者,他的比较不但是中西之间的,而且是古今之间、艺术与设计之间、现实与未来之间的,他预见到了设计学科在21世纪中国的重要意义,他是中国的威廉·莫里斯。

1978年,庞薰琹先生招收研究生时设立的研究方向是"中国传统装饰艺术与西方现代艺术比较研究",而这也是老师最初的研究方向。老师大学本科毕业于陶瓷系,研究生学习和留校任教在装潢系,之后又先后在基础部、装饰艺术系和绘画系工作。他认为艺术和设计在终极境界中没有分别,艺术中的"同自然之妙有""度物象而取其真"和设计中的"天工开物"是一回事儿,都是替天行道,天工人代之,人替天做事。艺术和设计最终解决的都是天人关系的问题。

老师画过大量青花瓷、铁锈花和红绿彩,做过大量陶艺、青铜和玻璃雕塑。在创作这些作品的过程中他像他最推崇的米开朗基罗一样,无须写生,全靠默写,生机无限。从1999年的《灵光》开始,老师设计了一系列壁毯作品,尤其是以《易经》数理逻辑为基础的黑白抽象作品,令人耳目一新。不仅如此,他还为1999年昆明世界园艺博览会设计过邮票。尤其值得一提的是老师1994年出版的《图形想象》一书。此书从"合"的观念出发,讨论了"联想与想象""已知与未知""超越规则""异形同构""抽象的真实""黑白结构""适形造型"等问题,将其与庞薰琹先生的《中国历代装饰画研究》(图11)对照来读,正是理解和领悟老师全部艺术和艺术教育思想的起点。

11 《中国历代装饰画研究》。

七、老师的老师

一所学校所以能够让她的毕业生骄傲和自豪的原因绝不在于她的名称属性、体量规模、行政级别和世界排名，而在于她那些贡献卓越、德艺双馨的老师。对我而言，老师和他的老师们就是让我尊敬这所学校的原因。

我在追随老师攻读博士研究生期间正好赶上纪念中央工艺美术学院张光宇、庞薰琹、张仃、吴冠中、祝大年和袁运甫六位老先生的系列展览。那时张仃先生和吴冠中先生都还在，我幸运地直接参与了庞薰琹先生展览布展的全过程，第一次近距离接触到《地之子》《工艺美术集》（1982年更名《工艺美术设计》）、《贵州山民图》《背篓》《带舞》《庐山》《鸡冠花与吊兰》等作品。看完这些展览和作品之后，我就一直在想以庞薰琹先生艺术教育思想为灵魂的中央工艺美术学院的学术传统与其他美院究竟有什么不同？我的结论就是这些老先生同样具备一种超越意识。对他们而言，艺术的内外都应该没有界限。这里说的没有界限包括两个层面。一个是艺术种类对他们而言没有界限，没有国画、油画、版画、雕塑的界限，各种材料只是艺术家的手段而非目的；另一个则是设计和艺术对他们而言也没有界限，二者在追求"天人合一"这一点上可以高峰相会。如果说庞薰琹先生认为艺术和设计之间没有界限，那么吴冠中先生则和他的老师林风眠一样认为中西之间、国画和油画之间也没有界限。从集庞、吴二位先生之大成而自出机杼的我的老师身上，我们可以看到同样宝贵的观念。

读博期间，我去英国伦敦艺术大学跨国艺术研究中心访学，看了许多当代艺术展之后，发现他们不但强调艺术的内外没有界限，而且强调跨学科和跨文化的艺术研究方法。往回看，林风眠做杭州国立艺术院院长的时候也是这样，他把西洋画和中国画合并成一个绘画系，主张消除画种之间的界限。再往回看，中国古典艺术也是这样，文、史、哲之间没有界限，诗、书、画之间也没有界限。在追随老师系统地读书画画的过程中，我学到了很多东西，也逐渐发现艺术的真正创造力往往不来自艺术本身，而可能来自艺术周围的相关学科。

老师不但自己读诗、写诗，而且关注哲学和科学的发展。老师喜欢把老庄与海德格尔（Martin Heidegger）放在一起进行阐释；老师与吴冠中先生一起称赞支持李政道先生艺术与科学互动与互补的思想,并为"宇宙的过去与未来国际学术研讨会"创作了主题水墨画《大鹏》(2001,图12),后来又为"李政道研究所成立暨宇称不守恒与中微子物理国际科学研讨会"创作了主题水墨画《恒·东方》(2016)。两幅画都得到了李政道先生的称赞。

八、超越与逍遥

"诗画本一律,天工与清新"。2016 年,老师创作了大量诗情画意、想象丰富的水墨扇面并以"塞上草""世尊拈花""赤足行""风吟寒乡"四个主题配合通过植物、动物、人物、静物、风景、肖像表现的四季之景、回乡之情。看过这些作品的人都会发现在老师的艺术世界里没有古今之别与中西之别,只有天理与人性之合。

老师在《图形想象》一书中说:"人类可以引以为骄傲的莫过于人的想象力,想象把人类带入了科学与艺术的世界。值得思考的是想象使科学不断发展和进步,对艺术却丝毫没有进步的意义。五颜六色的想象,从原始艺术到现代艺术,我们看不出有什么本质的区别。我们不能说原始艺术比现代艺术落后,不能说毕加索比委拉斯凯兹(Diego Velázquez)高明,也不能说石涛的山水比范宽的山水向前发展,更不能说西方艺术比东方艺术文明或进步。只能说想象为艺术带来了无限的变幻。艺术的想象从古至今,从东方到西方,几乎都是由此及彼精神投射的产物,几乎都是'合'的观念的虚构和变幻。中国的先哲们早已用'合'的观念审视万物,我们常人则分

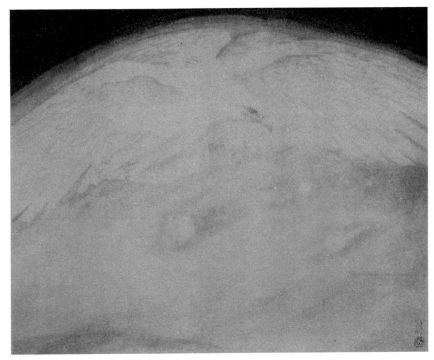

12 《大鹏》，水墨纸本，尺寸不详，2001 年。

别心太重，本来浑然合一之体系，常常被分割。"

　　禅宗的"白马入芦花"和"银碗里盛雪"是一种想象的超越。《庄子·逍遥游》中的小知大知之辩、小年大年之辩、有待无待之辩、大鹏鸟与小鷃雀的对话也是一种想象的超越。止庵在《樗下读庄》一书中总结庄子的思想认为，人无法摆脱社会、存在和理性的束缚，唯一可能的超越就是用个人超越社会、用精神超越存在、用悟性超越理性。"吾丧我"就是以在己而言的、悟性的、精神的、个人的"吾"超越在人而言的、理性的、存在的、社会的"我"，就是真正的终极自由，就是"逍遥游"。

我至今记得 2004 年老师招收博士研究生的入学考试论文题目是"试论艺术中的'无我、大我、本我和超我'"。在我看来，老师选择这一题目的原因就是他希望学生从"我"入手比较中西艺术中对于生命精神的理解和领悟，分析其异，综合其同，通过流变的现象回到永恒的源头，走向浑沌的未知。儒释道的大我和无我是一种超越，弗洛伊德的自我、本我和超我是一种超越，对差异性和相通性的超越也是一种超越。老师为学生设立的研究方向"中西绘画及艺术的生命精神比较研究"也是他自己的研究方向。我在幸运地成为老师的学生之后，经过与老师反复讨论，最终选择了"中西绘画'体异性通'论：石涛与塞尚艺术比较研究"作为自己博士论文的题目。老师说今天的艺术研究者往往强调中西艺术的差异性而忽略二者的相通性，其实"齐物"才是超越逍遥与自由的关键。

九、生命精神论

有人说艺术的生命精神是一个老话题，有人说中西绘画的比较也是一个老话题。老师不这样看，我也不这样看。

《易传·系辞下》中说："天地之大德曰生。"尼采在《悲剧的诞生》中说："艺术是生命的最高使命和生命本来的形而上活动。"从顾恺之的绘画和王羲之的书法到四僧的绘画，从文艺复兴三杰的绘画和雕塑到马蒂斯、毕加索的绘画，没有一位伟大的艺术家不是在其作品中表现生命的精神。老师认为当代艺术自马塞尔·杜尚以来在求新求变之路上进行了很多探索，但是有一点需要思考，就是很多当代艺术由艺术家或者策展人提供观念，然后雇用他人或者通过众筹完成作品。这种当代艺术有观念，但是没有生命精神。

2012年，牛津大学历史学博士、以色列耶路撒冷希伯来大学教授尤瓦尔·诺亚·赫拉利（Yuval Noah Harari）在《人类简史：从动物到上帝》一书中指出：早在从20世纪末到21世纪初之际，全球科学家就已经证实今天的全球人类都起源于10万年前非洲的智人，智人之所以超越其他人类物种的原因就是认知革命，就是想象和虚构能力的突然产生以及快速发展。这就是说全球人类从身体到心灵其实相通性大于差异性。人类尚且如此，何况他们创造的艺术呢？而这正是老师在中西绘画比较中强调差异性也强调相通性的最好注释。

在老师的生命精神论的体系中，每位伟大的艺术家都有三位老师：古人与传统、造化与自然、心源与自我。老师说我们的第一位老师是传统，或者说是古代大师的思想和作品。第二位老师是自然，自然中的奥秘无穷无尽，传统只是向自然学习的一部分结果。我们学习传统，要师古人之迹，更要师古人之心，古人之心其实就是向自然学习的精神。第三位老师是自我，向传统学习是为了更好地向自然学习，向自然学习又是为了更好地认识你自己。我们常常只知道向第一位老师学习，第二位老师经常忘掉，第三位老师经常不知道，不知道你自己就是你自己的老师。正如范宽所说："前人之法未尝不近取诸物，吾与其师于人者，未若师诸物也。吾与其师于物者，未若师诸心。"

老师 2016 年完成的水墨巨制《生命之光》是关于生命精神的一首长诗。这幅大画让我想起西斯廷教堂壁画《最后的审判》、永乐宫壁画《朝元图》和白描《八十七神仙卷》《朝元仙仗图》。由少男少女、百合、玉兰、蜡烛、鸽子、雪花飘飘组成的黑白灰仪仗缓缓行进,像是古希腊悲剧中的歌队,又像是《楚辞·招魂》中的篇章,惊心动魄、气势磅礴。画中描绘的已经不是某个具体事件,而是关于生命精神悲欣交集的终极体悟。

结语

老师的艺术和艺术教育思想体系是从庞薰琹、吴冠中二位老师遗泽中长出的一棵大树,这棵大树以生命精神为核心,以古今绘画和中西绘画为两翼,以装饰艺术的概念消除学科专业之间的界限,从大我到无我,从远尘到脱俗,从超越到逍遥,在古今中西伟大艺术家的几位老师的古人与传统、造化与自然、心源与自我的异同比较中体悟浑沌之美,体悟一画之法,一边回到源头,一边走向未知。这一体系非不读老师的文、不读老师的画不能得其玄珠。我记录的这些言行和教诲只是老师思想的冰山一角以及我个人的粗浅理解和领悟,但求智慧的师姐妹和师兄弟为我指出错误。

吴冠中先生曾在一篇感人至深的文章《我的两个学生:钟蜀珩和刘巨德的故事》中用"纯正的灵魂"和"美丽的心灵"来形容老师和同样值得我们尊敬的师母钟蜀珩的艺品和人品。1978 年,老师考取庞薰琹先生的研究生之后,庞先生在给研究生看作品时,当着所有学生评价他是一块没有雕琢的玉。老师说庞先生的意思是说他的艺术素质还可以,但很多方面都需要重新塑造。老师真是谦虚,在庞先生的口中那是多么难得的评价,况且今天如果庞薰琹先生还在,他一定会因看到老师这块美玉显现的日月光华而拈花微笑。

本文发表于《混沌的光亮:刘巨德艺术作品集》,文化艺术出版社,2017 年

关于身体的寓言：
石冲艺术的一种阐释

人类最早的以身体为主题的造型艺术或许可以追溯至大约公元前 24000 年至 22000 年的《威伦道夫的维纳斯》(*Venus of Willendorf*)，这件母神雕像原始而神秘，充满象征、饱含隐喻，是母系社会的生命图腾。希腊文化崇拜身体，希伯来文化厌恶身体，但是无论显现还是遮蔽，身体始终是我们理解人文主义艺术尤其是现代主义艺术的一条主线。从尼采到福柯，不但"上帝死了"，而且需要"重估一切价值"，基督教、理性和形而上学开始面临一轮又一轮的批判性质疑，与此同时，"一切从身体出发"的身体谱系学登堂入室并宣告了后现代主义思潮的到来。

毫无疑问，如果仅从石冲呈现给我们的身体图像来看，其中强烈的人文主义精神和浓郁的谱系学气质来自西方。但是，石冲的艺术毕竟不只是身体图像，身体图像只是一个结果。如果从他游刃有余地借助观念、行为、装置、雕塑、摄影、绘画等复杂的艺术要素，尤其是鬼斧神工的绘画技术，综合呈现出单纯的生命主题这一过程来看，又容易让我们联想到中国艺术关于"技"与"道"之关系的寓言。《庄子·养生主》记载庖丁为文惠君解牛，酣畅淋漓、出神入化、巧夺天工，其动作与声音仿佛汤舞尧乐，文惠君对庖丁解牛的技术惊叹不已，庖丁却回答说自己追求的是"道"而非"技"，"技"只是手段，而"道"才是目的，文惠君恍然大悟。正是旁观者迷而当局者清。从这个意义上说，石冲无疑是当代中国艺术家中非常独特而重要的一位。

迄今为止，石冲的艺术可以大致分为三个阶段。

第一阶段是从1987年到1991年。1987年石冲从湖北美术学院毕业，这一年入选首届中国油画展的《盲女》显现出20世纪80年代"伤痕美术"和"乡土写实绘画"的影响。然而从《预言家》开始，石冲创作了一系列融哲学思辨和综合材料于一炉的带有抽象表现主义特征的作品:《肖像》系列、《序列之陶》系列、《有序与无序》系列等。此后艺术家作品中"鱼"的主题线索越来越清晰，综合材料绘画渐渐被传统布面油画取代，可触摸的真实凸凹渐渐被不可触摸的虚幻平面取代，直至《被晒干的鱼》与《井与鱼》出现。石冲"观念先行，语言铺垫"的创作原则与精益求精的写实技术在《鱼》系列中统一起来。

从1992年到20世纪末是第二阶段。石冲许多重要作品都产生于这个阶段。虽然从1991年延续至1992年的《鱼》系列已经凭借完美的写实技术大获成功，但是这一年石冲又完成了一件大型作品《生命之像》。正是这件作品奠定了石冲之后身体主题的基本线索。同时，观念 – 行为 – 装置 – 雕塑 – 摄影 – 绘画的工作方法逐渐确立，

"装置艺术架上化"是艺术家这一阶段艺术实践的理论总结。1993年《行走的人之一》和《行走的人之二》两幅油画再次让中国美术界眼前一亮。两幅画的基本意象一致,"人"和"鱼"同时出现在画面中,前一幅画中人像雕塑正向、有面部、手持《鱼的内部解构》中的干鱼,后一幅画中人像雕塑侧向、无面部、《框架与干鱼》中的干鱼悬浮,两幅画中的舞台性、戏剧性以及由此带来的距离感、陌生感或许源自艺术家早年的舞台美术设计工作经历。紧随其后,1994年的《综合景观》、1995年的《欣慰中的年轻人》、1996年的《今日景观》、1997年的《外科大夫》、1998年的《某年某月某日的肖像》等重要的大型作品陆续出现,成为20世纪90年代中国艺术界、油画界的一个重要文化景观。就在这些作品为艺术家屡屡带来荣誉的同时,人们对这些作品的阐释亦见仁见智、众说纷纭,其实无论涉及存在还是涉及精神,它们都是石冲关于人类文明的悲剧寓言。除此之外,这一阶段石冲的艺术探索开始从"宏大叙事"转向"微观话语",如果我们把《综合景观》《欣慰中的年轻人》《今日景观》与《外科大夫》《某年某月某日的肖像》加以对照,这种转向就更加明显。

进入21世纪是第三个阶段,石冲的目光开始注视与人的身体密切相关的水和空气。与人造物和其他自然物相比,空气和水更加本质,它们是人类生存的前提和基础。水和空气本身无象、无形、无意义,但是当它们与人体结合时形象和意义就产生了,人体变得模糊而水和空气则变得清晰,人中有物、物中有人,人即物、物即人,庄周化为蝴蝶、蝴蝶化为庄周。石冲在新世纪前十年的《物语》系列、《无题》系列、《景中人》系列等作品中反复演绎着关于水、空气和身体的故事。其中，石冲 2005 年完成的由四十八幅小画组成的《物语——动与静》非常引人注目，艺术家极其熟练地运用西方式谱系学"灰暗的、细致的和耐心的文献工作"方法分析水、空气和身体的种种可能性，进而综合传达出少与多、小与大、柔与刚、松与紧、虚与实、静与动、恒与变的中国式艺术生命精神。正如石冲自己所言："我选择了生命的主题，它虽然是永恒的主题，但我可以从时代的潮流中找到瞬间的变化，然后再通过艺术将它回归永恒之中。"同时，新世纪以来石冲艺术的图像性逐渐减弱而绘画性逐渐增强，他关于水和空气的痕迹的描绘与书写越来越松动、混沌。"象罔可以得玄珠"，石冲的得珠之路将走向何方？我们拭目以待。

需要补充的是，石冲在近三十年心无旁骛的艺术创作之余还完成了大量素描、水彩和创作草图，这些看似漫不经心的作品不仅是我们理解艺术家观念从无到有的参照，而且是艺术家"如切如磋、如琢如磨"的孤独寂寞工作之余的一种释放，其本身就具备一种"拙规矩于方圆，鄙精研于彩绘，笔简形具，得之自然"的美学品格，因此更显珍贵。

19 世纪，西方人发明了摄影术，画家开始思考绘画的意义，塞尚、高更、梵高、修拉之后，西方绘画几乎就是按照现代主义直线型时间观和进步论的逻辑向前发展。20 世纪 60 年代，美国抽象表现主义把绘画带到了尽头，杜尚和博伊斯（Joseph Beuys）则宣布了艺术的"终结"。然而20世纪70年代，艺术并没有消亡，绘画也依然存在，"地球村"中的"百花齐放、百家争鸣"正是对现代主义之后的西方艺术世界恰如其分的形容。

20世纪80年代，装置、行为、观念等艺术样式在中国纷纷亮相，它们与固有的摄影、雕塑、绘画等艺术样式一起，形成"五四"之后"全盘西化"的第二次高潮。新千年的前十年恰恰是中国文化渐渐复苏的十年，如果我们把石冲的艺术创作放在这样一个大背景中考察，就会发现其独特价值。一方面，无论是《综合景观》式的"宏大叙事"还是《物语——动与静》式的"微观话语"，石冲的艺术都是一种综合艺术，既是西方各种艺术样式的综合，又是最朴素的艺术之"道"和最华丽的绘画之"技"的综合；另一方面，从《预言家》开始，生命、人和身体的主题一以贯之，既原始又当代，石冲的艺术以"不变"超越"万变"，其非凡的超越意识又是东方式的、中国式的。艺术家在年复一年的辛勤工作中构建起来的关于生命的视觉系统带给我们一种前所未有的审美体验，这种审美体验超越存在、超越社会、超越理性，因而显现出一种永恒的魅力。

无论如何，我们可以将石冲的艺术看作一部关于身体的寓言，一个又一个关于身体的故事环环相扣、互为因果，作者从容不迫、娓娓道来，读者则是其所是、非其所非。其实，人类普遍的精神和情感往往蕴涵其中，唯有智慧者方能洞见。

本文发表于《名作欣赏》2010年第34期

传神写心　意境典雅：
刘临中国人物画艺术初探

中国画强调人品和艺品一以贯之、相辅相成，北宋郭若虚在《图画见闻志》中说："人品既已高矣，气韵不得不高，气韵既已高矣，生动不得不至，所谓神之又神而能精焉。"中国画的"传神写照""气韵生动"无不与艺术家的人品修养息息相关。刘临宽厚温和，而他全面的艺术修养从其专著《取精用弘——工笔画精神与教学研究》中可见一斑。读过刘临的文字，我们便不难理解他的中国人物画艺术品格的超凡与脱俗。

刘临大学时代的毕业作品《人参姑娘》，主题来自故乡长白山乡村的生活，造型朴素、色彩清新，意象自然而绮丽，结果很快便脱颖而出、引人注目，并入选"第六届全国美展"。由此开始，画家创作了一批以北方风土人情和少数民族为主题的作品，如《飞吧》《山里红》《逝去的岁月》《伊敏河落日》《女人与熊》《金色高原》《高原梦》《高原魂》等，其中《飞吧》和《山里红》还入选了1985年的"前进中的中国青年国际美展"。这批作品尝试熔西方现代艺术的形式和中国传统艺术的意境于一炉，反映出作者孜孜不倦的创新意识。

2000年以来，刘临艺术的个性特征日益显著，在《中学生》《风轻》《白云》《夏天》《暖日》《秋暝》《侗乡梦》《上海1933——鲁迅与瞿秋白》《梅贻琦》等作品中，女性肖像和历史人物逐渐超越了人物肖像的图像意义而呈现出传神之美和意境之美。

宋末元初是中国画艺术发展的一个重要转捩点。一方面，宋元之前人物画一枝独秀，宋元之后则山水、花鸟、人物三足鼎立，其中山水画蔚为大观并被奉为圭臬；另一方面，宋元之际，中国画亦由"工"入"写"。究其原因，宋末元初画院盛极而衰，业余文人画家取代职业宫廷画家成为主流至关重要。如果说宋之前的中国画以人物画的"传神"为核心价值，那么元之后的中国画则以山水画的"意境"为终极追求。就此而言，刘临的中国人物画立足宋元人物之神、山水之境，兼及汉唐、明清艺术精神，可谓"集其大成，自出机杼"。

顾恺之在其《魏晋胜流画赞》《论画》《画云台山记》三篇传世文章中提出了"以形写神""传神写照"等人物画理论。谢赫以"气韵生动"阐释传神，苏轼和陈造则进一步丰富了顾恺之理论的内涵与外延。陈郁以顾恺之传神论为基础，又在其《藏一话腴》中提出了"盖写形不难，写心惟难""盖写其形必传其神，传其神必写其心"的写心论。从"传神"到"写心"是中国人物画传神论的一个高峰。元、明、清三代的肖像画又被称作"写真"，比如丁皋就曾著有《写真秘诀》一书。其实"写真"只是"写心"的另一种说法。传神写心的造型观表明，中国人物画的精髓既非纯粹的客观自然的再现，又非纯粹的主观自我的表现，而是涤除玄鉴、心斋坐忘、物我合一的诗性呈现。刘临显然领其衣钵、悟其三昧，由再现而达表现，由传神而达写心。

意境说和传神论一样，古已有之，魏晋南北朝时期，"意象"一词已经产生。王昌龄的《诗格》和皎然的《诗式》提出了"境"的概念，关于"境"，刘禹锡讲得清楚明白："境生于象外。"因此，意境就是艺术家的情感、精神升华出的象，以及象外之象。司空图的《二十四诗品》不仅归纳出二十四种意境类型，而且总结出它们共同的从有限到无限的生命美学本质。欣赏刘临的中国人物画，总会自然地想起司空图形容"典雅"的诗句："玉壶买春，赏雨茅屋。坐中佳士，左右修竹。白云初晴，幽鸟相逐。眠琴绿阴，上有飞瀑。落花无言，人淡如菊。书之岁华，其曰可读。"

毋庸置疑，线，是传统中国人物画的灵魂，顾恺之、吴道子、贯休、石恪、李公麟、武宗元、梁楷、张择端、陈洪绶、任伯年等皆是白描大家。纵观中国美术史，线的生命力薪火相传、与时偕行，而明代邹德中、汪砢玉记载的"十八描"则是对线的高度概括。刘临似乎先天就迷恋传统中国人物画的线。《线的感悟》《中西线造型比较》《速写概说》等文章显示出画家对线的敏锐感受和深刻领悟。从画家为创作而进行的白描写生和采风、速写来看，其中的线就具备"心随笔运、取象不惑"，"隐迹立形、备仪不俗"的美学品质。因此，刘临中国人物画创作的造型从动态到五官，从眼角到眉梢、从举手到投足，无一不写其实，又无一不写其意，解剖、透视与夸张、变形融合无间,人物的个性特征与气韵生动的意象并行不悖。或苦心经营、或信手拈来,或丰致、或飘渺,静动、虚实、俯仰、聚散、起承转合中显现生命的格调。

如果说刘临的线和造型有"吴带当风"之气韵,那么他的色彩则仿佛"初发芙蓉,自然可爱"。从张萱、周昉、顾闳中、周文矩的重彩人物到宋代的白描人物,再从"元四家"到"四王""四僧"的水墨山水,中国画的色彩一路发展,绚烂之极归于平淡。刘临曾写过一篇《中国画用色的继承和出新》的文章,至纤至悉地分析了中国画用色的流变与演化,而他早期的绘画就比较注重色彩中明度、纯度的统一和色相的微妙变化,比如《伊敏河落日》。2000年之后,刘临明显受到宋代工笔花鸟画的影响,创作了《古风》系列、《留香》系列等以静物为主题的作品,其色彩更加统一和微妙,洋溢文人趣味,宛若杯杯清茶,细细品味则心旷神怡。这些作品与人物画平行发展,相互影响、相得益彰,尤其是《秋暝》和《上海1933——鲁迅与瞿秋白》,画面中出现了一种"惚兮恍兮,其中有象,恍兮惚兮,其中有物"的氤氲之美。

刘临是典型的学院派、学者型艺术家,基础深厚、视野开阔,一方面坚持"五四"以来蔡元培"思想自由、兼容并包"的学术态度,另一方面信奉林风眠、徐悲鸿"中体西用""以西润中"的艺术主张。他曾在文章中将莫高窟壁画、永乐宫壁画和西斯廷教堂壁画《创世记》加以比较,也曾在笔耕不辍的绘画中体会马蒂斯、毕加索的点、线、面与文人画笔墨的异同,并由此发现中西绘画线造型的差异性和相通性，尝试在融合中西的过程中创造新的艺术形式。

潘洁兹先生评价刘临的绘画艺术是"将传统精髓与现代审美意识完美结合的有益探索"。的确，当代中国画坛貌似繁荣实则颓废：一味继承者坚定不移地排斥西方现代艺术，甚至不屑一顾；一味创新者毫不犹豫地拒绝中国传统艺术，甚至嗤之以鼻；而贯通古今、兼及中外者弥足珍贵，思想自由、精神独立者更是凤毛麟角。在此语境中，刘临的心无旁骛着实令人尊敬，而他的中国人物画也因此能够于取精用宏中显现智慧，于传神写心、意境典雅中独树一帜。

师古人、师造化，还要回归到心源，学习传统、学习自然，还要回归到自我。这是中西绘画艺术的共同规律。心源与自我既是师古人与师造化的起点，也是学习传统与自然的终点。正如刘临在其《实"画"实说》一文中的独白："我喜欢用自己的眼睛去观察、发现令人怦然心动的形象，体验人的生命精神，以自己的眼光去审视艺术形象和造型形态，体会线条、色彩间完美组合的微妙变化，并以极大的热情追寻理想中的样式风格和壮美与大雅。"刘临的中国人物画"致虚极、守静笃"，关注生命精神的境界，小中见大，气象万千。当我们回望 21 世纪第一个十年的中国人物画历史时，我们会发现刘临艺术探索的独特贡献。这种探索超越时间和空间、超越理性和感性、超越流变和永恒，永远指向美的那粒玄珠。

本文发表于《名作欣赏》2011 年第 16 期

天地人·风雅颂：
王宏剑绘画中的史诗意象和生命关怀

《诗经》三百篇，曰风、曰雅、曰颂，颂不如雅，雅不如风。风，是国风，也是民风。《老子·二十五章》曰："人法地，地法天，天法道，道法自然。"自然者，本来如此也。作为一个欣赏者，我常常会被王宏剑绘画所创造的图像和精神感动，这种感动来自其咏天、咏地、咏人的生命关怀和言风、言雅、言颂的史诗意象。20世纪八九十年代，是新中国文艺思潮最活跃的年代，也是全国美展最引人注目的年代，《奠基者》《春之祭》《冬之祭》（图1）和《阳关三叠》（图2）等一系列动人心魄的大型创作依次出现在公众视野，数次引起争议的同时连续获得大奖，王宏剑成为新中国现实主义绘画的重要代表人物。

19世纪50年代，法国画家库尔贝和作家尚弗勒开始使用"现实主义"一词描述一种文学艺术中与新古典主义和浪漫主义截然不同的，以再现、表现真实为目的的创作方法和流派。尽管现实主义很快就被20世纪初现代主义的各种流派取代，但是古今中外，再现真实、表现真实的艺术其实超越时空始终存在，不仅以范宽、郭熙、李唐、马远、夏圭为代表的两宋山水如此，以马蒂斯、毕加索、布拉克(Georges Braque)为代表的野兽派、立体派也是如此。"现实主义"又称"写实主义",前者侧重观念和风格,后者侧重语言和技巧,二者仅仅是一种稍嫌生硬的理论界定,在鲜活而生动的作品中,现实与理想、写实与抽象往往同时存在。就此而言,王宏剑的绘画与其说是关于现实的精神图像和关于写实的视觉系谱,不如说是一系列关于真实的生命史诗。

王宏剑生于河南灵宝,灵宝是传说中老子出函谷关、著《道德经》的地方。中原大地亦是甲骨文和《周易》的故乡。画家深受老庄、《周易》哲学的影响,认同"天人合一""道法自然""物我两忘""无我之境"这些中国传统文化中的美学核心价值。同时,作为1977年考入大学接受高等教育的知识分子,画家又迷恋西方自文艺复兴至19世纪大卫、安格尔、籍里柯、德拉克洛瓦、库尔贝科学理性的绘画传统。因此王宏剑致力于"将中国传统文化的审美精神和法则注入西方传统油画的写实技巧之中,表现当代中国最普通人的生活,并力图追求画的史诗性,使观众通过画的视觉所传递的情感领悟一种哲理性的思考"。《左传》和《尚书》中有"诗言志"的说法,闻一多认为志与诗本来是一个字,志有记忆、记录、怀抱三个意义,最初的诗目的在记录,就是史诗,后来的诗目的在怀抱,就是抒情诗。王宏剑绘画中的史诗意象既不歌颂创世,也不赞美英雄,它记录真实又怀抱真实,是史诗,也是抒情诗。"天地之大德曰生",我们看到,《奠基者》中的悲天悯人化作《溪山行旅图》式的雄浑之境,《春之祭》和《冬之祭》中关于女性和死亡的追问与沉思化作由象征和隐喻建筑的纪念碑,《阳关三叠》中渭城朝雨的茫茫天地和西出阳关的芸芸众生化作古韵今律的当代景观,王宏剑在日复一日的"致虚极,守静笃,万物并作,吾以观复"中斟酌着黄土与黄河之间生命的一缕阳光、一丝苍凉。

　　进入新千年,王宏剑绘画中的史诗意象更加博大,生命关怀更加深沉。《孟良崮》(图3)是艺术家在调入清华大学美术学院前后的一幅大型创作,虽然离开了熟悉的中原主题,但是从作品本身来看,依然是天、地、人的基本框架,依然是中国农民的全景图画。"孟良崮"的题目意味深长,然而图画呈现的只是一个普通的劳动之余的休息瞬间,男女老幼,不悲不喜,仿佛超越时空变成永恒。《孟良崮》之后的《天下黄河》(图4)和《复苏的土地》(又名《天长地久》)再次显示了王宏剑驾驭大型创作的能力和表现黄河、黄土主题的才华。"天下"一语双关,既指自然的天下,又指中国社会的天下。"君不见黄河之水天上来,奔流到海不复回",背景中的黄河波澜不惊,劳动者的姿态却极具戏剧性和舞台感,《天下黄河》中的主角显然是人,画家讲述的是一个生命的传说而不是黄河的故事。"复苏"意味着20世纪80年代开始的改革开放。曙光唤醒清晨的土地,也唤醒清晨的劳动者,《复苏的土地》中没有大时代的大事件,又是一个平凡的劳动场面,人性的复苏就在画家创造的这种平凡中开始发生。没有"伤痕美术"和"乡土写实"的矫情,只有大历史的真实。"一花一世界,一沙一天国,君掌盛无边,刹那含永劫",艺术家通过"微观话语"折射"宏大叙事"的创作方法贯穿其大型现实主义绘画始终，写实的语言、技巧与现实的观念、风格相得益彰，"目前之状"与"词外之情"隐秀合一。

如果说王宏剑的大型绘画更强调史诗意象的经营，那么其数量众多的中小型人物画则更强调人性关怀的构建。一如魁梧老者的《墙》、壮硕妇女的《函谷关》、虔诚信徒的《大昭寺》、农夫农妇的《马嵬坡》、劳动子弟的《官庄塬》、懵懂女孩的《红头巾》、憧憬少女的《风景》、疲惫青年的《秋阳》、踯躅汉子的《黄河古驿》这些作品，画家喜欢用带有文化痕迹意味的自然环境和人物特征为其命名，暗示作品荒寒、苍古、萧疏、烟润的独特意境。

"十日画一水，五日画一石"，王宏剑在孤独寂寞中精雕细刻，其作品形成了一个长长的系列。细细读来，就会发现，与其说艺术家坚持的是西方现实主义创作之路，不如说艺术家守望的是中国两宋绘画的传统。或许由于画家长期生活在河洛中原，从范宽《溪山行旅图》、郭熙《早春图》、李唐《万壑松风图》到马远《水图》、夏圭《溪山清远图》，这些层峦叠嶂、烟波浩渺、黄金时代大山大水的精神图像在王宏剑的绘画中薪火相传。然而，对两宋院体的传承并不妨碍王宏剑对元、明、清文人画传统的接受，这一点从他大量"笔简形具，得之自然"的创作草图和人体素描写生中可以印证。

研究中国传统艺术和老、庄、《周易》美学之余，王宏剑最关注的就是抽象。抽象艺术滥觞自野兽派和立体派，康定斯基、蒙德里安、马列维奇发展出真正意义的抽象艺术，美国的抽象表现主义信奉艺术进步论，企图把绘画艺术带到终结。艺术的历史已经证明艺术并没有因为抽象表现主义的出现而终结。因此，王宏剑关注的抽象并非抽象艺术，而是艺术中的抽象性。现代艺术之父塞尚曾经在画论中提出垂直线和水平线在绘画中的重要作用。王宏剑的绘画中纵线和横线同样举足轻重，《阳关三叠》中一条彻骨清寒的天际线和晨光晕染的"586"公车站牌，《孟良崮》《天下黄河》《复苏的土地》中的纵向人物和横向背景，以及风景写生中纵横交错的山水和建筑，时而悲慨，时而精神，时而洗练，气韵生动，千变万化。

王宏剑的绘画是光影的交响，在冷灰或者暖灰主导的调式中，总有一道光从画面之外照射进来，一抹亮色出现在天地之间。有时逆光人物的明亮轮廓呈现出丰富微妙的色彩变化，有时一块巴洛克式的姹紫嫣红璀璨至极。艺术家喜爱钢琴和书法，西方音乐的节奏、韵律和中国文字的虚实相生、计白当黑，两种抽象之美的熏习使得王宏剑的绘画在史诗意象和生命关怀之外具备一种超凡脱俗的美学品格。

百分之八十的农民是中国社会的主体，从古至今，农民的形象出现在文学、美术、音乐、舞蹈、影视各种文艺作品中，尤其成为新中国文艺创作的主流。王宏剑的绘画没有为中国农民创作图像历史的目的，没有对中国农民简单的批判或者赞美。对他而言，农民只是沉默的大多数、普通的中国人的一个象征和隐喻，他的艺术似乎更愿意以悲悯之心描绘天、地、人的关系，描绘黄土黄河与中原众生的沧海桑田。好的艺术自然超越时代的同时也自然反映时代。刘熙载《艺概》云："艺者，道之形也"，"诗者，天地之心"，如果说王宏剑的绘画在"风""雅"之外还有颂的意味、史的境界,那也是因为他"涤除玄鉴""心斋""坐忘"的智慧和严肃认真的劳动通过作品呈现出生命的真实。

本文发表于《名作欣赏》2012 年第 19 期,以及《清华大学美术学院绘画系教师个案研究:王宏剑》,湖南美术出版社,2014 年

1 王宏剑《冬之祭》,布面油画,180cm×200cm,1994年。

2 王宏剑《阳关三叠》,布面油画,180cm×200cm,1999年。

3 王宏剑《孟良崮》,布面油画,180cm×200cm,2004年。

4 王宏剑《天下黄河》,布面油画,127cm×254cm,2005年。

5　王宏剑《黄河花园口》，布面油画，160cm×260cm，2007年。

新媒体《山海经》：
从刘旭光的一件作品说起

公元 2011 年 6 月 4 日晚 8 点 55 分，美国的"北星之州"——明尼苏达，密西西比河天空的青黑色愈来愈浓，温暖和湿润中从四面八方聚集起来的人群仿佛预告着一场关于"夜"的盛宴即将到来。此时，大河两岸东西依偎的双子城——圣保罗和明尼阿波利斯几乎同时亮了起来，然而，这景象并非人们习以为常的"华灯映水、画舫凌波"，而是一个由二百余位来自世界各地的艺术家创作的一百件装置和行为作品组成的历时 8 小时 27 分的视觉艺术嘉年华——"北方星火：不眠之夜"（Northen Spark: Nuit Blanche）。福赛塔（Foshay Tower）、密西西比河中的船只、光影雕塑和投影、表演艺术，流光溢彩；汽车喇叭、紧锣密鼓的铜管乐队、彩色警卫、污水管道的声音、河流的舞蹈、摇篮曲、讲故事，天地齐奏。

突然，伴随着人群中爆发的一阵欢呼，明尼阿波利斯面粉工厂遗址公园（Mill Ruins Park）这个 19 世纪全盛时期曾经国际领先的面粉工厂附近的密西西比河中缓缓出现三个炫目的东方精灵影像：中国先秦古籍《山海经》中的蛇状四翼六目三足的飞禽"酸与"、狐状九尾九首虎爪的走兽"蠱蛭"和人面龙身的"鼓（钟山神的儿子）"。它们或飞或走或左右跳跃地三百六十度旋转在黛色水天之间，由小而大，再由大而小，同时缥缈的古琴之音、禽鸣兽嚎之声还有自然的天籁穿梭往来其间，恢诡谲怪，妙不可言。人群沉浸在这新媒体技术营造的远古东方神秘景观中。此刻，如果溯源而去，就会发现中国艺术家刘旭光俨然一位站在后工业文明废墟中拈花微笑的当代巫师，正带领他的祭祀仪仗通过计算机和三个缓缓旋转的数码魔盒，导演着密西西比河畔的东方招魂术。其实，艺术家的新《山海经》方案早在他2010年的又一次黄河流域文化考察中已经孕育生成。在刘旭光看来，就文化意义而言，发源于巴颜喀拉山，流经青海、四川、甘肃、宁夏、内蒙古、山西、陕西、河南、山东，注入渤海的黄河包含着中国文化尤其是北方文化的重要基因密码，因此他在这一作品完成之初便将其带到著名的黄河壶口。《楚辞·招魂》中巫师接受天帝的命令来到人间招魂："魂兮归来！去君之恒干，何为四方些？舍君之乐处，而离彼不祥些。"此次，刘旭光应邀将这一远古的招魂术带到地球的另一面，带到美国明尼苏达州的北方双城，带到密西西比河畔，已经具备了全新的文化意味。东方与西方，中国与美国，黄河与密西西比河，巫术与艺术，远古神话与现代科技，彼此之间竟然天涯咫尺，冥冥中截然不同的时空仿佛早已相互熟识。于是，艺术家刘旭光和他的团队借助《山海经》中的三个远古精灵跨越高山大海，完成了一次意义非凡的东西方文化对话。

生于中国北京的刘旭光青年时代就以先锋画家的姿态活跃在

20世纪80年代以"伤痕美术""乡土写实"和"新潮美术"为主流的中国艺坛。20世纪90年代留学日本，在隔海相望的另一个东方异国，刘旭光开始了他的当代艺术探索。彼时，日本"物派"已经功成名就、蜚声海外，在与"物派"艺术家榎仓康二亦师亦友的交往中，在回望中国传统文化核心价值的孤独思考中，"黄河""三玄（《周易》《老子》《庄子》）""文字""卜""天地""声音""黑白""动静""时空""一""痕迹""铁""墨"这些关键词依次出现在他的作品中。从1995年完成并展出的大型系列装置作品《天地》开始，"卜"字就以各种各样的方式在其作品中变化绵延。艺术家坦言，《天地》是他进入当代艺术创作的第一个实验，就在他冥思苦想几乎陷入疯狂的一刹那，灵光乍现的"卜"字犹如一把上帝的钥匙为他打开了新艺术之门。中国东汉许慎《说文解字》曰："灼剥龟也，象灸龟之形，一曰象龟兆之纵横也。""卜"，是巫师在龟甲上刻画然后灼烧，通过观察叩问凶吉，"占"则是巫师在一座高台上虔诚地行卜之事。"占卜"在中国远古先民看来就是叩问天地的求真之道。因此，在我看来，刘旭光无疑就是一位当代巫师，而他虔诚叩问的不只是天地之真，更是艺术之道。《天地》之后，《96接点》（1996年）、《都市之树》（1998年）、《一天》（1999年）使刘旭光在日本艺坛独树一帜。进入新千年，刘旭光回到中国，在清华大学美术学院攻读美术学博士学位，其《悬空界》（2001年，图6）初次亮相便引起国内艺坛的关注并毫无争议地获得"艺术与科学国际艺术大展"金奖。2003年，刘旭光开始在北京电影学院任教，由他领衔的新媒体艺术专业使北京电影学院迅速成为国内新媒体艺术浪潮的重镇，同时影像元素在他的创作中也越来越多地出现。一方面，由上个世纪延续至今浩瀚绵密的《痕迹》系列绘画使他的艺术逐渐走向纯粹的禅境；另一方面，与中国墨有关的系列影像《墨滴》(2004年，图7)、《笔·触点》(2004年，图8)、《炭塔》(2005年)、《墨景》(2005年)、《一点一横长》(2005年)和《墨相》(2007年)更使他在国际艺坛建构起一个鲜明而独特的中国意象。

《山海经》是中国人童年的梦，也是刘旭光童年的梦。新世纪的第二个十年之初，来自中国北方的刘旭光在地球的另一面，美国北方的"北方星火"艺术节给我们展示了他全新的作品:《山海经》。这是否意味着其艺术创作的新转向？其实，与"三玄"哲学一样，《山海经》也是中国传统文化的源头之一。在今天学者的眼中，《山海经》不仅是中国先秦的文化地图更是人类想象力巅峰的集大成之作。如果说《周易》是中国先民古典、理性、抽象的代表，那么《山海经》则是他们浪漫、感性和具象的象征，同时，《周易》与《山海经》又往往被视作中国巫术文化源头的两元。因此，当代巫师刘旭光只不过是把目光从中国传统文化原点的一面转向另一面。我至今清晰地记得与他初识时他给我讲的那些"文化大革命"中神神鬼鬼、奇奇怪怪的魔幻现实主义故事。在我看来《山海经》与他的相遇是再自然不过的事情。2010年黄河流域文化考察的同时刘旭光已经开始在《山海经》这部瑰丽的图像志中寻找令他感动的神怪、兽鸟、鱼蛇以及奇国异民。"景山，有鸟焉，其状如蛇，而四翼、六目、三足,名曰酸与。其鸣自叫,见则其邑有恐。"(《山海经·北次三经》)"凫丽之山,有兽焉,其状如狐,而九尾、九首、虎爪,名曰蠱蛭,其音如婴儿,是食人。"(《山海经·东次二经》)。"钟山,其子曰鼓,其状如人面而龙身,是与钦䲹杀葆江于昆仑之阳,帝乃戮之钟山之东曰崤崖。钦䲹化为大鹗,其状如雕而黑文白首,赤喙而虎爪,其音如晨鹄,见则有大兵。鼓亦化为鵕鸟,其状如鸱,赤足而直喙,黄文而白首,其音如鹄,见则其邑大旱。"(《山海经·西次三经》)这样,三个精灵进入艺术家的视野,在当代数码技术的魔盒中借尸还魂,在黄河和密西西比河先后出现,引起明尼苏达州双城观众的惊叹。

刘旭光艺术创作的灵感大都来自他对黄河孜孜不倦的阅读,艺术家的黄河情结从童年一直生长到今天,并且一次次地在青藏高原、四川盆地、黄土高原、华北平原和黄河三角洲体验其无法言说的文化精神。从《天地》到《悬空界》,黄河文化在刘旭光的作品中无象无形却一以贯之。当他来到地球另一面时,密西西比河同样刺激了他的创作欲望。明尼苏达州是美国的第三十二个州,1858年5月11日加入联邦。"明尼苏达"是印第安语,意即"白烟之水"或"天蓝之水",这里河流湖泊密布,一系列北部低山号称"铁山",曾是美国最大的铁矿之一,却在第二次世界大战中几乎被开采殆尽,今天,明尼苏达州的双城地区成为美国许多跨国公司的总部所在地。工业文明与后工业文明像文化地层一样在这里交错重叠。或许是一种巧合,刘旭光作品的放映现场一度被当地居民称作"鬼岛"。因此,当

"酸与""矗蛭"和"鼓"出现在这里的天水之间时,远古东方的精灵与当代西方的观众之间竟然似曾相识。这一结果就连艺术家本人也始料未及。

如果我们纵观刘旭光 20 世纪 90 年代以来的艺术之路,就会发现,他一直以一种回到远古的方式走向当代,虚而实、静而动,虽千变万化却不离其叩问中国传统文化原点之宗。究极者常常孤独、究极者亦常常寂寞,然而究极者刘旭光并不孤独、并不寂寞,密西西比河畔的东方巫术再一次证明了刘旭光艺术的魅力。刚刚从美国展览归来,品茗清谈之间刘旭光说他又有了新的艺术计划,我非常期待。

2011 年 6 月 12 日

1　刘旭光《山海经》，2011年6月4日。

2　刘旭光《山海经》，方案图，美国1。

3　刘旭光《山海经》，方案图，美国2。

4　刘旭光《山海经》，构想图，中国1。

5　刘旭光《山海经》，构想图，中国2。

6　刘旭光《悬空界》，2001年。

7　刘旭光《墨滴》，2004 年。

8　刘旭光《笔·触点》，2004 年。

比抽象和东方更多：
刘旭光艺术中的古典修辞

抽象艺术不好聊。抽象艺术有一个强大的传统，整个 20 世纪几乎就是一个抽象艺术的世纪，克莱门特·格林伯格所说的现代主义艺术其实就是抽象艺术。今天我们在西方说一个艺术家是抽象画家就好比在中国说一个艺术家是文人画家，二者其实都很古典。而且关于抽象，格林伯格已经聊得我们几乎无话可说。另一方面我们说抽象艺术不好聊，恰恰是因为她的抽象性。因此康定斯基、蒙德里安、马列维奇、青骑士、桥社之后，艺术史家在描述一个抽象流派时总是把抽象和地域、民族、国家结合起来，比如美国抽象表现主义、德国新表现主义、意大利超先锋派、日本物派等。即便是奥利瓦（Achille Bonito Oliva）也不能免俗地以"东方抽象"阐释他所谓的"伟大的天上抽象"。这样描述一个流派当然没有问题，但是如果我们试图深入解读一个艺术家的个案，就会发现这样笼统的概括性描述是远远不够的。

我在刘旭光的艺术中读到了比抽象和东方更多的东西。这些东西构成他更加独特的古典修辞系谱。《周易·系辞上》中说："子曰：

'书不尽言,言不尽意。'然则,圣人之意,其不可见乎?子曰:'圣人立象以尽意,设卦以尽情伪,系辞焉以尽其言,变而通之以尽利,鼓之舞之以尽神。'"这是中国典籍中关于意象较早的阐释之一。语言文字不能表达的东西往往通过图像表达,这种图像就是意象。《周易》中的卦和爻都是意象,河图洛书是意象,甲骨文是意象,中国书画也是意象。刘旭光选择了一个来自甲骨文的"卜"字和一种来自《周易》的数理逻辑,借此阐释他对"意象"这一概念的终极追问。与《周易》不同,《山海经》以另一种时空维度呈现了中国人关于"意象"可能性的无限想象。"酸与""蠱蛭"和"鼓"这些我们认为荒诞不经的东方精灵也曾通过刘旭光的影像作品出现在美国密西西比河畔。在刘旭光看来,卜筮和巫术是中国文化的源头和修辞的起点。因此,与其说他是一位以古代文字和数理为母题的当代中国抽象水墨艺术家,不如说他是新千年新世纪以来中国艺术家中通过回到源头的方式走向未来的代表。不止于此,刘旭光 20 世纪 80 年代深受"伤痕美术""乡土写实""新中国装饰风"和"85 新潮美术"的影响,90 年代留学日本又深受日本物派和德国新表现主义的影响,然而他念兹在兹的依然是那条古老的黄河及其孕育的文明。于是从《天眼》到《悬空界》,在两件尺度惊人的大型装置作品中他完成了一次精彩的修辞转向。此后刘旭光在清华大学完成了他的博士论文《论质觉》,进而在北京电影学院开始了他新媒体实验电影的教学与创作。随着他的学生逐渐走入公众视野成为初露锋芒的新锐艺术家,他自己的艺术也在回望本体的林中路上越走越远。我们可以从刘旭光一系列以中国墨为元素的影像作品和此次展出的绘画作品《痕迹》与《衍场》中看到一种海德格尔与禅宗思想之间带有某种比较文学意味的对话。《五灯全书》中记载玉林通琇曾问旅庵本月："一字不加画,是什么字?"答曰:"文彩已彰。"刘旭光在"文采已彰"的"一"字上加了一画,机锋重重之间仿佛是对临济禅师和海德格尔的再次追问。

    学术史很吊诡,从"甲骨四堂"的甲骨文研究到陈梦家的《殷虚卜辞综述》,中国现代学术的诞生从考古开始。同样,艺术史也很吊诡,有时候艺术家的精神越是先锋,其艺术的修辞就越是古典,比如现代艺术之父保罗·塞尚之于古典主义,又比如现代设计之父威廉·莫里斯之于中世纪。我想,刘旭光也是这样先锋而古典的艺术家,他的艺术比"抽象"和"东方"更多。

2016 年 10 月 24 日

1 "刘旭光:衍场"展览现场1。

2 "刘旭光:衍场"展览现场2。

3 "刘旭光:衍场"展览现场3。

4 "刘旭光:衍场"展览现场4。

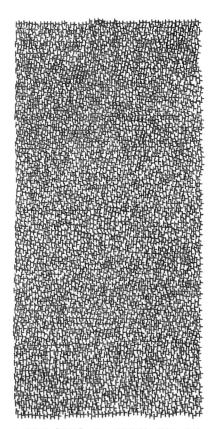
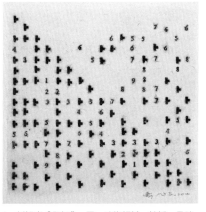

5　刘旭光《痕迹》，墨、矿物颜料、铁锈、骨胶、蛋清、宣纸，244cm×122cm，2006年。

6　刘旭光《衍场》，墨、矿物颜料、铁锈、骨胶、蛋清、宣纸，90cm×90cm，2016年。

蜜蜂小姐：
梁白波与 20 世纪 30 年代上海漫画

内容摘要：梁白波是 20 世纪 30 年代上海漫画群体中唯一的女性，她的《蜜蜂小姐》虽然只在《立报》连载了二十五天，但是依然成为当时公认最成功的五种长篇连环漫画之一。本文尝试从梁白波的个案研究入手，分析她的艺术特点及其与 20 世纪 30 年代上海漫画的关系。

关键词：蜜蜂小姐、梁白波、叶浅予、上海漫画

一、《蜜蜂小姐》的 25 天

20 世纪 30 年代，受到五卅运动和北伐战争以来左翼文艺思潮的影响，上海漫画进入黄金时代。仅 1934 年至 1937 年《时代漫画》存在的短短三年间上海就有二十余种漫画刊物集中发行。1926 年 12 月 8 日，丁悚、张光宇、张正宇、黄文农、王敦庆、鲁少飞、叶浅予、季小波、胡旭光等人在上海创立了"漫画会"，这成为上海漫画家群体从第一代到第二代过渡的标志，而这两代漫画家群体中唯一的女性就是梁白波（1911—1967）。

1935年9月20日，《立报》在上海创刊。作为当时中国影响最大的一份四开小型报，《立报》自创刊之日起就在头版中外新闻报道下的横栏开始连载漫画《蜜蜂小姐》。第一天作品署名"梁白波"，第二天就改成叶浅予、宗白合作，宗白就是梁白波的化名。25天之后，这套清新脱俗、幽默诙谐的漫画就消失了。然而仅凭这25天的连载，《蜜蜂小姐》就和叶浅予的《王先生》以及张乐平的《三毛》、黄尧的《牛鼻子》、高龙生的《阿斗画传》一起成为当时公认最成功的五种长篇连环漫画。不仅如此，梁白波还是左翼美联、苔蒙画会和决澜社最初成员中唯一的女性，以及抗战时期"漫画宣传队"和《抗战漫画》杂志作者中唯一的女性。对于梁白波和《蜜蜂小姐》的研究可以帮助我们从一位女性漫画家的视角重新理解和感受20世纪30年代上海漫画的迷人魅力。

　　《蜜蜂小姐》包括一幅八格漫画《普罗艺人》（图1）和25幅四格漫画（其中一幅为与四格布局类似的七格漫画），这套漫画塑造了一位胸挺、臀突、腰细，像蜜蜂一样的20世纪30年代上海小姐的形象。这位姿态婀娜、聪明俏皮的"蜜蜂小姐"的日常生活似乎只有一个永恒的主题，就是男欢女爱。比如第一幅四格漫画中蜜蜂小姐对女朋友洋洋得意地说："喂！利利，我现在变成鱼了，不是破游泳纪录，而是给老C钓了。"（图2）又比如第十幅四格漫画中蜜蜂小姐拿着A男士的照片说："这位相貌漂亮"，又拿着B男士的照片说："这位说话漂亮"，最后她的方法是请他们都来，看着A的相貌听着B的说话。（图3）蜜蜂小姐的故事大都令人忍俊不禁。这套艺

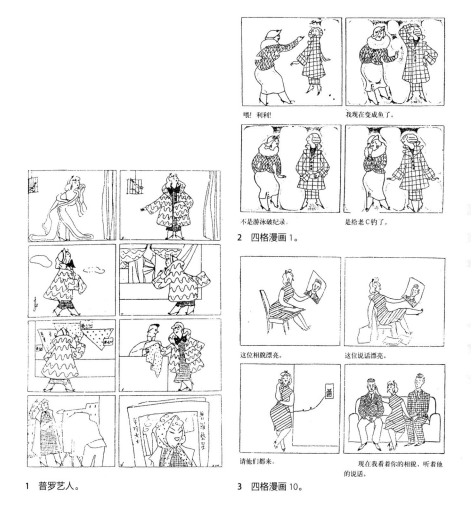

1 普罗艺人。

2 四格漫画1。

3 四格漫画10。

术风格清新脱俗的漫画是怎样突然产生又迅速消失的呢?

二、"王先生"与"蜜蜂小姐"

从现有资料看,梁白波画《蜜蜂小姐》的直接原因是受到叶浅予《王先生》的启发。1935年叶浅予的长篇连环漫画《王先生》已经在《上海漫画》周刊连载，大获成功，并开始在《时代漫画》月刊连载新作。[1]这一年，梁白波前往《时代漫画》投稿，并向主编鲁少飞展示了自己的一幅漫画，引起了叶浅予的注意。二人相互心生好感，开始交往，进而同居。此年春天，他们受到津浦铁路局的邀请，参加卫生宣传列车活动。叶浅予的《旅行漫画》就诞生在此期间，梁白波受到他的影响开始画舞台速写。回到上海不久，《时报》就以"王先生失踪"为题渲染二人的风流韵事。因此叶、梁二人离开上海，与黄苗子、陆志痒一起来到南京生活。继为上海《晨报》创作的《王先生别传》之后，叶浅予为南京《朝报》创作了《小陈留京外史》，梁白波画《蜜蜂小姐》就在此时。在南京期间，叶浅予包办婚姻的夫人罗彩云由其父陪同前来寻找叶浅予，三人一同返回上海，最后叶、罗二人离婚未果只达成了分居协议。梁白波被迫暂时与叶浅予分开。这就是《蜜蜂小姐》仅连载25天就消失的原因。魏绍昌认为："梁白波的漫画生涯甚为短暂，她留下来的那些'少而精'的作品，几乎都作于1935年至1938年初这3年期间，也正是她和漫画大师叶浅予共同生活的那些日子。在我国稀若麟角的女漫画家中，她既是前无古人，又是后起乏人，因此这颗早逝的彗星尤其值得我们怀念。"[2]梁白波与叶浅予作为一对漫画情侣，相互欣赏、相互启发，他们的名字始终联系在一起成为上海漫画黄金时代的一对坐标。

叶浅予对梁白波的《蜜蜂小姐》这样分析："'梦'是现实形象的

思维反应，和现实生活相比，它就是既合理的，又是荒唐的。白波所创造的艺术形象，基本上属于意识形态的具体表现，这和她对生活追求的理想化是一致的。她平时所喜欢读的书，如王尔德（Oscar Wilde）的《陶林格莱画像》，郁达夫的浪漫派小说，殷夫的诗等，都同属一个类型。"[3] 梁白波深受王尔德唯美主义文学和 20 世纪 30 年代上海浪漫主义文学的影响，她的《蜜蜂小姐》甚至令人想起比亚兹莱（Aubrey Beardsley）的插图。据黄苗子回忆，他和陆志痒以及叶、梁二人在南京时过的是一种"婆汉迷"（今天被翻译为"波西米亚风格"）式的生活。当时的散文作家、翻译家张若谷写了一篇关于巴黎贫穷艺术家的小说《婆汉迷》，这篇小说对他们四人生活的影响很大。尤其是梁白波，更加推崇浪迹天涯、无拘无束的生活。这也是她与叶浅予走到一起，进而画出《蜜蜂小姐》的原因之一。

三、《蜜蜂小姐》的左翼影响

梁白波早在与叶浅予相识之前，就已经深受 20 世纪 30 年代上海左翼文艺思潮的影响。她早年在新华艺专和西湖艺专学习[4]，后来又在中华艺术大学学习。中华艺大是当时的左翼文艺重镇。1930 年 7 月中国左翼美术家联盟成立时，梁白波的老师许幸之和沈西苓分任主席和副主席。左翼美联总部设在中华艺大，下设上海美专、新华艺专、杭州艺专和中华艺大四个小组，梁白波就是中华艺大小组的成员[5]。

在参加左翼美联的同时，梁白波还先后参加了左翼色彩同样鲜明的苔蒙画会和决澜社。1930 年 10 月,庞薰琹受汪日章之邀,在上海发起组织苔蒙画会,庞薰琹是教师,梁白波是学生。三个月之后,由于激进的左翼思想,苔蒙画会遭到查封。1932 年 1 月 6 日,庞薰琹、倪贻德、梁白波、段平右、陈澄波、阳太阳、杨秋人、曾志良、周糜、邓云梯、周多、王济远十二人召开决澜社第二次会议[6]。1932 年 10 月 9 日,决澜社第一次画展在中华学艺社举行,梁白波因为避祸菲律宾没有参加。从 1930 年酝酿到 1935 年解散,决澜社共举办了四次展览,梁白波仅参加了最后一次。庞薰琹在写《决澜社小史》的时候,把梁白波列为决澜社第二次会议与会十二人的第一位,以示尊重女士。然而 1935 年 10 月,倪贻德在写《决澜社的一群》的时候,只把丘堤看作决澜社唯一的女画家。这或许是因为 1935 年左右梁白波已经与决澜社若即若离,并开始进入上海漫画群体的缘故。

关于梁白波参加决澜社第四次展览的作品,叶浅予评论:"白波在这次画展中,参加了一幅躺着的无头无脚的人体,我当时认为这是概括人体美的一件杰作,好像吃鱼,斩头去尾,取其最最鲜美最富营养的部分,嚼而食之。有人说,没了头脚,人体还成什么美?我说,如果你是一个最重实际的欣赏家,女人体最富于性感的部分是否就在上自胸部下至大腿之间?出人意料的是,一个女画家把女人的性美表现得如此露骨,比之男画家要高明得多,大胆得多。就这一幅画的构思,反映了梁白波过人的才智和超群的胆识。"[7] 决澜社时期,梁白波绘画的形式语言主要受到西方现代主义,尤其是马蒂斯的影响,当然期间的桥梁就是她的师友庞薰琹,比如《蜜蜂小姐》中的《普罗艺人》一篇。20 世纪 30 年代的上海,"普罗"("无产阶级")一词在主流文艺作品中经常出现。《普罗艺人》中的蜜蜂小姐平时衣着雍容华贵,但为了追逐时髦,却穿戴朴素地出现在杂志封面。这幅漫画讽刺爱慕虚荣的女性,其清新脱俗、逸笔草草的形式语言来自庞薰琹和马蒂斯以及西方现代主义线描,左翼美术的形式语言和主题内容被自然地统一起来。

四、《蜜蜂小姐》的女性特点

《王先生》《三毛》《牛鼻子》《阿斗画传》和《蜜蜂小姐》是当时公认最成功的五种长篇连环漫画,前三种篇幅较长、名气较大,后两种篇幅较短、名气较小。但是魏绍昌认为:"蜜蜂小姐和阿斗均在 1935 年出世,'她'主要在《立报》,'他'主要在《十日杂志》,发表园地不多,时间不长,数量也少。其实这两种的特色与质量,完全可以和王先生、三毛、牛鼻子比美,是其他多种连环漫画人物所远远不及的。"[8] 如果进一步比较这五者,就会发现:王先生和小陈是投机取巧、弄巧成拙的尴尬市民,三毛是令人同情的流浪儿童,牛鼻子是千变万化亦哭亦笑的小丑,阿斗是刘备儿子与鲁迅阿 Q 的合体,而蜜蜂小姐则是婀娜、俏皮、善变、虚荣的上海小姐。与男性漫画家的漫画作品相比,梁白波的《蜜蜂小姐》呈现出更加精致、优雅、简洁、生动的女性特点。

据黄苗子回忆,"梁白波有一本爱不释手的书:《邓肯自传》。在 20 世纪 30 年代,世界著名舞蹈家伊莎多拉·邓肯(Isadora Duncan)

4　四格漫画 9。

5　四格漫画 12。

这本因欠债而被迫写出来的自传曾经风靡世界；尤其是中国的新知识女性，对邓肯的自由解放性格崇拜备至。那时邓肯因车祸去世不久，书也刚译成中文，邓肯那种对艺术的深刻见解，对生活、对爱情的坦诚和火热，深深地影响着白波。"[9] 梁白波以邓肯为榜样，追求自由的艺术、生活和爱情，蜜蜂小姐仿佛就是邓肯的另一面。比如第九幅七格漫画，蜜蜂小姐躺在床上接听电话，收到跳舞邀请，立刻开始试穿衣服，从旗袍到晚礼服，从罗马式到梅蕙丝，最后穿戴整齐了，却发现舞伴已经睡着。（图4）比如第十二幅四格漫画，蜜蜂小姐牵着小狗提着小包，看到一位漂亮的男士就扔掉包，躲着狗并大喊救命，让男士英雄救美，原来只是一出苦肉计。（图5）蜜蜂小姐的婀娜、俏皮、善变、虚荣作为主题内容，通过梁白波精致、优雅、简洁、生动的形式语言，展示了一种与其他男性漫画家的漫画作品截然不同的艺术魅力。她创造的蜜蜂小姐至今不令我们讨厌反令我们喜爱，原因或许就是她情意绵绵的女性特点。

结语

《蜜蜂小姐》是梁白波一生艺术创作中承前启后的作品。它具备三个特点：其一，梁白波画《蜜蜂小姐》是直接受到叶浅予《王先生》系列漫画的启发，艺术风格清新脱俗；其二，从左翼美联到《蜜蜂小姐》，再到抗战漫画，梁白波深受20世纪30年代上海左翼文艺思潮的影响，这套作品从形式语言到主题内容都呈现出鲜明的左翼特点；其三，与《王先生》《三毛》《牛鼻子》《阿斗画传》等男性漫画家的作品相比，《蜜蜂小姐》呈现出更加精致、优雅、简洁、生动的女性特点。

梁白波的一生颠沛流离，特立独行。她与中山同乡阮玲玉、左翼战友萧红一样，曾经追求艺术、生活和爱情的自由，义不反顾，计不旋踵；她也与女画家潘玉良、蔡威廉一样，尽管一生坎坷，却依然在20世纪30年代的中国艺术史上写下了女性独特而精彩的篇章。

注释

[1] 中国美术刊行社 1928 年 4 月 21 日创刊《上海漫画》，1930 年 6 月 7 日发行 110 期之后与《时代画报》合并。张光宇、张正宇、叶浅予、鲁少飞转入《时代漫画》（1934 年 1 月—1937 年 6 月），鲁少飞任主编，发行 39 期。

[2] 梁白波、魏绍昌：《蜜蜂小姐》，山东画报出版社，1998，第 8 页。

[3] 叶浅予：《细叙沧桑记流年》，江苏文艺出版社，2012，第 484 页。

[4] 梁白波在新华艺专和西湖艺专学习的经历来自叶浅予的回忆，研究者大都采用这种说法，情况是否属实待考。

[5] 许幸之：《对左翼美术家联盟的回忆》，《美术研究》1959 年第 4 期，第 46 页。

[6] 李超：《决澜社研究》，《美术研究》2008 年第 1 期，第 73 页。

[7] 同 [3]。

[8] 吴禾：《纸上精灵》，生活·读书·新知三联书店，2008，第 85 页。

[9] 同 [2]，第 61–62 页。

本文发表于《装饰》2017年第4期

第三篇
数字－媒体

蜜白盒子内外：
李泊岩的空间策展实践

2012 年，一批年轻的策展人和艺术家在天津创办了一家非营利艺术机构"再生空间计划"并以此为起点开始了一系列在替代空间中进行艺术创作和展览策划的实践项目。再生空间计划最初以在废墟中举办跨领域群展为主要形式，经过一段时间的"游击战"，现在包括在尖山拆迁区进行个人展览的"尖山计划"和以展览介入日常家庭的"三口艺术"两个子项目。这一机构和计划的发起人是李泊岩。

李泊岩的空间策展实践其实可以追溯至他读大学一年级时的一次实验。2003 年，非典期间，校园封闭，教学停止，李泊岩觉得自己与其无所事事，不如做个展览。他突发奇想，在百度搜索中国常见人名并把前十个直接印在海报上，然后给展览起了个名字叫"天津美术学院第一届现代艺术展"。李泊岩把海报贴在校园各处开始观察同学的回馈。海报上印的展览地点是教学楼四层，可是教学楼只有三层，很多同学爬到三层就发现上当了，其中一位下楼之后居然愤怒地撕碎海报，这让他觉得非常有趣。自接触艺术起李泊岩就总觉得展览是个特别重要的东西，反过来看，没有展览也是个特别重要的东西。学习艺术的学生全都渴望参加展览，似乎几个学生一起在学校做一个展览就意味着艺术的成功或者进步。从"沙龙展"到"落选者沙龙展"，从印象派的八次展览到马奈和后印象派艺术家的展览，从 1969 年哈罗德·塞曼（Harald Szeemann）策划的著名展览"活在脑中：当态度成为形式——作品，观念，过程，情境，信息"（Live in Mind: When Attitudes Become Form—Works, Concepts, Processes, Situations, Information）到今天的各种双年展、三年展、文献展，艺术家总希望通过参加各种各样的展览来证明自己。然而展览到底是个什么东西呢？对展览的反思成为李泊岩策展逻辑的起点。如果说 2003 年的"天津美术学院第一届现代艺术展"是一次自发的策展，那么 2013 年的"一场雪"则是一次自觉的策展。当时李泊岩想做一个开幕就是闭幕、转瞬即逝的展览，目的就是发一个朋友圈（那一年朋友圈刚刚开始流行不久）。一个下雪天，十位艺术家发给策展人自己的窗外或者门外的照片被打印出来摆放在雪地里，雪继续下，风一吹就都没了，整个展览只有二十多分钟，现场没有观众，没有艺术家，只有策展人。"一场雪"就是一个反思展览的展览。

无论"天津美术学院第一届现代艺术展"还是"一场雪"，时隔十年的两个十人展都是在非白盒子空间做的，这成为李泊岩策展的一条重要线索。在谈到这条线索时，李泊岩认为，的确自己非常质疑作为权力象征的白盒子空间是否是展览的唯一选择，不仅如此，自己好像大学时期就喜欢在拆迁工地里捡沥青做作品、在小树林儿里做书法展。"一场雪"前后，他开始有意识地在废墟中策划艺术家群展。在李泊岩看来，白盒子固然是艺术家最理想的展览空间，但是它也有很多问题，比如艺术家会受到审美、机制、心理压力的三重制约，但是如果在非白盒子中做展览艺术家就会默认没有观众，作品就会变得更加真实。很多艺术家的作品完全无法被展示、被销售、甚至被传播，对他们来说，展览不一定要在白盒子中做，不一定要留下文字和图像的文献，甚至不一定要和市场、资本有关。

经过差不多三年在废墟中进行密集的展览活动，再生空间计划当时处在一个阶段性总结的时期。以此为契机，再生空间计划管理团队中的张思锐和任瀚一起编撰了一本关于再生空间过去几年工作的小书。小书中除了再生空间过去几年工作的图片记录外，还有策展人张涵露、建筑遗产保护师冯立、艺术家朱文琪和建筑师毛小云关于过往活动的写作。与此同时，国内艺术圈开始有了一些变化，一批非常年轻的艺术从业者从国外回来了，而原来在艺术机构和媒体工作的年轻人纷纷独立出来，通过一种不因循成规的方式去做策展工作。与此同时，李泊岩开始主动关注策展的历史和理论。

2015年的"三高"是李泊岩决定以策展人身份开始工作之后做的一个比较重要的展览。这个展览虽然很小，但是策展人当时关于展览的全部思考都已经浓缩其中。当时的大部分展览给他的感觉就是策展人都在做一件事情：合并同类项。比如画家都喜欢画圆就做一个画展叫"圆",比如艺术家都是女的就做一个女性艺术之类的展览。这种通过合并同类项拟定展览主题策划展览的方式过于简单,策展人其实无足轻重。从对这种策展方式的反思出发,借用一种中国传统艺术的概括方式——艺术家有"二王""三苏""二米""四王""海虞二冯"(明末清初虞山派诗人冯舒、冯班兄弟),宋代马廷鸾有诗《感二李》,近代老舍有小说《二马》——李泊岩虚构了一个名为"三高"的武林门派。高,是姓氏,也是高手的意思,同时"三高"是高血脂、高血压、高血糖三种病的总称,它一语双关地指向展览的各种问题,比如展览很多、开幕就是闭幕、策展策划方式过于简单等。李泊岩在手机通讯录中找到了三位都姓高但互相不认识、不了解的艺术家高露迪、高岩、高宇,策划了一个由三位艺术家的三件作品组成的展览。李泊岩和三个人单独沟通,首先告诉对方自己要做一个关于"高"的展览,然后听对方讲学习艺术的经历和故事,最后为对方写一篇完全虚构的文言文传记,三篇合起来就是《三高传》,作为展览前言的替代物。李泊岩认为,如果把展览前言写成策展说明就没什么意思了,观众只要通过完全虚构的文言文传记对三个人产生兴趣就可以了。三个人每人做了一件与"高"有关的作品。高岩用李泊岩写《三高传》的方法回馈展览,他从网络中找了十五张图片,为每一张图片虚构了一个艺术家传记和作品说明并进行评论,进而把十五位不存在的艺术家变成了十五位高手;高宇曾在德国学习,他晕机很厉害,关于"高"最恐惧的是飞机窗户,因此做了五个飞机窗户;高露迪是以自己的身高为基准,把电脑字库里二十五种字体"高"的第一笔"点"打印出来贴在自己头顶的位置，一字排开。

经过 2015 年和 2016 年这两年的时间，李泊岩自然而然地完成了从艺术家到策展人的身份转向。2017 年他的画廊和美术馆策展项目开始多了起来，相应地再生空间计划的项目就逐渐减少。这一年他做了一个不太寻常的展览"铁托的肖像"。当时王将在陌上画廊和陌上实验做艺术总监，其中的项目空间陌上实验是一个很好的小空间，很多艺术家朋友都在那里做过有意思的展览。有一次王将说了一件事情让李泊岩很感兴趣。王将在收拾仓库的时候发现地面上有一个铁盖子可以打开，走下去一看，原来是 798 艺术区的防空洞。他请了很多策展人朋友去看这个防空洞，但都没有特别好的展览方案。李泊岩喜欢这种非展示空间，他第一次去看的时候感觉那个防空洞很神秘，很长很长，很大很大，他想，地上和地下是两个世界，人想的东西可能完全不一样，如果爆发战争，躲在防空洞里的难民会想些什么？会发生南斯拉夫导演埃米尔·库斯图里卡（Emir Kusturica）的电影《地下》（*Underground*）中那样的故事吗？ 798 艺术区的前身是 20 世纪 50 年代新中国"一五"期间建设的"北京华北无线电联合器材厂"，即 718 联合厂，直到 21 世纪初才开始逐渐转型成为艺术区。半个世纪以来，这里的防空洞是无人问津的，如果这期间有人来这里，这些人应该谈论一些在地上不会谈论的问题，比如关于西方的想象。于是李泊岩虚构了一个历史上曾出现的"铁托兴趣小组"的故事。铁托（Josip Broz Tito）与新中国的关系比较密切，但具体的论述不是策展人和艺术家应该做的事情，李泊岩希望仅仅抛出这样一个历史长河中的点。他把防空洞变成一条地下的历史长河，观众需要穿着雨鞋、打着手电进入一个黑黑的空间，在感受气压和水压的同时参观一个与铁托有关的展览。展览中的四件作品都不复杂。高宇的作品是他在铁托大街做的一个行为的影像，就是给铁托时期的建筑输液，特别符合这个展览的主题。策展人委托了两位艺术家为展览创作作品。一位是王将发现的自学油画的农村大姐王珍凤，她画了一幅歌功颂德式的铁托肖像；另一位是用普通人照片拼贴伟人照片的张巍，他用两周时间做了一幅合成的铁托肖像。张业鸿的作品是把铁托博物馆网站中的图片全部下载下来，然后看图片写传记，一字排开，图文并茂，最像博物馆中的东西。

从再生空间计划到天上的"三高"和地下的"铁托"，李泊岩的空间策展实践总是围绕反思展览的展览展开。比如"三高"中关于艺术家组织方式的思考和"铁托"中关于"地点特定性"（site-specific）的思考，策展人通过虚构和想象将这些思考呈献给观众并期待着观众的回馈。最近两年，随着策展项目越来越多，李泊岩关于策展实践的思考也越来越丰富和深入。比如2019年的"灼手的余温"和"对方正在输入…"，一个是在白盒子的画廊策划的关于改革开放四十年记忆的年轻艺术家群展，另一个则是在非白盒子的画廊天台策划的展期长达半年、展示推进过程、每月更新作品的年轻艺术家双个展。不过这两个展览又都延续了策展人受到观念艺术、后极简主义、激浪派、偶发艺术影响的始自再生空间计划的关于白盒子内外空间策展实践的思考并在此过程中持续追问着展览的内涵和外延、价值和意义。

2020 年 1 月 2 日

1　再生空间计划：张云峰＋李海光《尖山旅行社》（图片由李泊岩提供）。

2　《再生空间计划 2012—？》封面（图片由张思锐提供）。

3 "一场雪"现场（图片由李泊岩提供）。

4 "三高"海报。

5 "三高"前言(图片由李泊岩提供)。

6 "铁托的肖像"海报。

7 "铁托的肖像"现场(图片由王将提供)。

8 "灼手的余温"现场(图片由户尔空间提供)。

9 "对方正在输入…"第一期现场(图片由李泊岩提供)。

受控随机：数字艺术的早期探索（20世纪50年代至70年代）

内容摘要： 本文对20世纪50年代至70年代数字艺术的早期探索进行了梳理。本文认为，这一时期的数字艺术和科技艺术受到艺术史和技术史的双重影响，因此呈现出一种"受控随机"的美学特征并由此走向20世纪90年代的"全球互联"。

关键词： 数字艺术；计算机艺术；E.A.T.；控制论的偶然性；卫星艺术

20世纪90年代以来，"新媒体艺术"与"数字艺术"两个概念常常被交替使用，其共性在于科技对艺术的影响。不过，两者的区别又是显而易见的。广义的新媒体艺术之"新"指的是从摄影和电影到录像（video）和录音（audio）再到数字艺术这一"偶像破坏"[1]过程中媒介转瞬即逝的特性。广义的数字艺术按照新媒体艺术和数字艺术的策展人、研究者克里斯蒂安妮·保罗（Christiane Paul）的区分，包括"以数字技术为工具创作更加传统的艺术作品的艺术——比如摄影、印刷或雕塑——和通过数字技术创作、存储和发布并以其特性为自身媒介的数字原生和可计算的艺术。后者通常被认为是'新媒体艺术'。"[2] 狭义的新媒体艺术和狭义的数字艺术在此重合。因此，新媒体艺术的源头可以追溯至摄影和电影，而数字艺术的真正起点则是计算机艺术。

电子抽象（示波图）

计算机艺术可以追溯至美国数学家、艺术家和绘图员本·拉波斯基（Ben F. Laposky）利用示波器创作的电子抽象图像和以此为主题的展览（图1）。1952年，拉波斯基在艾奥瓦州切罗基县的桑福德博物馆（Sanford Museum）举办了一个名为"电子抽象"（Electronic Abstractions）的个展，展出了五十幅他称之为"示波图"（Oscillons）的图像和一篇与展览同名的前言。事实上，早在两年前拉波斯基就开始利用阴极射线示波器和正弦波发生器以及其他各种电路和电子电路创作抽象艺术作品。他把这些显示在示波器屏幕上的电子振动以静止摄影的方式记录下来，使之成为作品，后来还通过加入变速电动旋转滤波器给图案上色，使之成为彩色作品，看上去酷似现代艺术史中的抽象艺术作品。拉波斯基曾在《艺术杂志》（*Arts Magazine*）的一次采访中坦言自己的确欣赏加博（Naum Gabo）、米罗（Joan Miró）、蒙德里安、瓦萨雷里（Victor Vasarely）、马列维奇、莱热（Fernand Léger）、杜尚、考尔德（Alexander Calder）等人以及一些色彩交响主义和未来主义艺术家并引用了他们的作品。作为电子艺术尤其是模拟矢量媒介艺术的先驱，拉波斯基一直到20世

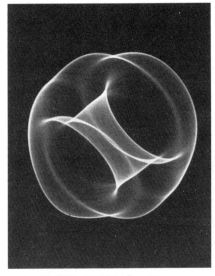 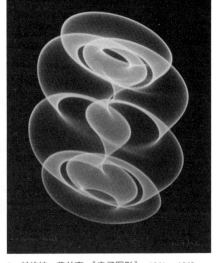

1　本·拉波斯基,《示波图 40》, 1952。　　2　赫伯特·弗兰克,《电子图形》, 1961—1962。

纪 60 年代中期计算机图形学诞生之前都有着巨大的影响。紧随其后，奥地利裔德国籍计算机图形学家和科幻小说作家赫伯特·弗兰克（Herbert Franke）创作了与拉波斯基类似的电子抽象图像或者说示波图，他称之为"电子图形"（图 2）。不过，弗兰克的最大贡献在于自 20 世纪 70 年代起关于计算机艺术的写作、教学和相关活动。比如：1971 年，他出版的《计算机图形学：计算机艺术》(*Computer Graphics: Computer Art*) 是关于这一领域的最早的综合性著作；1973 年至 1997 年，他在慕尼黑大学任教，先后主讲控制论美学、计算机图形学和计算机艺术；1979 年，他与汉内斯·利奥波德塞德（Hannes Leopoldseder）、休伯特·博格尼迈尔（Hubert Bognermayr）、乌尔里希·吕策尔（Ulrich Rützel）一起创立了著名的奥地利林茨电子艺术节（Ars Electronica）。

20 世纪 50 年代，同为科技人员出身的拉波斯基和弗兰克创作的电子抽象图像作品并不属于真正意义上的计算机艺术，不过，他们的艺术实践将"电子"和"抽象"结合起来，为后来的计算机艺术奠定了艺术与技术结合的基础。真正意义上的计算机艺术的出现要等到 20 世纪 60 年代美国人约翰·惠特尼（John Whitney）、查尔斯·苏黎（Charles Csuri）和以迈克尔·诺尔（Michael Noll）为代表的贝尔实验室研究员使用模拟计算机和数字计算机生成的动画电影和图画的出现。

计算机动画电影

约翰·惠特尼和查尔斯·苏黎都被视为数字艺术、计算机动画和计算机图形学的先驱。1968 年，前者的电影和后者的《蜂鸟》(*Hummingbird*, 1967, 图 3) 同时出现在纽约现代艺术博物馆（Museum of Modern Art, MoMA）与肯·诺尔顿（Kennth Knowlton）[3] 组织的一个关于计算机生成电影的节目中，该节目与蓬杜·于尔丹（Pontus Hultén）在 MoMA 策划的展览"机器时代终结时的机器"（The Machine as Seen at the End of the Mechanical Age, 1968 年 11 月 27 日—1969 年 2 月 9 日）一起展出 [4]，本·拉波斯基也参加了这次展览。

  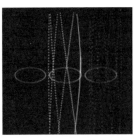

3 查尔斯·苏黎,《蜂鸟》,1967。

4 约翰·惠特尼,《目录》,1961。

5 约翰·惠特尼,《阿拉伯花纹》,1975。

惠特尼被克里斯蒂安妮·保罗称为"计算机图形学之父",他自 20 世纪 50 年代起就开始使用机械动画技术制作电影、电视节目的片头动画和商业广告,这一时期的一个著名作品是与图形设计师索尔·巴斯(Saul Bass)一起为阿尔弗雷德·希区柯克(Alfred Hitchcock)1958 年的电影《眩晕》(*Vertigo*)制作片头动画。1960 年,他成立了运动图形公司并开始使用自己发明的机械模拟计算机继续工作。次年,惠特尼将有完美视觉效果的动画收集起来制作成一部七分钟长的短片电影《目录》(*Catalog*,图 4),这是一个持续工作多年结果的目录。惠特尼制作《目录》的模拟计算机是一个由第二次世界大战时期的高射炮指挥仪(最初是 M5 型,后来是 M7 型)改造的高 12 英尺(3.66 米)高的机器。设计模板被放置在旋转台的三个不同层级上并由多轴旋转摄影机拍摄,色彩是在光学印刷过程中被添加上去的。[5] 自 20 世纪 70 年代起,惠特尼逐渐放弃了他的模拟计算机,转向使用速度更快的数字计算机。1975 年拍摄的以迷幻、绽放的色彩形式为主要特征的《阿拉伯花纹》(*Arabesque*，图5）成为惠特尼数字电影的巅峰并奠定了他计算机电影制作先驱的地位。

与惠特尼接续20世纪初实验电影传统的抽象图形动画不同，苏黎是将具象图形引入动画的开拓者。苏黎被《史密森尼》(*Smithsonian*）杂志称为"数字艺术和计算机动画之父"。1964年，他开始实验计算机图形技术，使用IBM 7094计算机制作出自己的第一幅数字图像。IBM 7094属于典型的晶体管数字计算机，其输出系统由10.16cm×17.78cm的带洞穿孔卡片组成，其中信息可以驱动滚筒绘图仪，确定何时拿起笔、运动和放下笔，直到画出一条线。1966年，他开始制作计算机动画电影。一年之后苏黎拍摄的电影《蜂鸟》成为计算机生成动画史上的里程碑，也成为首批进入MoMA收藏的计算机作品之一。为了制作这部电影，计算机生成的30000多幅图像通过微缩胶片绘图仪直接被画在胶片上，每一帧都通过一张穿孔卡片被编程，这是早期计算机动画需要复杂和劳动密集型操作的一个例子。《蜂鸟》的序简要描述了这部电影的制作方法，这为当时许多计算机生成艺术提供了一种入门方法。[6]

计算机生成图画

20世纪60年代，美国新泽西州茉莉山的贝尔实验室[7]聚集了一批早期数字计算机艺术的探索者，比如致力于图形的迈克尔·诺尔，致力于动画的爱德华·扎耶克（Edward Zajec）、弗兰克·辛顿（Frank Sinden）和肯·诺尔顿，以及致力于音乐的马克思·马修

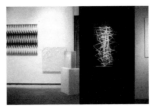

6-1 "计算机生成图画"展览现场，1965。

6-2 "计算机生成图画"展览现场，1965。

斯（Max Mathews）、约翰·皮尔斯（John Pierce）。其中迈克尔·诺尔和贝拉·朱尔兹（Béla Julesz）于 1965 年在纽约的霍华德·怀斯画廊（Howard Wise Gallery）[8] 举办的展览"计算机生成图画"（Computer-Generated Pictures，1965 年 4 月 6 日—1965 年 4 月 24 日，图 6）被认为是最早的计算机艺术展之一。

在贝尔实验室，诺尔的工作是研究电话信号质量的感知效应和确定人类语音音调的新方法，在工作中他逐渐意识到数字计算机作为视觉艺术新媒介的潜力并创作了一些计算机生成的艺术作品。朱尔兹的工作是使用计算机生成的随机点模式研究立体深度知觉，他的相关研究论文发表在 1965 年 2 月的《科学美国人》（Scientific American）上，封面上有朱尔兹的彩色图案。霍华德·怀斯因此联系朱尔兹在自己的画廊展出这些图案。朱尔兹邀请同事诺尔一起展出。两位计算机科学家创作使用的同样是 IBM 7094 计算机并在通用动力 SC-4020 微缩胶片绘图仪的帮助下获得 35 毫米胶片的原作。最终，诺尔和朱尔兹分别展出了十七幅和八幅平面作品，这些作品被放大打印之后安装在墙壁和隔断上。怀斯对放大的尺寸和其中一些

7 迈克尔·诺尔,《高斯二次型》,1963。

作品正片和负片并排安装的方式提出了积极的建议。除此之外,二人还展出了八幅 3D 立体作品,每幅 25.4 厘米(10 英寸)见方,包括偏振左眼成像和偏振右眼成像的图像,被安装在有机玻璃片中,现场提供偏振眼镜。这次展览的作品中有诺尔著名的《高斯二次型》(*Gaussian Quadratic*,1963,图 7),图形的生成由受控随机的程序驱动:线段端点的水平坐标是高斯随机分布的,而垂直坐标则呈二次增长。结果是一条从底部开始的线以不断增加的步幅随机曲折地向顶部移动,当线到达顶部时,它会反射回底部,然后再次继续上升。诺尔的另外两件作品《九十个平行正弦波》(*Ninety Parallel Sinusoids*,1964)和《计算机线条构图》(*Computer Composition With Lines*,1964)分别引用了布里奇特·赖利（Bridget Riley）的《电流》（*Current*，1964）和蒙德里安的《线条构图》（*Composition With Lines*，1917）。尽管关于这次展览的展评褒贬不一，而且最终作品一幅都没卖出去，但是直到 20 世纪 90 年代朱尔兹依然因自己与诺尔举办了"第一次"计算机艺术展而自豪。不过，这并非事实，同年 2 月 5 日乔治·尼斯（Georg Nees）就已经在斯图加特工业大学美术馆（Studiengalerie der TH Stuttgart）举办了世界上第一个数字计算机艺术个展"计算机图形"（Computergrafik），同年 11 月 5 日他又与弗里德·纳克（Frieder Nake）在斯图加特的温德琳·尼德里奇书店和画廊（Buchladen und Galerie Wendelin Niedlich）举办了联展。[9] 这两位德国计算机科学家与诺尔一起被称为计算机生成图画的"3N"先驱。

　　如果说 20 世纪 60 年代前期关于计算机艺术的探索大都发生在大学和公司的实验室，所谓"艺术家"大都是对艺术有兴趣并受到艺术影响的工程师、研究员、程序员、科学家和大学教授，那么随着计算机科学与技术的发展以及电子时代的到来，20 世纪 60 年代后期艺术家就开始对艺术与技术之间的交叉越来越感兴趣。其中最著名的案例就是 1966 年由工程师比利·克鲁弗（Billy Klüver）、弗雷德·瓦尔德豪尔（Fred Waldhauer）和艺术家罗伯特·劳森伯格（Robert Rauschenberg）、罗伯特·惠特曼（Robert Whitman）发起的"艺术与技术实验"（Experiments in Art and Technology，E.A.T.）系列项目。[10]

8 "9夜:剧场与工程"展览海报,1966。

E. A. T.（艺术与技术实验）

1966年,克鲁弗计划在"斯德哥尔摩艺术与技术节"（Stockholm Festival of Art and Technology）组织一场由工程师和艺术家合作的表演,但是双方意见不合、协商失败,于是整个项目就被带到了纽约第69团军械库（以此向1913年的军械库展览致敬）,名为"9夜:剧场与工程"（9 Evenings: Theatre and Engineering, 1966年10月13日–1966年10月23日,图8）。该项目的参与者包括四位来自纽约的艺术家约翰·凯奇（John Cage）、罗伯特·劳森伯格（Robert Rauschenberg）、大卫·都铎（David Tudor）、罗伯特·惠特曼,一位来自瑞典的艺术家厄伊文德·法尔斯特伦（Öyvind

Fahlström），五位来自贾德森舞蹈剧院（Judson Dance Theater）的舞蹈家露辛达·蔡尔兹（Lucinda Childs）、亚历克斯·海（Alex Hay）、黛博拉·海（Deborah Hay）、史蒂夫·帕克斯顿（Steve Paxton）、伊冯娜·雷纳（Yvonne Rainer），还有三十位来自贝尔实验室的工程师，其中比较有名的包括贝拉·朱尔兹、比利·克鲁弗、马克思·马修斯、约翰·皮尔斯、曼弗雷德·施罗德（Manfred Schroeder）、弗雷德·瓦尔德豪尔等人。艺术家团队和工程师团队为此一起工作了十个月，开发出适合表演的设备和系统并创造了剧场新技术的许多个"第一"：舞台上首次使用闭路电视和电视投影；光纤摄像机在表演者的口袋里拾取物体；红外电视摄像机在完全黑暗中捕捉动作；多普勒声呐装置将动作转换成声音；便携无线调频发射机和放大器将语音和身体声音传送到军械库的扬声器。[11] 尽管关于这个项目的展评与一年前的"计算机生成图画"一样毁誉参半，但是这一历时十一天、九个夜晚 [12] 的系列演出不但确立了艺术家与工程师的合作模式（以艺术家为主体进行创作，工程师提供技术支持），而且直接促成了 E.A.T. 的诞生。

　　E.A.T. 成立三年后迎来了一个高潮，在 1970 年日本大阪世博会（World Expo'70）的百事可乐馆，克鲁弗和惠特曼组织了一支超过七十五人的来自美国和日本的艺术家和工程师的团队，为这座有巴克敏斯特·富勒式测地线穹顶（Buckminster Fuller-style geodesic dome）的场馆设计了包括人工云、动力声音、光雕塑和步入式球面镜的内外空间，使之成为一个工程师与艺术家之间有效合作的经典

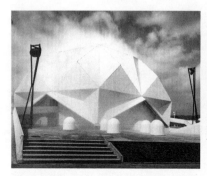

9-1　E.A.T. 在 1970 年日本大阪世博会（外），1970。
9-2　E.A.T. 在 1970 年日本大阪世博会（内），1970。

案例（图 9）。克里斯蒂安妮·保罗认为："E. A. T. 是艺术家、工程师、程序员、研究员和科学家之间复杂合作的第一个例子，这种合作后来成为数字艺术的一个特征。"[13] 在某种程度上说，E.A.T. 是将 20 世纪早期的达达主义、60 年代的激浪派、偶发 / 行动艺术、观念艺术与 60 年代至今的计算机艺术、多媒体艺术、数字艺术、科技艺术联系起来的一个关键节点。

控制论的偶然性

1948 年，美国数学家诺伯特·维纳（Norbert Wiener）出版了《控制论：或关于在动物和机器中控制和通信的科学》(Cybernetics: Or the Control and Communication in the Animal and the Machine) 并用"控制论"(cybernetics 来自希腊词 kybernetes，意思是"管理者"或"舵手"）一词对不同的通信和控制系统进行比较研究，比如计算机和人脑。维纳的理论为理解所谓的"人机共生"奠定了基础。

二十年后，就在 MoMA 的著名展览"机器时代终结时的机器"开幕的三个月前，另一个更著名的展览"控制论的偶然性"（Cybernetic Serendipity，1968 年 8 月 2 日—1968 年 10 月 20 日）在伦敦当代艺术中心（Institute of Contemporary Art，ICA）开幕（图 10）。这是历史上第一个以电子艺术、计算机艺术和控制论艺术为主题的大型国际展览。主策展人贾西娅·赖夏特（Jasia Reichardt）试图以"控制论"为出发点，展示计算机辅助创作的方方面面：诗歌、音乐、舞蹈、绘画、雕塑、动画。她带领一个策展团队雄心勃勃地邀请了一大群艺术家参加展览，从本·拉波斯基到约翰·惠特尼和查尔斯·苏黎再到迈克尔·诺尔、乔治·尼斯和弗里德·纳克以及贝尔实验室和 E.A.T. 的许多艺术家都在其中。展览包括三个部分：计算机生成作品，控制论机器人设备和绘画机器，通过机器展示计算机的使用和控制论的历史。其中的机器和装置部分最引人注目：戈登·帕斯克（Gordon Pask）的一组可以与之对话的大型风铃交互装置；布鲁斯·莱西（Bruce Lacey）的无线电控制机器人和一只光敏猫头鹰；白南准（Nam June Paik）的机器人 K-456 和有失真图像的电视机；让·丁格利（Jean Tinguely）的两个绘画机器；爱德华·伊赫纳托维奇（Edward Ihnatowicz）的可以转向声音的生物液压耳朵和约翰·比灵斯列（John Billingsley）可以转向光的《艾伯特 1967》（Albert 1967）；蔡文颖的带有振动不锈钢棒、频闪光和音频反馈控制的交互控制论雕塑；观众可以带走生成作品或参与游戏的绘

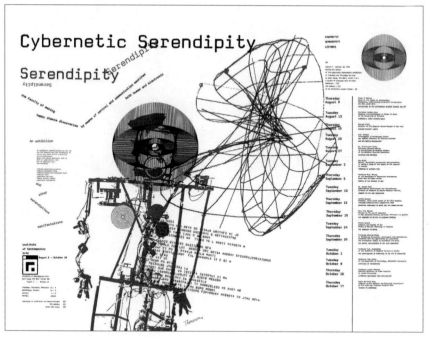

10 "控制论的偶然性"展览海报,1968。

画机器;霍尼韦尔公司委托罗兰·埃米特(Rowland Emett)设计的机械计算机"勿忘我"(Forget-me-not)。[14]这个以"受控随机"为美学特征的展览将 20 世纪五六十年代的电子艺术、计算机艺术和控制论艺术的探索整合起来进行集中展示,其目的是洞见过去和预见未来。"(这个展览)展出了一些作品——从绘图仪图形到光与声'环境'以及传感'机器人'——这些作品现在看来只是数字艺术的卑微出身(我们可以批评它们的笨拙和过度的技术手段),不过它们仍然预见了今日媒介的许多重要特征。"[15]

1968年和1969年，美国艺术史学家、批评家杰克·伯纳姆（Jack Burnham）先后在《艺术论坛》（*Artforum*）发表了《系统美学》（Systems Aesthetics）和《实时系统》（Real Time Systems）两篇文章，借此提出了著名的"系统美学"概念："系统的观点着眼于在各种有机和非有机系统之间建立稳定而持续的关系。"[16] 并且"系统的组成部分——不管是艺术的还是功能性的——本身没有特别的意义或者价值。系统的组成部分只有在排列在一起的时候才会产生意义"。[17] 1970年，伯纳姆在纽约犹太博物馆（Jewish Museum）策划了一个名为"软件–信息技术：对艺术的新意义"（Software-Information Technology: Its New Meaning for Art，1970年9月16日—1970年11月8，图11）的展览。如果说"机器时代终结时的机器"强调的是"硬件"，那么这个展览强调的就是"软件"，它着眼于信息技术与通信，着眼于计算机艺术与观念艺术之间的关系，着眼于系统、过程和观念。伯纳姆这种将控制论、系统分析法、科技与艺术结合起来的构想对今天的科技艺术产生了重要的影响。

卫星艺术

20世纪70年代，集成电路和大规模集成电路计算机开始出现，微型计算机也开始出现。不过，这一时期艺术家的"新技术"主要体现在使用录像和卫星进行"现场表演"和网络实验上。"这些实验预见了现在互联网上发生的交互和通过使用直接播放视频、音频的'流媒体'发生的交互。这些项目的关注范围涉及从扩大电视大众传

11 "软件－信息技术：对艺术的新意义"展览海报，1970。

12 道格拉斯·戴维斯在"卡塞尔第六届文献展"的表演，1977。

播的卫星应用到视频远程会议的美学潜力和摧毁地理边界的实时虚拟空间探索。"[18]

1977 年，德国卡塞尔第六届文献展（Documenta VI，1977 年 6 月 24 日—1977 年 10 月 2 日）的主题是"国际展览"（Internationale Ausstellung），首次展示了艺术家的国际卫星电视节目直播。这次直播面向全球超过二十五个国家，道格拉斯·戴维斯（Douglas Davis）、白南准、夏洛特·穆尔曼（Charlotte Moorman）、约瑟夫·博伊斯参加了表演（图 12）。白南准与他的合作者大提琴家穆尔曼以激浪派的方式一起表演了《电视文胸》(*TV Bra*)、《电视大提琴》(*TV Cello*)、《电视床》(*TV Bed*)，通过将表演、音乐、录像、电视融于一体向全球通信致敬；博伊斯向公众发表了一次直接演讲，阐述艺术作为"社会雕塑"的乌托邦理论，这一理论是他观念艺术的核心；戴维斯通过参与式表演和录像《最后九分钟》(*The Last Nine Minutes*)讲述了与电视观众之间的时空距离，这是他使用交互技术作为一种艺术和通信媒介的初次尝试。20世纪90年代中期，随着万维网(World Wide Web)的出现，戴维斯发展出一个更具开创性的互联网艺术项目《世界上第一个合作的句子》(*The World's First Collaborative Sentence*)。[19]

与戴维斯组织的直播同年，在美国也发生了两个卫星艺术项目。一个是由基斯·索尼尔(Keith Sonnier)和莉莎·贝尔(Liza Béar)联合纽约和旧金山的艺术家完成了一件历时十五小时的双向、双城之间交互卫星传输的作品《发/收卫星网络》(*Send/Receive Satellite Network*，图13)。该作品分为两个阶段：第一阶段是利用NASA(美国国家航空航天局)的系统运行证明为公众建立一个双向通信系统的可能性并反对政府和军方对公众获取信息的控制；第二阶段是为两个城市的艺术家团体之间提供卫星直播。另一个是由基特·加洛韦(Kit Galloway)和雪莉·拉比诺维茨(Sherrie Rabinowitz)组织美国大西洋和太平洋表演者并联合NASA和加州门罗公园教育电视中心(Educationl Television Center)完成的综合表演作品《卫星艺术》(*Satellite Arts*，图14)。该作品被称为"世界上第一场交互卫星

13　基斯·索尼尔和莉莎·贝尔,《发/收卫星网络》第二阶段, 1977。

14　基特·加洛韦和雪莉·拉比诺维茨,《卫星艺术》, 1977。

舞蹈表演",加洛韦和拉比诺维茨由此建立了一种"图像作为地方"的电视合作艺术和虚拟空间表演的方式。这种卫星艺术在 20 世纪 80 年代逐渐发展,罗伯特·阿德里安(Robert Adrian)在 1982 年奥地利林茨电子艺术节组织的事件《24 小时内的世界》(The World in 24 Hours)中,三大洲十六个城市的艺术家在二十四小时内被计算机终端、电话、传真和慢扫描电视连接起来,创作并交流"多媒体"艺术作品。[20] 这种对连接性的探索直接指向了 20 世纪 90 年代开始出现的互联网艺术和网络艺术。

双重影响

第二次世界大战之后,从 1945 年到 1968 年,计算机技术领域发生了一系列令人瞩目的事件。其一,1945 年美国工程师、发明家和科学管理者万尼瓦尔·布什（Vannevar Bush）在《大西洋月刊》（Atlantic Monthly）发表了一篇题为《诚如所思》（As We May Think）的文章，描述了一种名为memex[21]的设备，一个带有半透明屏幕的桌子，可以压缩和存储个人的书籍、记录和通信，这一设想影响了早期超文本系统和个人知识库软件的发展。其二，1946年宾夕法尼亚大学推出了世界上第一台数字计算机，被称为ENIAC（电子数值积分计算机），五年之后首台商用数字计算机UNIVAC（通用自动计算机）获得专利。其三，1961年美国信息技术先驱、哲学家和社会学家泰德·尼尔森（Theodor Nelson）在布什设想的基础上为读写空间创造了"超文本"（hypertext）和"超媒体"（hypermedia）两个术语，并认为在读写空间中文本、图像和声音可以实现电子互联并通过链接形成一个网络化的"文献宇宙"（docuverse）。其四，1964年著名的冷战智库兰德公司（RAND Corporation）为美国国防部高级研究计划局（ARPA）提供了一项关于将互联网变成一个没有中央集权的通信网络使之免受核攻击的建议，五年之后以高级计划局命名的"阿帕网"（ARPANET）由来自加州大学洛杉矶分校、加州大学圣巴巴拉分校、斯坦福研究院和犹他大学的四台超级计算机组成。其五，1968年美国计算机协会（ACM）和电气与电子工程师协会（IEEE）的秋季联合会议在旧金山召开，来自斯坦福研究院的工程师、发明家道格拉斯·恩格尔巴特（Douglas Engelbart）在一个系统中演示了几乎所有现代个人计算机的基本元素，其中最重要的就是位映射、视窗和鼠标操控等观念的提出，这次演示因此被称为计算机历史上的"所有演示之母"。

纵观 20 世纪 50 年代至 70 年代，数字艺术的早期探索正如展览"控制论的偶然性"的标题所示呈现出一种"受控随机"的美学特征，而"受控随机"则是这一时期艺术史（以达达主义、激浪派和观念艺术为代表）与技术史（以计算机技术为代表）的共同特点。马塞尔·杜尚、约翰·凯奇和白南准注重"虚拟"与"交互"、"正式指令"与"随机存取"、"受控随机"的艺术实践与计算机技术之间具有某种内在一致性。"对数字艺术而言，这些运动（达达主义、激浪派和观念艺术）的重要性在于它们对正式指令的强调和对概念、事件以及观众参与的关注，而不在于对统一实物的强调和关注。达达主义的诗歌通过词句的随机变化使诗歌的结构美学化，他们使用正式指令创造一种来自随机和控制相互作用的技巧。这种通过规则推进艺术创作过程的观念与构成所有软件和每台计算机运行基础的算法之间有一种明确的联系：二者都是一种在有限步骤中完成一个'结果'的正式指令程序。"[22]

结语

综上所述，数字艺术的早期探索经历了从电子抽象（示波图）到计算机艺术（模拟的和数字的）再到 E.A.T. 和卫星艺术的发展。其中 20 世纪 60 年代计算机艺术的诞生对数字艺术的历史而言至关重要。这一时期科技艺术的实践呈现出以下特点：其一，从约翰·惠特尼和查尔斯·苏黎的艺术实践来看，计算机艺术最早发生在动画电影领域（抽象的和具象的），艺术家先后使用了模拟计算机和数字计算机的技术；其二，以迈克尔·诺尔、乔治·尼斯和弗里德·纳克为代表的计算机生成图画的艺术实践明显受到 20 世纪抽象艺术的影响，同时，早期的计算机艺术诞生在科技实验室而不是艺术工作室，早期的计算机艺术家是计算机科学家和工程师而不是艺术家；其三，与文学家雷蒙·格诺（Raymond Queneau）和数学家弗朗索瓦·勒利奥奈（François Le Lionnais）1960 年创立的乌力波（OULIPO，Ouvroir de Littérature Potentielle，潜在文学工场）以及艺术家与科学家一起进行的文学与艺术创作实验不同，E.A.T. 开启了最早的艺术与技术、艺术家与工程师合作的先例以及二者合作的基本模式，贝尔实验室的工程师在其中发挥了重要作用；其四，从"计算机生成图画"和"控制论的偶然性"到"机器时代终结时的机器"和"软件"，一系列展览从各种维度讨论了控制论与计算机艺术的过去和未来并促成了数字艺术和科技艺术的启蒙；其五，1977 年出现的卫星艺术预见了后来的互联网艺术、网络艺术和流媒体交互，自 20 世纪 90 年代起数字艺术和科技艺术开始从"受控随机"走向"全球互联"。

  2017 年，MoMA 以自己的藏品为基础举办了展览"思考机器：计算机时代的艺术与设计，1959—1989"（Thinking Machines: Art and Design in the Computer Age, 1959—1989，2017 年 11 月 13 日—2018 年 4 月 8 日），在"控制论的偶然性"和"机器时代终结时的机器"的近半个世纪之后，这次展览展示了在 20 世纪 60 至 80 年代的数字艺术和科技艺术的前沿实践中，艺术家、建筑师和设计师是如何利用计算机重新思考艺术创作的。时至今日，计算机艺术和数字艺术已经成为最有争议性的艺术概念之一，几乎没有艺术家在进行艺术创作时不使用计算机技术和数字技术。不过，由此衍生出来的软件、游戏、书籍、生物、互联网和网络、声音和音乐、人工生命和人工智能、远程呈现和远程机器人、身体和身份、数据库美学和数据可视化、战术媒体和行动主义、定位媒体和公共交互、虚拟现实和增强现实、社交媒体等艺术形式和主题，仍然引发我们关于"是使机器成为人"还是"使人成为机器"的思考。

注释

[1] 鲍里斯·格洛伊斯:《艺术力》,杜可柯、胡新宇译,吉林出版集团股份有限公司,2016,第 81-103 页。

[2] 克里斯蒂安妮·保罗:《数字艺术:数字技术与艺术观念的探索》,李镇、彦风译,机械工业出版社,2021,第 8 页。

[3] 他因在贝尔实验室与包括斯坦·范德比克(Stan VanDerBeek)在内的电影制作人合作而知名。

[4] 该展览结束后又在圣托马斯大学(University of St. Thomas,1969 年 3 月 25 日—1969 年 5 月 18 日)和旧金山现代艺术博物馆(San Francisco Museum of Modern Art,1969 年 6 月 23 日—1969 年 8 月 24 日)巡展。

[5] Gene Youngblood, *Expanded Cinema*, (New York: E.P. Dutton & Company, 1970), p.208.

[6] "Charles Csuri's Hummingbird", accessed November 11, 2017, https://www.moma.org/calendar/exhibitions/3903.

[7] 贝尔电话实验室公司(Bell Telephone Laboratories, Incorporated),简称贝尔实验室(Bell Labs)。

[8] 霍华德·怀斯曾是克利夫兰 Arco 公司(经营工业油漆和涂料)的总裁,出于对艺术的兴趣他卖掉了公司并先后在克利夫兰和纽约开设了画廊。在纽约的霍华德·怀斯画廊在 1960 年至 1970 年之间存在了十年。怀斯预见了艺术的未来是艺术与技术的结合,以及数字计算机作为一种为艺术家服务的工具的使用。

[9] A. Michael Noll, "The Howard Wise Gallery Show of Computer-Generated Pictures (1965): A 50th-Anniversary Memoir," *Leonardo*, Vol. 49, No. 3 (2016): 232-239.

[10] Kristine Stiles and Peter Selz, *Theories and Documents of Contemporary Art: A Sourcebook of Artists' Writings (Second Edition, Revised and Expanded by Kristine Stiles)*, (Berkeley, Los Angeles, London: University of California Press, 2012), p.453.

[11] "9 夜:剧场与工程"于 2012-03-05 在网站时光机(Wayback Machine)上的存档。

[12] 从 13 日至 23 日共十一天，其中 17 日和 20 日排空，13 日和 23 日每天三场演出，14 日、15 日、16 日、18 日、19 日、21 日、22 日每天两场演出，共二十场演出，每位艺术家有两场演出。

[13] 同 [1]，第 16 页。

[14] 该展览结束后又在美国华盛顿的科科伦美术馆（Corcoran Gallery of Art，1969 年 7 月 16 日—1969 年 8 月 31 日）和旧金山的探索馆（Exploratorium，1969 年 11 月 1 日—1969 年 12 月 18 日）巡展。

[15] 同 [2]，第 16–18 页。

[16] 安静主编《白立方内外：ARTFORUM 当代艺术评论 50 年》，生活·读书·新知三联书店，2017，第 69 页。

[17] 同 [16]，第 74 页。

[18] 同 [2]，第 18 页。

[19] 1994 年戴维斯接受纽约市立大学莱曼学院美术馆（Lehman College Art Gallery）的委托开始创作"没有句号的句子"，他邀请人们通过互联网、万维网、电子邮件、普通邮件和个人访问贡献文字、照片、视频、图形、WWW 链接和声音。该作品于 1995 年被惠特尼美国艺术博物馆（Whitney Museum of American Art）收藏，但因文件丢失、链接失效和格式问题等技术问题而备受困扰。到 2000 年为止，该项目已收到将近 200000 份贡献。

[20] Adrian, "The Word In 24 Hours," https://anthology.rhizome.org/the-world-in-24-hours.

[21] "memex" 一词是 "memory"（记忆）和 "Index"（索引）的随机合成。

[22] 同 [2]，第 11 页。

本文发表于《美术大观》2020 年第 9 期

基于社交媒体的新类型公共艺术实践
——以"每个人的东湖"和"六环比五环多一环"为例

内容摘要： 本文讨论了新类型公共艺术与社交媒体的结合，进而以 2010 年至 2014 年发生在武汉的"每个人的东湖"艺术计划和 2014 年至 2015 年发生在北京的"六环比五环多一环"艺术家调查项目为例，概述了二者的发展线索，比较了二者的差异性和一致性，并指出二者作为基于社交媒体的新类型公共艺术的典型案例为中国当代艺术语境中的社会介入和社会研究提供的参考意义。

关键词： 新类型公共艺术；社交媒体；艺术的社会介入；艺术的社会研究

一、新类型公共艺术与社交媒体

"新类型公共艺术"（new genre public art）一词由美国艺术家、写作者和教育工作者苏珊·雷西（Suzanne Lacy）创造并首次出现在 1991 年由加州艺术与工艺学院（California College of the Arts and

Crafts）和赫德兰艺术中心（Headland Center for the Arts）一起在旧金山现代艺术博物馆（SFMOMA）举办的研讨会"量绘形貌：新类型公共艺术"（Mapping the Terrain: New Genre Public Art）中。1995年，雷西和她的同事一起出版了《量绘形貌：新类型公共艺术》，该书集结了美国20世纪70年代至90年代关于公共艺术各种问题探讨的论文和作品，成为该领域一本经典著作。2004年，雷西在该书的《中文版序》中指出："新类型公共艺术是一个战略术语，旨在提供一个窗口，通过它来呈现社区公共艺术的共同经验、立场和问题，从而挖掘其深度和话语权。虽然这个词仍在使用，但另一些术语也很常用，比如对话艺术、公民艺术、过程艺术、过渡艺术、社区艺术、参与式艺术、社会正义艺术、社区文化发展等，许多甚至是交替使用的。越来越多的人认为艺术是公民话语，是公共教育的发声筒，而不再仅仅是社区组织和政治行动的表现。术语的变化也代表了该领域的三重演变：话语的扩展、实践的细微变化和艺术与公共生活更深层次的关系。"[1]

早在2002年，美国评论家、写作者和教师霍华德·莱因戈德（Howard Rheingold）就在《聪明行动族：下一场社会革命》（*Smart Mobs: The Next Social Revolution*）一书中描述了无线网络和移动设备支持下的自我组织。21世纪以来，一方面随着"新类型公共艺术"的含义与核心价值的不断变化，这个概念正在逐渐被"社会实践"替代，并因此发展出艺术的社会介入和艺术的社会研究两种趋势，另一方面随着无线网络和智能手机、平板电脑等移动设备的快速发展，博客（Blog）、维基（Wiki）、脸书（Facebook）、推特（Twitter）、油管（YouTube）、照片墙（Instagram）等被称为"Web 2.0"[2]的社交网络和社交媒体开始在新类型公共艺术中扮演越来越重要的角色。

在笔者关注的基于社交媒体的新类型公共艺术实践中，2010年至2014年发生在武汉的"每个人的东湖"艺术计划（简称"东湖艺术计划"）和2014年至2015年发生在北京的"六环比五环多一环"艺术家调查项目（简称"5+1=6"）无论在动机和结果、时间和空间上，还是在展示和传播上都不太一样，但同样运用了新兴的社交媒体，引发了社会的广泛关注，成为2008年以来中国当代艺术中社会介入和社会研究的两个典型案例。

二、"每个人的东湖"艺术计划

建筑师李巨川和艺术家李郁在武汉发起"每个人的东湖"艺术计划的起因是对一个社会事件的回应。2010年3月底，深圳华侨城集团以43亿元获得武汉东湖风景区及周边地区3167亩土地并将建造两座大型主题公园（欢乐谷和水乐园）、两个高档楼盘和两个高级度假酒店的消息被媒体披露，引发武汉市民对东湖是否会被部分填埋的未来密切关注。很快，大家发现关于这一社会事件媒体多为正面宣传，而且大多网站禁止讨论。针对这一情况，李巨川和李郁想到了艺术："我和李郁进行了一些讨论，最后我们觉得，假若不仅仅是我们个人，少数几个艺术家来做作品，而是很多人都来做作品，很多人都到东湖去做作品，那么这样的艺术就不仅仅是艺术了，而可以成为一种直接的行动,它也许不能影响事情的发展方向,但它可以开辟出一个新的讨论的空间,使东湖的事情继续被大家所关注。这是我们发起这个计划的直接原因。"[3] 因此,两位发起人决定"每个人的东湖"艺术计划向所有人开放,任何人都可以参加,他们建议每位参与者去东湖创作一件与东湖有关的现场作品(主要是装置和行为),然后在一个特别建立的网站上不加选择地发布每一件作品的信息,同时在豆瓣和微博上展示和传播。原计划6月25日开始,7月25日结束,之后因为武汉持续好多天的大雨和参与者持续高涨的热情延续到8月25日,53位(组)参与者(包括艺术家、设计师、建筑师、朋克乐手、剧场工作者、音乐人、诗人、学者、自由职业者、无业者、教师、学生等各种职业与身份的人)在两个月里总共创作了59件作品。

2012年,在东湖被填埋部分建起的欢乐谷即将开业,吴维、麦巅、龚剑、子杰、阳菜加入发起人团队,与李巨川、李郁一起决定在欢乐谷开业的同一天发起"东湖艺术计划"第二回。七位发起人以"去你的欢乐谷"为名,建议参与者去欢乐谷附近创作现场作品。尽管遭到各种阻挠,但是在从4月29日到5月29日的一个月里,33位(组)参与者仍然创作了40件作品。

2014年,"东湖艺术计划"第三回以"人人都来做公共艺术"为名,讽刺的矛头直指房地产商通过所谓"公共艺术"获得土地资源的新动向。发起人在网站、豆瓣、微博之外还建立了微信公众号,以发布、展示和传播计划。34位(组)参与者在从7月10日到8月

基于社交媒体的新类型公共艺术实践——
以"每个人的东湖"和"六环比五环多一环"为例

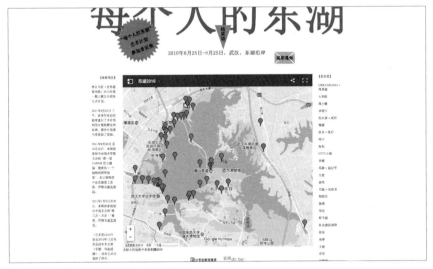

1 "每个人的东湖"艺术计划第一回网页截屏。

2 子杰 + 李珞,《2009.1.22 湖岸线》,"每个人的东湖"艺术计划第二回,2012 年 5 月。

3 曾莉,《送不出的祝福》,"每个人的东湖"艺术计划第二回,2012 年 5 月 19 日。

31 日的一个多月里最终创作了 39 件作品。与前两回不同，这一回在计划实施的前后，发起人与参与者还在"我们家"青年自治实验室围绕相关问题组织了 18 次讲座与讨论，希望将这个针对特定社会事件的艺术计划转变为一个针对城市化进程进行更广泛讨论的长期计划。[4]

三、"六环比五环多一环"艺术家调查项目

"每个人的东湖"艺术计划第三回结束一个月之后，艺术家李一凡与"二楼出版机构"（葛非、葛磊、满宇）合作，在距离武汉一千多公里的北京发起了"六环比五环多一环"艺术家调查项目。2012 年，因为对中国当代艺术中中国符号泛滥和点子化、圈子化整体状况的不满，葛非、葛磊和满宇在北京成立了"二楼出版机构"，并以出版《夏健强的画》的方式介入到一起社会事件的讨论中。2013 年，在参与崔灿灿策划的"夜走黑桥"项目的过程中，满宇和葛磊、葛非发现尽管这个项目的初衷是对日趋精致化的艺术体制的一次抵抗，但是自己甚至对一沟之隔的农民工群体都缺乏最基本的了解。于是，"二楼出版机构"和李一凡一起走访了皮村的工友之家和打工文化艺术博物馆，并在李一凡的建议下决定一起组织艺术家去五环和六环之间的村庄"看看"，或者说是将"六环比五环多一环"设置为一个"艺术家调查项目"。

2014 年 10 月 1 日开始的"5+1=6"邀请艺术家在六环与五环之间选择自己感兴趣的行政村，以艺术家的方式独立或与当地人合作，

对此区域的某一方面，展开一次调查。调查的主题和方式都没有限制，但是要求参与调查的艺术家能够在当地至少生活 10 天，每天至少工作 8 小时，每小时至少通过微信朋友圈发布 1 次带有地点信息的定位图片，直播自己的工作进展与个人遭遇，同时，"二楼出版机构"在艺术家工作期间至少探访艺术家一次。在一次关于"5+1=6"的谈话中，李一凡认为："今天艺术家的个人选择还是非常重要的。我们几个人发起这个项目，我们认为这件事很重要，而且觉得哪些人也会觉得这件事重要，就邀请他们来做，就是这样。很多东西都是附加的，让别人去考虑吧。我们认为五环六环是一个问题，就去实践，至于别人要参加国际展览还是要打中国牌，不关我们的事情。这个项目的意义就在于起码要建构一种张力，和今天那些推崇'艺术'的人形成一种张力，让今天的艺术不至于变成一模一样的平板，大家都成为'无用的新贵'。"[5] 这样的调查和探访一直持续了 9 个月，共有 40 组（51 位）艺术家（参与者包括导演、建筑师、艺术家、摄影师、漫画家、学生、记者、戏剧工作者、教育工作者、村委会主任等各种身份和职业的人）调查了六环与五环之间的 40 个行政村（正西的石景山区和东南的大兴区亦庄开发区因没有行政村而无人涉及），积累了数量巨大的文字、图片和视频资料。2015 年 7 月 11 日至 8 月 11 日，由崔灿灿策划的"六环比五环多一环"文献展在望京的单向空间书店举办，170 平方米展厅中的 20 块双面活动展板在开幕当天就吸引了三四百人参观。[6]

4　2013年10月，李一凡在朝阳区金盏乡皮村与儿童聊天（葛磊 摄影）。

5　2014年10月，满宇、葛非在昌平区史各庄乡北四村探望参与项目的艺术家刘伟伟（葛磊 摄影）。

6　2015年7月，单向街书店"六环比五环多一环"文献展览现场。

四、结语

如果对比"每个人的东湖"艺术计划和"六环比五环多一环"艺术家调查项目，可以发现二者之间的差异性：首先从动机和结果上看，前者是以"艺术"的名义和"艺术"的方式发起的对一个特定社会事件的回应和介入，就与艺术系统的关系而言是一次"由外而内"的社会介入，后者是因对中国当代艺术整体状况的不满而发起的艺术家对一种社会生态的调查和研究，就与艺术系统的关系而言是一次"由内而外"的社会研究；其次从时间和空间上看，二者涉及的空间面积分别是 47 平方公里（东湖景区面积 80 平方公里，湖面面积 33 平方公里）和 1600 平方公里（北京六环以内面积 2267 平方公里，五环以内面积 667 平方公里），二者涉及的时间长度分别是 5 年（2010 年至 2014 年）和 9 个月（2014 年 10 月至 2015 年 6 月），一个时间比较长，一个空间比较大；最后从展示和传播上看，前者的集中展示平台是一个线上网站，发布、传播的主要社交媒体是豆瓣、微博和微信，后者的集中展示平台是一个线下展览，发布、传播的主要社交媒体是微信，这与二者的性质有关，也与豆瓣（2005 年出现）、微博（2009 年出现）、微信（2011 年出现）出现的时间顺序和普及程度有关。同时，"每个人的东湖"艺术计划和"六环比五环多一环"艺术家调查项目之间具有某种一致性：二者都是基于社交媒体的新类型公共艺术实践，都在最大程度上运用了当时新兴的社交媒体，讨论了话语的扩展、实践的变化和艺术与公共生活的关系，都是针对城市（城市中心的一座湖；城市外围两条环路之间的大量行政村）展开的长时间、大空间、有大量参与者的社会实践。"东湖艺术计划"和"5+1=6"的发起人和参与者一起模糊了"语境提供者"和"内容提供者"的边界，强调了去中心化的组织方式和去艺术化的创作方式，创造了一种中国当代艺术语境中社会实践的新美学。

注释

[1] 本刊编辑部采访：《苏珊·雷西、吴玛悧和郑美玲谈新类型公共艺术》，石倩、赛德译，《公共艺术》2020年第6期。参见苏珊·雷西编：《量绘形貌：新类型公共艺术》，吴玛悧等译，远流出版公司，2004，第12页。

[2] 2004年，奥莱利媒体公司（O'Reilly Media）开始用"Web 2.0"一词来描述那些以最终用户为目标，强调用户生成内容、易用性、参与文化和互操作性的社交媒体。

[3] 李巨川、陈晶：《"每个人的东湖"艺术计划访谈》，《美术文献》2010年第5期。

[4] 更多资料参见：官方网站http://donghu2010.org；豆瓣小组"空间斗争"；微信公众号"东湖艺术计划"。

[5] 李一凡、葛磊、葛非、黄淞浩、杨北辰：《关于"六环比五环多一环"的一次谈话》，http://www.artforum.com.cn/slant/7418。

[6] 更多资料参见：微信公众号"二楼出版社"。

如何重新观看"家"?
——胡介鸣基于反预设和在地性的摄影创作

> 照片是一种观看的语法,更重要的,是一种观看的伦理学。
> ——苏珊·桑塔格《论摄影》[1]

2020 年和 2021 年,工作、生活在上海的艺术家胡介鸣先后在北京的外交公寓 12 号空间和魔金石空间举办了"14 天"和"格物·2020"两个个展。两个个展展出的两组作品均创作于新冠疫情爆发之后的一年之中,一组历时七个月,在自己真正的家中完成,另一组历时十四天,在自己临时的家中完成。胡介鸣以"如何重新观看'家'?"为出发点,展开以摄影为主要媒介的艺术创作。艺术家在从游走、环视到驻足、凝视自己既熟悉又陌生的"家"的过程中找到了一种基于反预设(anti-preset)和在地性(site-specific)的方法,创作了包括摄影、装置、影像、文本、行为、观念等形态的一系列作品,完成了一次从人到物、重建时空系统、从新媒体到低技术的创作转向。

反预设:《格物》系列

2020年初,新冠疫情爆发之后,全球陷入停摆危机,每一个人都回到家中开始一种因异常而导致的新日常,这给了艺术家一次重新观看"家"的契机。胡介鸣以往的工作和生活是早出晚归、三点一线,家和学校之间有四十公里车程,工作室在家和学校之间,因此每天大部分时间都待在工作室里,但是疫情一来就只能待在家里。他在每天喝茶的时候发现自己从来没有仔细打量过的这个家竟然有一种惊人的魅力,无论早上、上午、下午、晚上,还是阴天、晴天,光线都很漂亮,客厅、卧室、厨房、卫生间每个角落都特别经久耐看、耐人寻味。胡介鸣在一次采访中说:"我当时没有意识到,后来意识到疫情来了以后'家'的这个概念其实变得特别重要,没有'家'你就真不知道如何是好。"[2] 他在平心静气的观察中萌生了一个在家里创作的念头,于是开始利用手边的两台相机、一些镜头和三脚架、两盏灯、一台电脑进行一次缓慢而悠闲的创作。在从1月到7月的时间里,胡介鸣一边观察,一边选择,拍摄了两百多张照片,同时在图像处理软件中再次观察、再次选择,然后处理这些照片。他按照红色、橙色、黄色、绿色、青色、蓝色、紫色、多色八种系列将照片的色彩提纯,使之呈现出一种"打爆"的效果,并以"格物系列"和八种色彩为作品命名。在2021年初魔金石空间的胡介鸣个展"格物·2020"中,研究团队选择了艺术家的三十件摄影作品,并将这些色彩、大小、宽窄以及装裱方式不同的图像按照某种视觉的顺序和节奏悬挂在白色墙壁上,试图凸显艺术家在创作过程中产生的强烈知觉体验。胡介鸣后来总结道:"我后来对这种创作方式的总结是'反预设',就是我不要方案、不要草图,在什么都不要的情况下开始做,结果发现那种感觉非常自然清新,带着露水,晶莹剔透。我没有想过会有这个效果,我喜欢上这种工作方式了。"[3]

在地性:《14 天》

2020 年 7 月,艺术家完成《格物》系列的创作之后,收到外交公寓 12 号空间主持人彭晓阳的再次邀请,希望他举办个展。彭晓阳的首次邀请在 2019 年初,胡介鸣在 5、6 月份完成了一组影像作品,计划在 7、8 月份把个展做了,但是因为各种原因拖到了当年年底,结果因为疫情只能在家里"格物"。在"格物"的过程中,他发现这种"反预设"的创作方法很好,于是把做好的作品放在一边,向主持人建议可以基于外交公寓独特的空间属性,做一个十四天的驻留项目,然后做一个名为"14 天"的个展。胡介鸣在一次采访中说:"于是我就让外交公寓回到了公寓的功能,本来就是住人的嘛。再加上一个'14 天'的概念,对应的是疫情期间的隔离时间,当然我这个隔离不是被要求的隔离,而是借用的'14 天'这个时间概念。这样也是延续了上半年的反预设工作方式。"[4] 最初,他比较纠结,因为这样做的确有些冒险,但是有《格物》系列的创作经验在先,他有信心冒一次险,开始一次完全在地性的创作。7 月 28 日,胡介鸣带着创作《格物》系列时的简单设备入住外交公寓 12 号空间,安装了十二个摄像头,记录每天的工作和生活,摆放了十四个苹果,每天吃一个作为一种象征。在接下来的十四天中,他延续之前的创作方法同样放弃了方案和草图,开始观察、选择、拍摄、再观察、再选择、处理这个临时的家中每个房间的每个角落,同时写下每天的日记。8月10日,胡介鸣完成了包括监控视频、装置、摄影、日记等形态的三十三件作品。五天之后,他的个展"14天"在他居住了十四天的公寓中顺利开幕。他后来总结道:"我是空着两只手去做个展的,但是我因为有前面半年的经验在,知道如何去应对一个完全'在地性'的创作,我也坚信在地性创作的生命力。"[5]

从人到物

在以往的创作中,胡介鸣关注更多的是人和社会,比如1996年的《与电视为伴》《与生理状态有关》和1999年的《与快乐有关》《与情景有关》关注的是人的生理和心理之间的关系,2013年的《残影》和2016年的《共时》关注的是个人记忆和社会情境之间的关系。但是疫情期间的居家隔离让他开始了一种对人与物之间关系的新思考,家中的日常之物成了他艺术创作的新对象。艺术家发现:"物不会说话,除非人要用到它,否则总是忽略它的存在,但是经过这个特殊时期的创作实践,我发现在这个世界上,我们最离不开的不是人,而是物,或者说我们可以不跟人打交道,但却不可能不和物产生联系。此外,除去物的实用价值,当我们把它作为一个单纯的存在物去静观的时候,会产生不同寻常的能量。"[6]在创作《格物》系列和《14天》的过程中,观察和打量门窗、家具、电器、花草、生活物品、生活垃圾带来的通感气场使得艺术家能够将对这些普通的日常之物的体验转化成为令人惊奇的拟人化图像。从《格物》系列到《14天》，艺术家虽然延续了在处理对象中提纯色彩的基本的创作方法，但是逐渐在拍摄对象的物中加入了人的因素：如果说《格物》系列中花草的摆放只有少量人的痕迹的话，那么《14天》中的很多装置就是直接用生活物品和生活垃圾制作的，比如《我的罗马》是用塑料充气包装膜、一次性饭盒、包装纸、个人及公寓物件、生活垃圾搭成的两根罗马柱，《内部》《温床》《座位》《飞机来了》是对原有门、床、座椅、冰箱上进行的杜尚式演绎。另外，从艺术家对作品的命名来看，情感的因素也被逐渐注入：《格物》系列直接以"格物"、八种色彩和数字编号为名，而《14天》则以物或由物引发的联想、想象为名，比如《标准门厅》《斜门》《垂直线》《引力》《大鸟》。因此，艺术家在创作过程中逐渐强化了一种主观性与客观性之间的辩证关系——没有绝对的主观和客观。正如约翰·伯格（John Berger）所说："可见之物是我们获取世界信息的主要来源，过去是，现在依然是。通过可见之物，我们定位自己。"[7]

重建时空系统

时间是胡介鸣创作中的一个重要概念，比如记录跨年、跨世纪一天中电视、互联网图像的摄影装置《1995—1996》（1996）和《1999—2000 传奇》（2000—2001），比如通过灯光和投影照射物品使之老化的装置《几十天和几十年》（2007、2009、2010），比如篡改一千多件艺术史上经典作品的动画影像装置《一分钟的一百年》（2010）。他的这些大型装置以时间为主题，将在工作空间中完成的大量影像创作呈现在展览空间中。艺术家认为："时间是这个世界的基本尺度，不管发生什么它都是在场的。多年来我用时间命名作品只是说明我在考虑过程中的一个侧重点，或者说我揪着这把尺度来说事而已。我用时间尺度更趋向于主观性的时间维度，在我考虑中的'时间'是一个可以任意缩放的可变尺度，它与我们的生命体验是同步的，这样时间的概念就被激活了。"[8]《格物》系列和《14天》同样强调了时间的概念，在展览中标记了"2020"这个特殊的年份和"14天"这个隔离的时间。但是与之前创作的不同之处在于，反预设和在地性的创作方法帮助艺术家重建了一种时空系统。在《格物》系列中，工作空间与生活空间重合，相对漫长的时间和熟悉的空间被定格在两百多张裁切得整整齐齐的照片中，形成一个诗意的图像序列；在《14天》中，工作、生活空间与展览空间重合，时间相对短暂、空间相对陌生，摄影与装置，摄影与在和不在的工作、生活现场，监控视频、日记与展览现场之间形成三组奇妙的镜像关系。外交公寓12号空间主持人彭晓阳在一次研讨会中总结道："在外交公寓的项目里，所有的设计都是镜像关系；而在魔金石空间的展览里，是通过作品的选择、尺幅、呈现方式、观看节奏来突出的。"[9]尽管两组作品和两个个展的时空系统不太一样，但是同样由于空间条件的限定使得作品中的时间概念和摄影特性更加强烈起来。

从新媒介到低技术

作为中国新媒体艺术、数字艺术和影像装置艺术的先驱和代表人物，胡介鸣自 20 世纪 90 年代以来就致力于通过艺术创作对媒介与技术、生理与心理、个人记忆与社会情境进行批判性表达。他认为想要探索科技给艺术带来的新的可能性，就必须首先掌握新媒介和高技术，因此在从 2000 年到 2010 年的十年间做了大量交互影像装置创作。这种探索在 2014 年到达一个顶点，艺术家集中全部精力做了一个大机器人——一件高科技（机械传动影像装置）、高造假（投资四百多万）、高周期（耗时整整一年）的"三高"作品《太极》。与此同时，一件插入性作品《序曲》——一面由八百多个穿墙而过的影像组成的"漏光的墙"获得了始料未及，甚至超越《太极》的好评，这件事让艺术家开始反思艺术和技术的问题："我越来越意识到在艺术创作中过多追求技术是危险的，艺术和技术从本质上看是两个不同属性的事。"而且"随着科技的进步，在艺术创作上我们选择的余地越来越大，但我们不能忘记我们做的是什么性质的事情。技术再先进也取代不了艺术的基本属性，它只是给艺术想象和表现带来更大空间、更多的解决方案。"[10]2015 年，胡介鸣经过认真的思考，得出一个艺术创作中很多新媒介和高技术的东西其实可以被替代的结论。《格物》系列和《14 天》的创作进一步证实了他的这一结论。在疫情这一"例外状态"和"家"的语境中，与交互的、参与式的、动态的、可定制的新媒介和高技术艺术相比，创作摄影、装置、影像、文本这些旧媒介和低技术作品就不仅是一种替代方式，而且是一种与"例外状态"共情的更好方法。艺术家的"全手动"拍摄和"做减法"处理在最大程度上限制了技术的滥用，使得平面化、形式化的摄影作品具有一种单纯而强烈的暴力之美，围绕摄影展开的装置、影像和文本作品同样具有这种美学特点。

结语

胡介鸣在《14天外交公寓日记》的开头写道："我在一个陌生的房间中睁开了眼睛／记忆复苏犹如淡入的画面渐渐清晰"[11]，这是他完成《格物》系列创作之后，开始《14天》创作的一个起点记录。艺术家将这种把自己融入对象当中的创作方法总结为"反预设"和"在地性"，这种创作方法可以追溯至达达主义、激浪派和观念艺术建立的西方当代艺术传统，也可以在中国古典美学传统中主张见景生情、即物起兴，以最初一念之本心进入特定时空的观念中找到依据。以这种因异常而导致的新日常为契机，艺术家在重新观看"家"的过程中通过"反预设"和"在地性"的创作方法，重新思考人与物、时间与空间、新媒介与低技术的关系，完成了一次从人到物、重建时空系统、从新媒介到低技术的创作转向。这种创作转向不仅对胡介鸣个人的艺术创作生涯而言具有里程碑意义，同时也是摄影与新媒体艺术、数字艺术创作领域值得深入思考的问题。

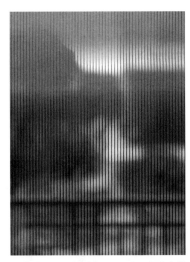

1 格物系列 – 多色 11#，2020 年，图片由艺术家及魔金石空间提供，胡介鸣 摄。

2 格物系列 – 绿色 8#，2020 年，图片由艺术家及魔金石空间提供，胡介鸣 摄。

3 格物系列 – 绿色 8#，2020 年，图片由艺术家及魔金石空间提供，胡介鸣 摄。

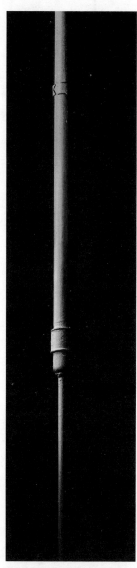

5　14天系列－我的罗马，图片由外交公寓 12 号空间提供，胡介鸣 摄。

4　14天系列－垂直线，图片由外交公寓 12 号空间提供，胡介鸣 摄。

6　14天系列－温床，图片由外交公寓 12 号空间提供，胡介鸣 摄。

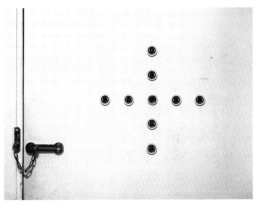

7　14 天系列 – 座位，图片由外交公寓 12 号空间提供，胡介鸣 摄。

8　14 天系列 – 内部，图片由外交公寓 12 号空间提供，胡介鸣 摄。

9　14 天系列 – 大鸟，图片由外交公寓 12 号空间提供，胡介鸣 摄。

注释

[1] 苏珊·桑塔格:《论摄影》，黄灿然译，上海译文出版社，2010，第 7 页。

[2][3] 胡介鸣、彦风:《胡介鸣：重估新媒体》，载李镇、彦风编著《中国新媒体艺术教育 20 年》，文化艺术出版社，2023，第 272 页。

[4][5] 同上，第 273 页。

[6] 王薇、胡介鸣:《798 艺术·对话 | 胡介鸣：格物致知》，798 艺术微信公众号，2021 年 3 月 27 日。

[7] 约翰·伯格:《简洁如照片》，祝羽捷译，广西师范大学出版社，2021，第 69 页。

[8][10] 孟尧、胡介鸣:《"过电"的时间：胡介鸣访谈》，《画刊》2020 年第 8 期，第 15 页。

[9] 魔金石空间:《摘录 | 胡介鸣讨论会》，http://magician.space/zh-hans/article/zhai-lu-hu-jie-ming-tao-lun-hui/。

[11] 胡介鸣:《14 天外交公寓日记》，胡介鸣个展"14 天"场刊，外交公寓 12 号空间。

参考文献

[1] 魔金石空间. 胡介鸣主页 [EB/OL]. [2022-02-01]. http://magician.space/zh-hans/exhibition/hu-jie-ming/.

[2] 外交公寓12号空间. 胡介鸣《14天》| 开幕 [EB/OL]. （2020-08-18）. 微信公众号"外交公寓12号".

[3] 胡介鸣. 胡介鸣：胡介鸣个展"一分钟的一百年"展览画册 [G]. 上海：香格纳画廊，2010.

[4] 香格纳画廊. 胡介鸣主页 [EB/OL]. https://www.shanghartgallery.com/galleryarchive/artists/id/19.

本文发表于《中国摄影家》2022年第2期

跨媒体艺术中作为元图像的影像：
以杨福东的艺术创作为例

内容摘要： 本文讨论的核心问题是在跨媒体艺术中影像（摄影和电影）是如何作为一种元图像存在的，因此将在简要梳理跨媒体艺术与元图像概念的来源之后，进入对影像艺术家杨福东一系列重要作品和个展，尤其是小文人电影、单帧电影、空间电影、建筑电影、雕塑电影、行为电影、意会电影、绘画电影等一系列概念的分析，试图在当代艺术的开放性、流动性系统中找到一种电影和摄影通过各自的观念探索和相互的模仿与对比进行反思的范式。

关键词： 跨媒体艺术；元图像；摄影；电影；杨福东

新媒体艺术可以追溯至 19 世纪出现的摄影和电影，在 20 世纪末主要指的是电影、录像、声音艺术和其他各种混合形式的艺术[1]，以及大约同时出现的数字艺术（计算机艺术和网络艺术）。从 20 世纪初杜尚和达达主义的实践到 20 世纪 60、70 年代激浪派（fluxus）和观念艺术（conceptual art）的实践，艺术逐渐超越原有的相对单一的媒介和图像（绘画、雕塑、摄影、电影、电视），走向更加开放的媒介和观念(新媒体艺术和数字艺术)。"跨媒体艺术"(intermedia art)[2]诞生在激浪派和观念艺术的探索之中,注重在"中间媒介"或"媒介间性"(intermedium)的实验中创造超越图像的观念。20世纪末"图像转向"(pictorial turn)和"元图像"(metapictures)概念的提出让我们重新开始关注语言和视觉的再现以及关于图像的图像。

一、从跨媒体艺术到元图像

20世纪60年代中期,激浪派艺术家迪克·希金斯(Dick Higgins)在塞缪尔·柯勒律治(Samuel Coleridge)1812年发表的一篇文章《第三讲:关于斯宾塞》(Lecture III: On Spenser)中发现了"intermedium"一词。柯勒律治写道:"叙事寓言与神话不同,就像现实与象征不同;简而言之,它是人与人格化之间合适的中间媒介。"[3]希金斯由此受到启发,开始用"intermedium"(中间媒介或媒介间性)的复数形式"intermedia"(跨媒体)一词来描述当时发生在各种艺术类型之间的跨学科艺术活动[4]。

希金斯早在1958年就开始跟随约翰·凯奇学习,并于1962年与妻子艾莉森·诺尔斯(Alison Knowles)一起参加了标志着激浪派正式成立的"激浪派艺术节"(Fluxus Festival)[5]。两年后,希金斯创办了美国第一家致力于"艺术家书"出版的出版社"别的东西"(Something Else Press),并于1966年在《别的东西出版社通讯》上发表了一篇题为《跨媒体》的文章。他在文章中写道:"杜尚的实物之所以引人入胜，同时毕加索的声音在衰落，部分原因在于杜尚的作品确实介于媒介之间，介于雕塑和其他什么东西之间，而毕加索的作品则很容易被归类为装饰画。同样，德国人约翰·哈特菲尔德（John Heartfield）通过入侵拼贴和摄影之间的领地，创作出了可能是我们这个世纪最伟大的图像，因此当然是迄今为止最有力量的政治艺术。"[6] 希金斯所说的"跨媒体"强调的是一种艺术活动中的"中间媒介"或者"媒介间性"，比如激浪派（物体、电影和行为）、偶发艺术、行为艺术、观念艺术、具体诗、有声诗、视觉诗、物体诗、视觉小说、行动音乐、物体音乐、图像记谱、舞蹈剧场、邮件艺术、科学艺术等。亚历山大·R. 加洛韦（Alexander R. Galloway）、尤金·萨克（Eugene Thacker）和麦肯锡·瓦克（McKenzie Wark）在《绝罚：媒体与媒体化三问》（Excommunication: Three Inquiries in Media and Mediation）中将激浪派和跨媒体放在更大的视野中讨论，他们认为："激浪派运动的意义可能会变得很大，不仅是艺术史的，也是媒体史的——实际上正是在激浪派内部，跨媒体被思考和实践。"[7] 作为跨媒体和激浪派的热心支持者，希金斯与妻子诺尔斯也是计算机艺术的早期探索者，他们在 20 世纪 60 年代中期就创作了最早的计算机生成文学文本。

新媒体艺术和数字艺术都可以在激浪派那里找到源头，但是与"新媒体艺术"概念强调的媒介批判性和"数字艺术"概念强调的媒介技术性不同，"跨媒体艺术"的概念注重媒介的流动性和开放性。那么通过更加流动和开放的媒介，图像是否可以在表达艺术观念的

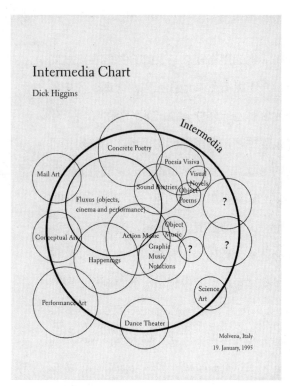

1 迪克·希金斯的跨媒体图表。

同时实现一种与单一媒介图像不同的自我反思,成为一种 W.J.T. 米切尔(W.J.T. Mitchell)所说的"元图像"?

米切尔在《艺术论坛》1992 年 3 月刊发表的论文《图像转向:论语言和视觉的再现》(The Pictorial Turn: Essays on Verbal and Visual Representation)受到理查德·罗蒂(Richard Rorty)"语言转向"[8] 观点的启发,最早提出了"图像转向"等一系列图像理论。米切尔认为:"无论图像转向是什么,我们都应该明白,它不是回归于幼稚的模仿论、表征的复制或对应理论，也不是再续关于图像'在场'的玄学思辨；它更应该是对图像的一种后语言学的、后符号学的再发现，是把图像当作视觉性、机器、体制、话语、身体和喻形性之间的一种复杂的相互作用。这一认识是，观看行为（观看、注视、浏览以及观察、监视与视觉快感的实践）可能与阅读的诸种形式（解密、解码、阐释等）是同等深奥的问题，而基于文本性的模式恐怕难以充分阐释视觉经验或'视觉识读能力'。"[9]1994年出版的《图像理论》（Picture Theory）一书中收录的第一篇论文是《图像转向》，紧随其后的就是《元图像》（Metapictures）。在这篇论文开头，米切尔将元图像定义为"关于图像的图像""指向图像自身或指向其他图像的图像""能够用来表明图像是什么的图像"[10]。他用索尔·斯坦伯格（Saul Steinberg）和阿兰（Alain）发表在《纽约客》上的两幅漫画、《鸭兔图》、委拉斯凯兹的《宫娥》、马格里特（René Magritte）的《图像的叛逆》、普桑的《阿卡迪亚的牧羊人》、《疯狂》（MAD）杂志第257期封面等一系列例子说明"图像自身""其他图像""辩证的图像""元-元图像""说话的元图像"一系列元图像的类型。米切尔在这篇论文的结尾总结道："元图像不是艺术的一个分支，而是一种内在于绘画再现的重要潜力：在这里，图画揭示和'认识'自己，思考视觉、语言和外观的交集，对自身的本质和历史进行推测和理论化。"[11]米切尔的元图像理论从绘画开始，进而拓展至包括雕塑、摄影、电影、电视以及新媒体艺术、数字艺术更加广泛的跨媒体艺术领域。

从米切尔关于元图像的思考以及 2018 年他在北京策划的同名展览[12]中展现的"图像自我反思"和"图像如何反思观看行为本身"出发，是否可以在跨媒体艺术实践中找到一种关于摄影和电影两种"最古老"的"新媒体"之间的自我反思？一种基于中间媒介自我反思的元图像？

作为中国最具世界影响力的影像艺术家之一，杨福东的艺术之路始于 1993 年在浙江美术学院（中国美术学院）油画系读大三期间创作的一件颇具激浪派意味的行为作品《三个月拒绝说话》。艺术家三个月一言不发，与他人的交流通过在手上、画板上、地面上、玻璃上写字完成。记录这次行为的摄影作品《那个地方》于 1999 年被重新复拍，并参加了当年的展览"后感性：异形与妄想"。大学毕业之后，杨福东一直想拍电影，在北京电影学院和各种电视剧组漂了两年之后，拍了第一部 35 毫米黑白胶片电影《陌生天堂》（图 2），并于 2002 年受策展人奥奎·恩维佐（Okwui Enwezor）之邀参加了第十一届卡塞尔文献展。从 1998 年到 2001 年，在上海一家游戏公司上班期间，因为无法拍电影，他创作了《第一个知识分子》等一系列编导式摄影作品。世纪之交，杨福东以摄影和录像等方式进行着密集的创作，而《陌生天堂》在国际展览上的成功则让他有了创作《竹林七贤》的可能。

2 杨福东《陌生天堂》,1997-2002,单屏电影,35 毫米黑白电影胶片转 DVD,音乐:金望,76 分钟(图片由杨福东与香格纳画廊提供)。

二、单帧电影:在电影与摄影之间的摄影

《竹林七贤》(图 3,图 4)是创作于 2003 年至 2007 年之间的五部 35 毫米黑白胶片电影,杨福东借用魏晋时期"竹林七贤"的传说,讲述了 20 世纪 50、60 年代七位年轻知识分子在黄山旅行,在城市、农村、海岛生活,最后回到城市的故事,提出了"人到底有没有精神生活?"这样一个问题。这一系列时间逐渐加长(五部时长分别是 29 分 32 秒、46 分 15 秒、53 分、70 分、91 分 41 秒)[13]的电影强化了艺术家在《陌生天堂》中形成的"小文人电影"概念。杨福东曾这样解释这一概念:"所谓的'小文人电影'要有那种有知识、有文化、受过教育的人的精神品质,要有那种灵劲儿。它可能不是什么大作品,不是什么宏观叙事,但是恰恰能够沁入人心,哪怕是一杯清茶,它很淡,但是它有自己很独特的味道。'小文人电影'要有这种质感。"[14] 这种质感贯穿在艺术家的大部分电影创作中。2009 年的《离信之雾》以电影素材为方案,保留电影拍摄期间得到的全部

3　杨福东《竹林七贤·之四》，2006，黑白摄影，C-print，120cm×180cm（图片由杨福东与香格纳画廊提供）。

4　杨福东《竹林七贤·之五》，2007，黑白摄影，C-print，120cm×180cm（图片由杨福东与香格纳画廊提供）。

素材，通过九台电影机全部呈现出来，2010年的《第五夜》以电影结构为方案，运用电影机不同的景深镜头和推拉摇移建造一种长卷绘画的虚实关系。二者被杨福东称为一种"空间电影"的探索，与2018年在美术馆拍了三十六天电影、作为一种"行为电影"的《明日早朝》一起丰富了"小文人电影"的质感。

尽管杨福东的大部分创作都以电影为核心，但是《那个地方》《情氏物语》（1999）、《第一个知识分子》《别担心，会好起来的》《风来了》《沈家弄，小仙人》（2000）、《黄小姐昨夜在M餐厅》（2006）、《国际饭店》（2010）、《天色·新女性Ⅱ》《我感受到的光》（2014）构成了电影之外摄影的另一条线索。其中，值得注意的是在拍《竹林七贤》，尤其是在拍第四部、第五部期间，杨福东又拍了很多照片。这些照片不是电影的剧照，而是完全独立的摄影作品，艺术家称之为"单帧电影"。杨福东曾这样解释这一概念："所谓'单帧电影'就是你在拍照片的时候，会觉得其实一张照片就是一部超浓缩的电影，它有点像一种特别高级的文言文，就那么一点点字，就把所有内容都说了。中国的美学里边有一种是强调意境的，所以我觉得其实单帧图片是一种更加提炼的意境表达。"[15]

顾铮在《来自"偶发的启发"——关于杨福东的摄影与影像装置》一文中将杨福东始于《竹林七贤》并在后来的电影与录像作品中继续推进的"单帧电影"定义为一种在电影与摄影之间的摄影："这种在拍摄电影的同时也拍摄平面摄影的作法，也许可以以'套拍'来加以形容。杨福东'套拍'于他的电影与录像作品的摄影作品，既可以说是另外两种表现形式（电影与录像）的结晶，也可以说是从一种形式（电影或录像）向另外一种形式（摄影）的溢出。"[16]如果说"单帧电影"是一种在电影与摄影之间的摄影，它突破了摄影实践中的惯性思维，那么是否同样可以说在摄影与电影之间的电影是一种"多帧摄影"？它同样突破了电影实践中的惯性思维？正如在李振华的一次访谈中，杨福东对二者之间关系的解释："35 毫米的摄影机，就是能连续拍摄的照相机。快门按一下，就是一张照片，而按住不动，就是一个连续的照片系列。图片、电影从那个时候我就分不开了。"[17]因此，将电影《竹林七贤》和摄影《竹林七贤》并置，就很好地呈现了动态影像（电影）和静态影像（摄影）的自我反思，一种基于中间媒介自我反思的"元电影"和"元摄影"。

2012 年 OCAT 当代艺术中心上海馆[18]的开馆展"断章取义"是杨福东在中国美术学院跨媒体艺术学院任教期间比较重要的一个

以摄影作品为主体的个展,展览展出了五十余件重要摄影作品(包括作为单帧电影的摄影作品,以及电影、录像的剧照、截帧、拍摄现场)和一件影像装置作品《八月的二分之一》(图5)。展览主题"断章取义"由策展人顾铮和艺术家杨福东一起讨论确定,提炼、概括出摄影的媒介特性和杨福东的创作方法:"许多偶发的启发特别重要。我会把这种学习叫作断章取义"。[19] 在一次访谈中,杨福东说:"所以像'断章取义'这个词描述的那种思维状态虽然不经意、不确定,但是无时无刻不在打入你的内心,形成一个酝酿出来的质感,熏陶着你往前走,去创作一些东西,我会觉得这是特别有意思的。"[20] 除跨越二十年的摄影作品之外,展览展出的《八月的二分之一》是"空间电影"《离信之雾》和《第五夜》的延续,通过二十七个投影仪将《竹林七贤》电影和没有使用的电影素材投射在雕塑和建筑片段的表面,形成一组新的影像装置,或者杨福东所说的"建筑电影"和"雕塑电影"。

将"断章取义"的"意会电影"(包括单帧电影)和从"空间电影"到"雕塑电影""建筑电影"的元电影探索推向高潮的是杨福东正式离开中国美术学院跨媒体艺术学院之后2018年龙美术馆西岸馆的大型个展"明日早朝"(图6)。"明日早朝"是一个展览,也是一组作品。艺术家在一次访谈中说:"《明日早朝》在美术馆拍了36天,就是一个持续36天的'行为电影',没有一个人能够看到这个电影的全部。这是唯一的版本,这36天结束以后,这事就不存在了,因此对我来说这是一部孤独的电影、一部消失的电影。另外,就算你

5　杨福东《八月的二分之一》，2011，8 屏影像装置，15 分钟（图片由杨福东与香格纳画廊提供）。

6　杨福东《明日早朝·美术馆新电影计划·早朝日记》，2018，36 屏影像装置，36 天（图片由杨福东与香格纳画廊提供）。

买票去看，可能待两个小时，也只是看到了一小部分，但是你参与了眼见为实，因此对观众来说这也是一部断章取义的电影。"[21] 杨福东以宋代的历史和文化为背景，以近三百句尼采语录为脚本，在美术馆一层和阶梯式展厅搭建出宋代朝会和生命之塔两个拍摄现场，由此展开一场行为表演和电影拍摄。与色彩绚烂的"元电影"拍摄现场不同，美术馆二层"单帧电影"单元展出的是《我感受到的光》《新女性I》《竹林七贤》等 2005 年至 2014 年十年期间的重要黑白摄影作品。《明日早朝》是"美术馆新电影计划"的第一部，也是"图书馆电影计划"的第二部。随着艺术创作的展开，杨福东认为，当代艺术中的影像创作与最早想拍的电影院电影相比，可以尝试得更多："艺术家的创作更多的时候有点像拿电影这种视觉材料或者媒介来表达自己思考的一些东西。所以我觉得这两种电影基本的质感是不一样的。"[22]

如果说"断章取义"和"明日早朝"是通过主次各异的方式展示了艺术家对元摄影和元电影的理解，那么 2020 年杨福东在香格纳画廊（上海）的个展"无限的山峰"就是更进一步、走向极致的"绘画电影"。

三、绘画电影：没有电影的电影

"无限的山峰"是由一组作品《无限的山峰》（图 7）组成的一个展览，也是一部无形的电影、想象的电影。其中包括：画廊一层展出的两件绘画与摄影联画作品《无限的山峰（一）》和《无限的山峰（二）》，一件绘画作品《无限的山峰——是风·之一》，两件绘画与摄影联画作品《无限的山峰——是风·之二》和《无限的山峰——是风·之三》，八件绘画作品《无限的山峰——无相山人图》，一件绘画作品《无限的山峰——祥云》；画廊二层展出的一件摄影拼贴与录像装置作品《无限的山峰（三）》，六件摄影作品《无限的山峰》和十组摄影作品《无限的山峰——天台之上》穿插其间，共同营造出一部没有电影的电影。

林叶在《至人无法：进入这个视觉公案》一文中提示我们注意杨福东第一部电影《陌生天堂》开头部分几个与手有关的引言片段："这些看起来好像与电影主题无关的片段里，似乎隐含了某种奇妙的力学关系——抓取与滑脱、控制与挣扎、操控与反噬。就像是一种理性的控制力与难以捉摸把握的对象之间的博弈。如何把握这种力学关系的平衡，对我而言是理解杨福东作品的一个引子。"[23] 其中画山水画的手、讲解山水画理论的旁白、中国传统音乐配音尤其提示我们注意山水画之于艺术家的方法意义和实践意义。这是理解《无

7　杨福东《无限的山峰·依靠》2020，艺术微喷，189cm×261cm×8cm，图像尺寸：145cm×217cm（图片由杨福东与香格纳画廊提供）。

限的山峰》的一条线索。

或许我们可以在杨福东第一件行为作品《三个月拒绝说话》的创作经历中找到理解《无限的山峰》的另一条线索。艺术家记得，在坚持三个月一言不发的最后一天，他决定给自己一个仪式，就是去宁波天童寺住一晚，然后准备第二天早晨开始说话。他一直在想，自己的第一句话会说什么？第二天一早，他莫名其妙地走进寺院的一间书房，正要翻书，一个僧人进来问道："你在干什么？"他的第一反应是怕人家把他当小偷，就说："厕所在哪儿？"这个颇具禅宗意味的结果让他觉得预先设想的事情往往不会发生，真实发生的事情往往出乎意料。[24]

2020年初，新冠疫情爆发、全球陷入停摆，杨福东一边回到工作室临摹宋末元初画家颜辉和明末清初画家石涛笔下的罗汉，一边走向浙江天台国清寺拍摄僧人日常的劳作与休憩，开始创作一部关于元图像的"绘画电影"。这部"绘画电影"包括绘画、摄影、绘画与摄影联画、摄影拼贴与录像装置几种主要作品类型。绘画中的古代罗汉与摄影、录像中的当代僧人，黑白的绘画、影像与彩色的绘画、影像，静态的绘画、摄影与动态的录像，形成三组互文关系。它们与一层通向二层的特置通道一起将观众带入一幅徐徐展开的绘画长卷、一个错综复杂的电影时空。绘画是摄影与电影的源头，也是图像的源头。米切尔在将委拉斯凯兹的《宫娥》定义为"一幅元－元图像"时把福柯所说的"对古典再现的再现"稍作修改为"对古典再现的古典再现"。[25]与通过写生进行古典再现训练的西方绘画不同，中国绘画的古典再现训练是通过临摹完成的，因此我们可以认为，杨福东从临摹颜辉和石涛的《十六罗汉图》开始的创作就是一种"对古典再现的古典再现"。

杨福东在谈论"绘画电影"这一概念时说："我提出所谓的'绘画电影'其实是帮助自己思考的一个方式。就绘画来说，像中国古代的长卷绘画，打开的时候其实就是在放电影，一切娓娓道来。我会觉得有一种电影是带引号的电影，它可能是一种更宽泛、更接近心理视觉的东西，所以我要慢慢去试试看，去靠近这种质感。"[26]

一层主展厅的《无限的山峰（一）》（图8）和《无限的山峰（二）》（图9）面对面挂在墙上，是临摹颜辉《十六罗汉图》的两个版本，前者由十幅黑白绘画、四幅黑白摄影、一个特置通道组成，表面覆盖多规格透光度黑玻璃，后者由十一幅黑白绘画、四幅黑白摄影、一幅镜面玻璃、一幅绘画引首组成，表面覆盖多规格镀膜镜

8　杨福东《无限的山峰（一）》，2020，布面丙烯，摄影，镀膜镜面玻璃，铝板装裱，不锈钢烤漆黑框，221.5cm×2052cm×7.5cm，图像尺寸：218.8cm×133.7cm×15（图片由杨福东与香格纳画廊提供）。

9　杨福东《无限的山峰（二）》，2020，布面丙烯，摄影，镀膜镜面玻璃，铝板装裱，不锈钢烤漆黑框，91.3cm×872.1cm×6cm，图像尺寸：89.4cm×49.3cm×17（图片由杨福东与香格纳画廊提供）。

面玻璃。对比两幅由"单帧电影"组成的联画长卷，与黑白摄影中的丛林融为一体的罗汉图呈现出一种从"对临"到"意临"的发展，而特置通道的"窗"和镜面玻璃的"镜"则与约翰·萨可夫斯基（John Szarkowski）在《镜与窗：1960年以来的美国摄影》(*Mirrors and Windows: American Photography since 1960*) 中提出的"镜与窗"理论呼应 [27]。

从一层特置通道的"窗"进入二层，就进入了一幅绘画中的绘画，一部电影中的电影。如果说一层的作品是以绘画为主体的临摹，那么二层的作品就是以影像为主体的超越了临摹的临摹。《无限的山峰（三）》（图10）由摄影拼贴与录像装置两部分组成，是另一幅"临摹"颜辉更像长卷的长卷。涂抹了绘画笔触的黑白摄影拼贴长卷被陈列在玻璃展柜里，十四屏黑白与彩色的录像通过装置被投射在长卷上，静止、移动的僧人、寺院被编织在明暗与隐现中，仿佛石涛所说笔与墨会的氤氲与混沌。黑白摄影作品《无限的山峰》和

10 杨福东《无限的山峰（三）》，2020，摄影拼贴，丙烯，14 屏录像装置，玻璃金属柜，可调节射灯，玻璃铁柜装置：175cm×1200cm×120cm，长卷尺寸：110cm×1170cm（图片由杨福东与香格纳画廊提供）。

《无限的山峰——天台之上》以"单帧电影"的概念穿插在一层、二层展厅之中。天台之上的僧人或垂手而立、直视镜头，或静默相对、仰望山峰，或劳作休憩、列队而行。它们与《无限的山峰（三）》一起成为古代罗汉的当代映射，串联起整部"绘画电影"的线索。

回到一层，进入另外一个展厅，临摹石涛《十六罗汉图》局部的《无限的山峰——是风》由一幅尺寸巨大的黑白绘画作品和两幅精致小巧的三联作品（黑白摄影、黑白素描、抽象绘画）组成。它们既自成一统，又与两幅《无限的山峰》联画长卷中的绘画和摄影以及八幅彩色抽象绘画《无相山人图》建立起一种有机的联系。其副标题"是风"让人想起"风是天空的媒介"这一古老的说法。同样精致小巧的《无限的山峰——祥云》是展览中唯一一幅油画作品。画面中严谨的造型和微妙的色彩传达出一种来自文艺复兴绘画的古典气息，使"一抹祥云"成为展览中一个很不一样的元素。

余论

杨福东围绕"电影"创造了一系列概念：小文人电影、单帧电影、空间电影、建筑电影、雕塑电影、行为电影、意会电影、绘画电影，这些概念与其说是关于电影的，不如说是关于跨媒体艺术和元图像的。比如从《陌生天堂》到《竹林七贤》的小文人电影是一种以35毫米黑白胶片电影表现知识分子精神生活的基调；从《离信之雾》和《第五夜》到《八月的二分之一》的空间电影、建筑电影和雕塑电影是一种影像与装置结合的美术馆电影的探索；将电影拍摄现场搬进美术馆的行为电影《明日早朝》和回到图像源头的绘画电影《无限的山峰》是一种关于元电影的探索。与此同时，另一条线索是贯穿在艺术家近三十年艺术实践中的作为单帧电影和意会电影的摄影，它以复调对位的形式出现在艺术家的重要个展中，通过与电影的模仿和对比，尝试重新建立一种关于摄影和元摄影的认知。

不仅如此，在跨媒体艺术中呈现摄影与电影两种媒介自我反思的影像作品比比皆是，仅举两例。艺术家陶辉2017年在日本京都驻留期间创作的《你好，尽头！》由九个排列成正方形的影像装置矩阵组成。每段影像都嵌在像水泥墓碑一样的展台中，对面有一个沙发，观众可以坐下来戴上耳机观看影像。九段四至五分钟时长的影像中是不同性别、年龄、身份的九个人在打电话，讲述九个让人悲伤的故事。艺术家在当地写作，然后招募演员并完成拍摄。因为是固定场景、固定机位拍摄，所以影像看起来既像日剧，又像静态影像（摄影）。这种方法可以追溯至 2013 年的《谈身体》和 2015 年的《一个人物与七段素材》。与之相反，艺术家王拓 2017 年回国之后创作的《审问》是一部由胶片摄影、图像拼贴和画外音组成的动态影像（电影）。其中一条线索是一位地方纪检官员讲述自己面试时使用的心理技巧，之后这种心理技巧又成为自己审问工作中经常使用的手段。另一条线索是以英格玛·伯格曼（Ingmar Bergman）1966 年的电影《假面》(*Persona*) 为灵感写作的短篇故事，一位拒绝说话的演员和一位试图使其开口的护士在长期相处中互换了身份。在此之后，2018 年的《烟火》和 2019 年的《共谋失忆症》同样使用了由连续胶片摄影组成影像叙事的方法。王拓与陶辉的创作在静态影像与动态影像之间通过模仿和对比寻找新的可能，呈现电影与摄影的自我反思，因此也是一种基于中间媒介自我反思的元电影和元摄影。

综上所述，讨论跨媒体艺术中作为元图像的影像，可以帮助我们在当代艺术的开放性、流动性系统中找到一种电影和摄影通过各自的观念探索和相互的模仿与对比进行反思的范式。基于这种范式展开的多元探索将为相关讨论提供更多的可能。

注释

[1] 克里斯蒂安妮·保罗:《数字艺术:数字技术与艺术观念的探索》,李镇、彦风译,机械工业出版社,2021,第 7 页。

[2] 2010 年,中国美术学院整合新媒体艺术、综合艺术与艺术策划三个专业,成立跨媒体艺术学院(School of Intermedia Art),将"intermedia"一词翻译为"跨媒体"。2015 年,跨媒体艺术被列入《普通高等学校本科专业目录》,成为美术学下的一个二级学科。本文沿用这一翻译,将"intermedia"译为"跨媒体"。此外,源自 1988 年柏林青年电影国际论坛的"transmediale"也被翻译为"跨媒体艺术节",亨利·詹金斯(Henry Jenkins)在《融合文化:新旧媒体的碰撞》(Convergence Culture: Where Old and New Media Collide)一书中提出的"transmedia storytelling"也被翻译为"跨媒体叙事",这里的"trans"与"inter"不同,前者指的是"跨越",后者指的是"中间"和"间性"。

[3] Thomas Middleton Rayson ed., *Coleridge's Miscellaneous Criticism* (London: Constable & Co., 1936), p.33.

[4] 20 世纪 60 年代另一个重要的跨学科艺术活动是 1967 年由工程师比利·克鲁弗、弗雷德·沃尔德豪尔和艺术家罗伯特·劳森伯格、罗伯特·惠特曼发起的"艺术与技术实验"系列项目。该系列项目是在当代艺术语境下艺术家与工程师、程序员、研究员、科学家之间进行复杂合作的最早案例。

[5] 1962 年 6 月 9 日,乔治·麦素纳斯(George Maciunas)和本杰明·帕特森(Benjamin Patterson)在德国乌珀塔尔举办了"小型夏季派对:约翰·凯奇之后"。在为该派对印发的宣传册中,麦纳斯给自己写下的头衔是"新艺术杂志《激浪派》主编"。之后乔治·麦素纳斯、艾莉森·诺尔斯和迪克·希金斯前往欧洲,通过举办古董乐器音乐会宣传计划中的激浪派出版。在一群艺术家的帮助下,从 1962 年 9 月 1 日至 23 日,麦素纳斯在德国威斯巴登组织了十四场音乐会,其中包括菲利普·科纳(Philip Corner)著名的破坏钢琴的行动。

[6] 该文于 1966 年 2 月首次发表在《别的东西出版社通讯》第 1 卷,第 1

号(Something Else Press),并于 2001 年 2 月重新发表在期刊《列奥纳多》(*LEONARDO*)第 34 卷,第 1 号,第 49-54 页(MIT Press)。本文引自后者。

[7] Alexander R. Galloway, Eugene Thacker, McKenzie Wark, Excommunication, *Three Inquiries in Media and Mediation* (Chicago and London: The University of Chicago Press, 2014), p.4.

[8] 理查德·罗蒂认为西方哲学经历了从对物的关注(远古与中世纪)到对观念的关注(从 17 世纪到 19 世纪),最后在 20 世纪转向语言。见理查德·罗蒂:《哲学和自然之镜》,李幼蒸译,商务印书馆,2003。

[9] 安静主编《白立方内外:ARTFORUM 当代艺术评论 50 年》,生活·读书·新知三联书店,2017,第 260 页。

[10] W.J.T 米切尔:《元图像》,陈永国、兰丽英、杨宇青译,中国民族文化出版社,2021,第 32 页。

[11] 同上书,第 70 页。

[12] 2018 年,W.J.T 米切尔受邀在北京 OCAT 研究中心举办了年度讲座"元图像:图像及理论话语"(2018 年 9 月 6 日—2018 年 9 月 8 日),并策划了展览"元图像"(2018 年 9 月 9 日—2018 年 12 月 30 日)。展览由"图绘描画""图绘视觉""多重稳定图像""辩证图像""图画语言""生物图像""全知图像""图集热""面对面孔""图像何求""图表和图示"十一个部分组成。

[13] 杨福东这样解释五部《竹林七贤》的时长变化:"其实最早《竹林七贤》的一个设定是花 5 年时间去拍这个作品,每年每个部分独立成章,每个部分 30 分钟。但是拍到第二年的时候,我的思维就有点变了,而且在尝试让台词进来,或者是让同期录音的质感进来,所以我开始考虑是不是需要按照固定的 30 分钟来做,然后慢慢地打破这个自我规定,就顺其自然了。现在来看《竹林七贤》,不管最后一部是 90 分钟也好,开始一部是 29 分钟也好,它就是那个时间段的一个自然选择,它发生了,就让它留在那。所以我觉得艺术家在影像创作里面有一个重要的点,就是关于度的把握,当然这个度也包括时间。"杨福东、李镇:《杨福东:无限的电影》,载李镇、彦风编著

《中国新媒体艺术教育 20 年》，文化艺术出版社，2023，第 234-235 页。

[14] 李镇、彦风编著《中国新媒体艺术教育 20 年》，文化艺术出版社，2023，第 235 页。

[15] 同上书，第 235-236 页。

[16] OCAT 当代艺术中心上海馆编《断章取义——杨福东作品集》，中国美术学院出版社，2013，第 14-15 页。

[17] 同上书，第 129 页。

[18] OCAT（华侨城当代艺术中心）是由中央企业华侨城集团支持的新型艺术机构，馆群总部设在深圳，目前包括 OCAT 深圳馆、华·美术馆、OCAT 上海馆、OCAT 西安馆、OCAT 研究中心（北京馆）五个主要场馆。其中 OCAT 上海馆主要专注于媒体艺术与建筑设计，执行馆长是媒体艺术家张培力。

[19] 同 [16]，第 9 页。

[20] 同 [14]，第 243 页。

[21] 同 [14]，第 244 页。

[22] 同 [14]，第 235 页。

[23] 香格纳画廊编《杨福东：无限的山峰》，中国美术学院出版社，2021，第 7 页。

[24] 同 [14]，第 227 页。

[25] 同 [10]，第 49 页。

[26] 同 [14]，第 247 页。

[27] John Szarkowski, *Mirrors and Windows: American Photography since 1960* (New York: Museum of Modern Art, 1978).

本文发表于《艺术评论》2023 年第 1 期

数字艺术中交互影像的非线性叙事

内容摘要:本文试图在数字艺术的语境中重新审视交互影像非线性叙事的探索历程,考察计算机艺术和媒体艺术、影像艺术对交互影像非线性叙事的双重影响,通过案例分析交互影像装置的非线性叙事和网络交互影像的非线性叙事的发展线索,并使之与"电影游戏化"的交互电影和"游戏电影化"的电影游戏的发展线索相互映射,提示出交互艺术尤其是交互影像创作的一种未来趋势,进而通过案例说明基于网络平台和移动设备的社交媒体艺术实践将为非线性叙事的探索贡献新的可能。

关键词:数字艺术;交互艺术;影像;非线性叙事

从更大的时空意义上说,任何艺术的体验都是交互的。[1]但是绘画、雕塑等传统艺术的交互体验往往是面向结果的、基于空间的、静态的和非实时的,而像20世纪一二十年代的达达和六七十年代的激浪派、观念艺术之类的交互体验则是面向过程的、基于时间的、动态的和实时的,比如,早在1920年,马塞尔·杜尚与曼·雷(Man Ray)一起创作的《旋转玻璃片》(*Rotary Glass Plate*)[2]就要求观众启动装置并站在装置正前方一米处才能看到画在五块长方形玻璃片上的螺线旋转时形成的同心圆图案。作为交互艺术的一个早期范例，这件作品同时提示出20世纪六七十年代动力艺术、光学艺术或欧普艺术的发展轨迹与线索。然而，20世纪末、21世纪初新媒体艺术和数字艺术语境的出现使得交互艺术获得了前所未有的美学特征，其重要特征之一就是交互影像的非线性叙事。

一、从计算与媒体到交互影像

列夫·马诺维奇（Lev Manovich）在2001年出版的《新媒体的语言》（*The Language of New Media*）一书中写道："（计算技术与媒体技术）两者都发源于19世纪30年代，前者以查尔斯·巴比奇（Charles Babbage）的分析机为标志，后者以路易·达盖尔（Louis Daguerre）的银版照相术为标志。……两条历史轨迹的融合，就是将所有现存的媒体转换成了计算机可以识别的数值类数据。新媒体就此诞生——图形、活动影像、声音、形状、空间和文本都变成了可计算的，也就是说，它们都变成了一组组计算机数据。"[3] 与之类似，克里斯蒂安妮·保罗于2018年在惠特尼美国艺术博物馆策划了展览"编程：艺术中的规则、代码和编排，1965—2018"（Programmed: Rules, Codes, and Choreographies in Art, 1965—2018）。她在展览中将半个多世纪的数字艺术发展描述为基于"规则、指令、算法"（Rule, Instruction, Algorithm）的计算机艺术和基于"信号、序列、分辨率"（Signal, Sequence, Resolution）的媒体艺术、影像艺术两条既平行又交织的线索。[4]

尽管计算机艺术和录像艺术的实践可能更早，但是它们的首次公开展示同样发生在 1965 年。此年，德国和美国出现了最早的三个计算机艺术展：2 月，乔治·尼斯在斯图加特工业大学（Technische Hochschule in Stuttgart）举办了个展"生成性计算机图形学"（Generative Computergrafik）；4 月，贝拉·朱尔兹与迈克尔·诺尔在纽约的霍华德·怀斯画廊举办了联展"计算机生成图画"；11 月，乔治·尼斯与弗里德·纳克在斯图加特的温德琳·尼德里奇（Wendelin Niedlich）的书店举办了联展。同年，安迪·沃霍尔和白南准在纽约各自创作并展示了最早的录像艺术作品：9 月 29 日，安迪·沃霍尔用《磁带记录》（Tape Recording）杂志借给他的力科（Norelco）便携式摄像机为合伙人伊迪·塞奇威克（Edie Sedgwick）拍摄了录像作品《外部和内部空间》（Outer and Inner Space），并在华尔道夫酒店（Waldorf Astoria Hotel）地下通道的大型集会上放映了这件作品；10 月 4 日，白南准购买了一台刚刚问世的索尼便携式摄像机，他在第五大道把摄像机镜头对准让曼哈顿交通瘫痪的教皇保禄六世的巡游车队拍摄了一段录像，并于当晚在格林尼治村艺术家聚集的阿哥哥咖啡馆（Cafe Au Go Go）里放映了这段录像。20 世纪 60 年代至 80 年代，计算机艺术与录像艺术此起彼伏、交替发展，为数字艺术尤其是交互影像的出现奠定了基础。

纳撒尼尔·斯特恩（Nathaniel Stern）在《交互艺术与具身：作为表演的内隐身体》(Interactive Art and Embodiment: The Implicit Body as

Performance）一书中指出交互艺术是一种具身表演的艺术 [5] 并在《交互艺术：介入过程》（Interactive Art: Interventions in/to Process）一文中进一步指出交互艺术是一种介入过程的艺术："它们创造了一些情境，以呼唤对我们与结构和物质之间的各种关系，以及作为结构和物质的关注的方式，增强、破坏和改变体验和行动。关键在于我们身体、媒体、概念和材料的表演方式。"[6] 然而，在斯特恩分析的 2000 年之后的案例中，拉斐尔·洛扎诺–海默（Rafael Lozano-Hemmer）的《身体电影》（*Body Movies*）描绘的身体和空间的相互涌现，卡米尔·厄特巴克（Camille Utterback）的《外部测量》（*External Measures*）和《无题》（*Untitled*）强调的符号和身体要求彼此实现的方式，斯科特·史尼比（Scott Snibbe）的《屏幕系列》（*Screen series*）强调的身体（复数的）与其所在社群的一起显现，其交互的线索仍然是达达、激浪派和观念艺术的一种延伸，其关注的焦点仍然是身体和表演，而非影像和叙事。

二、交互影像装置的非线性叙事

艺术史上第一件使用视频光盘探索非线性叙事的交互影像装置作品是林恩·赫什曼·里森（Lynn Hershman Leeson）创作于 1979 年至 1984 年间的《洛娜》（*Lorna*）[7]（图 1）。视频光盘在 20 世纪 70 年代末作为一种创新的数据存储技术被投入商业使用，这项技术结合了录像带的特点和直接访问的可能。在里森的这件作品中，乔安娜·姆罗斯（Joanna Mross）扮演的洛娜患有广场恐惧症，因害怕

1　林恩·赫什曼·里森,《洛娜》,1979 年—1984 年,装置现场。

面对开放空间或人群而从不离开自己的单间公寓,她与外界的唯一联系就是电视和电话,但是电视的新闻报道和电话的铃声同时增加了她的痛苦。里森以交互影像装置的形式呈现了洛娜的公寓,公寓中有可以播放视频的电视、遥控器、电话、家具、个人物品和墙上的图画,其中每件物品都对应一个数字,每个数字都对应一段记录了她的恐惧和梦想以及个人历史、冲突和未来的视频。《洛娜》邀请观众通过遥控器控制电视屏幕中总时长 17 分钟、包括 36 个章节的洛娜的影像序列,这些序列的不同组合形成了关于她的不同叙事。最终,所有序列的叙事包括了三种可能的结局:洛娜死亡、逃跑或摧毁电视。"这件作品讨论了女性在媒介化社会中的角色,其交互机制隐喻了洛娜被社会'远程控制'的方式及其电视直播的存在。"[8] 作为新媒体艺术和数字艺术的先驱,里森的创作总是围绕女性主义、媒介、交互、监控等问题展开,与之类似的作品还有《深度接触》(*Deep Contact*, 1984)、《自己的房间》(*Room of One's Own*, 1993)、《美国最佳》(*America's Finest*, 1990—1994)等。[9]

格雷厄姆·温布伦(Grahame Weinbren)继与罗伯塔·弗里德曼(Roberta Friedman)合作了他们的第一部交互电影《魔王》(*The Erl King*, 1983—1986)之后,于1991年至1993年间创作了自己的第二部交互电影《奏鸣曲》(*Sonata*,图2)。温布伦的《奏鸣曲》与里森的《洛娜》的区别在于,前者的影像序列来自一个中心人物的个人故事,而后者的影像序列则综合了三个与性、性别、激情、暴力、权力有关的故事。《奏鸣曲》的交互影像装置包括一个框架结构、一个带有两个显示器的塔和一个监视器(交互显示器)。坐在监视器前的观众可以通过触摸显示器上的红外线场形成新的影像叙事线索,并使之呈现在另外两个显示器上。《奏鸣曲》的名字来自三个故事中的一个,列夫·托尔斯泰(Leo Tolstoy)的中篇小说《克勒采奏鸣曲》(*The Kreutzer Sonata*)[10],该小说讲述了一个男人在火车上为自己因怀疑妻子与一个小提琴家有染而杀死妻子的行为辩护的故事,他因此在法庭上被判无罪。与这个故事平行发展的另一个故事是《圣经》中记载的英雌犹滴(Judith)引诱并斩首巴比伦将军荷罗弗尼(Holofernes)的故事,她因此把人民从巴比伦王尼布甲尼撒

2 格雷厄姆·温布伦,《奏鸣曲》,1991年—1993年,影像截图。

(Nebuchadnezzar)的军队威胁中解救出来。穿插在这两个形式相似、主题相反的影像序列之间的是西格蒙德·弗洛伊德的著名心理分析案例《狼人》中"狼人"最初梦中的意象。正如温布伦所说:"在正常的电影环境中,一个事件的重要性主要取决于其语境:现在,在观众对序列的控制下,任何给定元素的重要性都会不断变化,从放映到放映。在这种情况下,观众对叙事事件的理解可能会发生根本性的转变,这完全基于对事情可能有所不同的认识。"[11]

托尼·德芙(Toni Dove)创作于1995年至2000年间的《人工换生灵》(Artificial Changelings)[12](图3)是她交互电影三部曲的第一部,另外两部是《分光镜》(Spectropia, 2001—2010)和《清醒的拥有》(Lucid Possession, 2009—今)。如果说温布伦《奏鸣曲》的叙事方式是通过触摸交互在三条线索之间反复切换形成叙事,那么德

3　托尼·德芙,《人工换生灵》,1995年—2000年,影像截图。

芙《人工换生灵》的叙事方式就是通过运动交互的"特雷门琴式"(theramin-like)控制形成由相同片段组成的不同叙事。德芙用"人工换生灵"来隐喻一位生活在19世纪巴黎百货公司兴起期间的盗窃狂阿拉图萨(Arathusa),阿拉图萨在梦中见到了一位生活在未来并肩负使命的加密黑客齐利斯(Zilith)。"人工换生灵"作为一种独特的隐喻,说明了从工业革命到现在的消费经济是如何塑造身份的。《人工换生灵》的交互影像装置通过运动传感系统跟踪站在弯曲背投屏幕前的观众的位置和运动。在每次30分钟的展示中,观众在地毯上三个区域(第一、二、三人称)的来回走动和做出的各种手势可以改变屏幕中人物的行为、场景的视角和故事的时代。"观众通过对他们的动作的反应,感受到与电影的微妙联系——仿佛他们被'卡'在了角色身上——当他们的动作痕迹出现在屏幕中的角色身上时,观众会在电影中流连忘返。"[13]

然而，贯穿 20 世纪八九十年代的《洛娜》《奏鸣曲》《人工换生灵》等交互影像装置的非线性叙事探索始终没有离开"白盒子里的黑盒子"这样一种美术馆电影的媒介形态，更广泛的探索发生在 20 世纪末出现的网络艺术中。索克·丁克莱（Söke Dinkla）认为，叙事视角变化唤起的一种不稳定认知是詹姆斯·乔伊斯（James Joyce）的小说尤其是 1922 年发表的《尤利西斯》（*Ulysses*）和 1939 年发表的《芬尼根的守灵夜》（*Finnegans Wake*）的重要特征。[14] 这个重要特征对 20 世纪末、21 世纪初的网络交互影像中的非线性叙事探索产生了重要的影响。

三、网络交互影像的非线性叙事

大卫·布莱尔（David Blair）于 1991 年发布了第一部独立制作的互联网故事片《蜂蜡或在蜜蜂中发现电视》（*Wax or the Discovery of Television Among the Bees*）。这部电影的核心人物是布莱尔扮演的雅各布·梅克尔（Jacob Maker），一位在 NASA 设计飞行模拟的程序员，他和祖父一样把研究蜜蜂作为一种爱好。他讲述了自己的生活和工作，并为未来的飞行员制定了培训计划，在一次梦境般的经历中，他的蜂巢将他带到过去。此后梅克尔开始对计算机模拟越来越敏感，并相信只有养蜂人的服装才能保护自己免受超自然的伤害。他认为蜜蜂在他的脑袋里植入了一颗水晶，使他总是进入一种梦境般的体验。梅克尔发现自己慢慢失去了对现实的控制，同时与在他的软件上运行的火箭的联系越来越紧密。最终，梅克尔变成了一个杀人武器。1993 年 5 月 24 日的《纽约时报》(New York Times) 评价这部时长 85 分钟的综合了数字动画片段、现成片段和真人实拍片段的邪典电影 (cult film) 的出现是一个"历史性的时刻"[15]。同年，布莱尔发布了《蜂蜡或在蜜蜂中发现电视》的超媒体 (hypermedia) 和超文本 (hypertext) 版本《蜂蜡网络》(Waxweb, 图 4)。这个包括 80000 个片段的版本被认为是第一部完整的交互在线故事片，并被反复引用为网络艺术的里程碑作品。自 1994 年至 1999 年，《蜂蜡网络》的网站由弗吉尼亚大学 (University of Virginia) 的人文高级技术研究所 (Institute for Advanced Technology in the Humanities) 托管，用户可以在网站中按照故事中每一步的选择确定顺序进行观赏。"《蜂蜡网络》明确地嵌入了数据库电影的观念，允许用户集合叙事的离散元素，这本身就反思了电影与电影摄影的历史。"[16]

像布莱尔的《蜂蜡网络》一样，詹妮弗·麦考伊和凯文·麦考伊夫妇 (Jennifer and Kevin McCoy) 的作品深受数据库电影观念的影响，总是寻求将新技术融入当代的文化，使用当代工具并质疑其对个人和集体文化的影响。2001 年，他们制作了一个带有电子雕塑的装置《一镜，一集》(Every Shot, Every Episode)。这件作品取材于自 1975 年 4 月至 1979 年 8 月在 ABC（美国广播公司）播出的警匪动作剧集《警界双雄》(Starsky & Hutch)。麦考伊夫妇从共 92 集每集 50 分钟的剧集中收集了 10000 个镜头，分为 278 个类别，并为每类镜头指定了一个关键词，比如"每个方格花纹""每套性感服

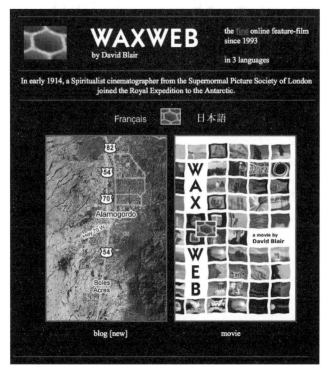

4 大卫·布莱尔,《蜂蜡网络》,1993 年,网页截图。

装""每辆黄色大众汽车"。每类镜头都被刻录在一张单独的视频 CD 上,以清晰、粗体的字母标记,并与一个专门设计的小型视频播放器一起安装在画廊中的架子上。观众可以选择视频 CD,通过视频播放器播放。[17] 同年,麦考伊夫妇制作了一款带有数字视频的交互在线软件《201:太空算法》(201: A Space Algorithm,图 5)。这件作品取材于 1968 年斯坦利·库布里克(Stanley Kubrick)指导的经典科幻电影《2001:太空漫游》(2001: A Space Odyssey)。通过这款软件,用户可以随心所欲地重新编辑《2001:太空漫游》,压缩或扩展电影的运行时间并综合生成图像之间的并置。"用户不仅控制着叙事的空间组件,而且控制着叙事的时间构建,这质疑了电影的时空范式。"[18]

尼克·克罗(Nick Crowe)于 2000 年发布的《离散数据包》(*Discrete Packets*,图 6)是一部由 DA2 数字艺术发展机构委托的为视频正片(VideoPositive)公司制作的在线电影,是最早结合了电影与网络浏览器语言的"互联网电影"之一。《离散数据包》以一个基于网景浏览器(Netscape)的设计风格庸俗的个人主页的形式呈现(使用 Macromedia Director 软件 [19] 创建)。个人主页的主人鲍勃·泰勒(Bob Taylor)来自曼彻斯特,一直在寻找他自 1984 年以来失踪的女儿安吉拉(Angela)并不断发布求助信息。点击个人主页,用户可以跟踪他的寻找,从这个网站进入其他真实的网站,比如寻找失踪者的网站,在那里的确可以找到安吉拉的名字。有人从世界各地给鲍勃发来提示或诅咒的电子邮件,最终有人给他发来邮件说知道他女儿的下落,安吉拉现在是一位性工作者,在佛罗里达为一个色情网站工作,如果需要可以提供网站地址。鲍勃登录之后告诉安吉拉,他是她的父亲。克罗将网络作为探索更广泛文化问题的媒介,《离散数据包》将电影拍摄与一个运行正常的搜索引擎和色情网站结合起来,创建了一个使用浏览器的导航功能就可以驱动故事讲述的杂糅了事实和虚构的复杂网络。

索克·丁克莱认为,乔伊斯小说中叙述视角变化唤起的一种不稳定认知的重要特征,经过 1965 年泰德·尼尔森创造的"超文

5　詹妮弗·麦考伊和凯文·麦考伊,《201：太空算法》, 2001 年, 网页截图。

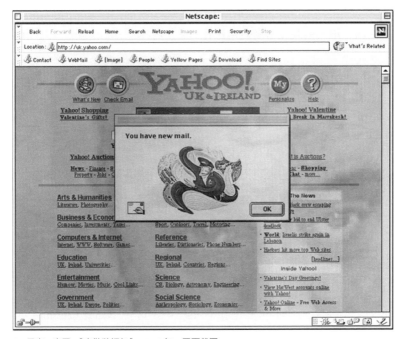

6　尼克·克罗,《离散数据包》, 2000 年, 网页截图。

本""超媒体"术语和 1977 年吉尔·德勒兹（Gilles Deleuze）、皮埃尔 – 菲利克斯·加塔利（Felix Guattari）构思的"根茎"隐喻，对 20 世纪末、21 世纪初的交互媒体、网络艺术和录像艺术产生了重要的影响。他在《虚拟叙事：从讲故事的危机到具有心理潜能的新叙事》(Virtual Narrations: From the Crisis of Storytelling to New Narration as a Mental Potentiality）一文中写道："叙事的内容，不再被线性地组织，而是变成了动态的和波动的。当作者讲述故事时，故事还没有完全浮出水面，只有当与读者交互时，故事才会完全浮出水面，此时的读者已经从一个含蓄的读者变成了一个用户。"[20]

四、电影游戏化与游戏电影化

在上述以装置为主要媒介的交互影像案例中，林恩·赫什曼·里森的《洛娜》、格雷厄姆·温布伦的《奏鸣曲》、托尼·德芙的《人工换生灵》通过遥控、触摸、运动等方式探索了多结局、多线索、多人称的非线性叙事方法；而在上述以网络为主要交互媒介的交互影像案例中，大卫·布莱尔的《蜂蜡网络》、詹妮弗·麦考伊和凯文·麦考伊的《201：太空算法》、尼克·克罗的《离散数据包》则通过超媒体、超文本、超剪辑等非线性叙事方法反思了电影的历史、质疑了电影的范式、提示了电影的未来。

"电影游戏化"的探索可以追溯至世界上第一部交互电影（interactive film），该电影是拉杜兹·钦切拉（Radúz Çinçera）于 1967 年在蒙特利尔世博会捷克斯洛伐克馆首次展示的《自动电影：

一个男人和他的房子》(Kinoautomat: Člověk a jeho dům)[21]。电影会在 9 个情节节点停下来，主持人会出现在舞台上邀请观众通过座椅扶手上的红绿两个按钮在两个场景之间进行选择，最终观众的投票会决定下一个情节的走向。然而，这是一部黑色喜剧，导演和编剧的精心设计使得观众无论选择了两个场景中的哪一个，最终都会回到同样的下一个情节，投票的执行是通过放映员在两台同步放映机之间切换一个镜头盖实现的。电影以米罗斯拉夫·霍尼切克（Miroslav Horníček）扮演的佩特尔·诺瓦克（Petr Novák）的公寓着火开始，无论如何选择，结局还是他的公寓着火。因此迈克尔·奈马克（Michael Naimark）认为："最终，艺术性不在交互中，而在交互的幻觉中。这部电影的导演拉杜兹·钦切拉将其作为对民主的讽刺，每个人都投票，但没有任何区别。"[22] 尽管《自动电影：一个男人和他的房子》的探索精神获得了业内的一致好评，但是这部电影 1971 年在布拉格上映，1972 年就被当局禁止放映。2018 年底，网飞（Netflix）公司上线了一部交互电影《黑镜：潘达斯奈基》(Black Mirror: Bandersnatch)。《黑镜：潘达斯奈基》时长 90 分钟，交互总时长 312 分钟，共五种主要结局，菲恩·怀特海德（Fionn Whitehead）扮演的斯特凡·巴特勒（Stefan Butler）是一位年轻的程序员，他在 1984 年打算把一本名为《潘达斯奈基》的黑暗奇幻小说改编成一款同名游戏[23]，随着故事的展开真实的世界与虚拟的世界开始混合在了一起，变得一发不可收拾。虽然在网络平台发布的这部交互电影与 51 年前的《自动电影：一个男人和他的房子》相比，已经发生了巨大的变化，但是作为独立单元剧《黑镜》系列之一，这部"形式大于内容"的交互电影获得的评价远远不如其他五季和圣诞特别篇。然而，重要的是这种跨越51年的艰难探索提示出一种从"电影游戏化"走向"游戏电影化"的趋势。

"游戏电影化"的最早探索以电影电子（Cinematronic）公司于1983年发行的单线索游戏《龙穴历险记》（Dragon's Lair）和于1984年发布的多线索游戏《太空王牌》（Space Ace）两款动作/冒险类电影游戏（movie game）为代表。"游戏是数字艺术史的重要组成部分，因为它们很早就探索了许多现在交互艺术中常见的范式。"[24] 对游戏而言，交互元素是与生俱来的，因此从20世纪80年代开始的电影游戏的主要工作就是通过激光光盘播放动画或真人实拍电影，在交互的过程中融入更多更好的电影元素。2000年之后，一系列高水平的动作/冒险类电影游戏涌现出来，比如量子梦境（Quantic Dream）公司开发的《靛青预言》（Indigo Prophecy, 2005）、《暴雨杀机》（Heavy Rain, 2010）、《超凡双生》（Beyond: Two Souls, 2013）、《底特律：变人》（Detroit: Become Human, 2018），又比如特大质量游戏（Supermassive Games）公司开发的《直到黎明》（Until Dawn, 2015）和《隐藏日程》（Hidden Agenda, 2017）。其中最受好评的是《底特律：变人》，不仅因为其巧妙的人物和情节设定，而且因为其精彩的视觉和声音效果。故事围绕2038年底特律大量仿生机器人中的三个展开：为了探寻自己新产生的人工意识而逃离雇主的卡拉（Kara），追捕像卡拉那样的异常仿生人的康纳（Connor），致力于解救被奴役的仿生人的马库斯（Markus），玩家的选择将决定三个主要人物的命运。对比同样出现在 2018 年的《底特律：变人》和交互电影《黑镜：潘达斯奈基》，前者解决了后者情节重复的问题，同时创造了一种身临其境的电影视听体验，因此成为"游戏电影化"取代"电影游戏化"的一个范例。

五、社交媒体中的非线性叙事

在某种意义上说，基于网络平台和移动设备的社交媒体与电影产业的交互电影和游戏产业的电影游戏相比，其交互体验是更加面向过程的、基于时间的、动态的和实时的，因此是更加激进的。20 世纪 90 年代，3D 虚拟社区逐渐取代了之前的 2D 聊天环境和更早的文本在线 MUD 和 MOO[25]。2003 年，由林登实验室（Linden Lab）开发和维护的虚拟世界《第二人生》(Second Life) 因在 2006 年和 2007 年被主流新闻媒体报道而广受关注。此时，很多艺术家已经开始在其中进行关于"化身"的创作。

伊娃·马特斯和佛朗哥·马特斯（Eva and Franco Mattes，又名 0100101110101101.org）在《第二人生》的非线性叙事中探索了肖像绘画与肖像摄影的历史，行为艺术与录像艺术的历史，虚拟与真实的关系，以及社交媒体作为艺术创作替代空间的可能。他们于 2006 年创作的《13 个最美的化身》(13 Most Beautiful Avatars) 是在《第二人生》中"拍摄"的明星化身的"肖像"，并以数字印刷的形式输出在画布上进行展示。作品的名字暗示出其与安迪·沃霍尔的《13

个最美的男孩和 13 个最美的女人》(*The 13 Most Beautiful Boys and The 13 Most Beautiful Women*)之间的联系。他们于 2007 年创作的《重演》(*Reenactments*)系列(图 7)是在《第二人生》中直播对玛丽娜·阿布拉莫维奇(Marina Abramovic)与乌雷(Ulay)的《无量之物》(*Imponderabilia*)、吉尔伯特与乔治(Gilbert & George)的《歌唱雕塑》(*The Singing Sculpture*)、维托·阿肯锡(Vito Acconci)的《温床》(*Seedbed*)、克里斯·伯顿(Chris Burden)的《枪击》(*Shoot*)、瓦莉·艾丝波尔(Valie Export)与彼得·魏贝尔(Peter Weibel)的《触摸影院》(*Tapp und Tastkino*)等经典作品的重新表演。直播期间,世界各地的观众都可以参与其中。此后,直播视频被制作成一段记录"行为"的"录像",并在网络上进行传播。[26]

大约与此同时,曹斐开始化身"中国·翠西"(China Tracy)在《第二人生》中漫游、生活、工作、创作。2007 年,她将在这个虚拟世界中的漫游和生活制作成一部颇具史诗意味的三段式引擎电影《我·镜》(*I Mirror*),表现了她对科技快速发展的关注与思考:"我时常想象在那些空洞数据背后的人类,所有那些孤寂的灵魂。我们不再是原来的我们,但我们也从未改变。"[27]《我·镜》是"人民城寨"(RMB City)项目的第一件作品,此后曹斐开始在《第二人生》的虚拟世界中营建混合了各种当代中国地标建筑、烂尾楼、城中村的"人民城寨",邀请艺术家、策展人、研究者、收藏家、艺术机构参与创作特别项目,与自己现实中刚刚出生的孩子的虚拟对应者"中国·山"(China Sun)展开对话,接受《今夜现场》节目的采访,

7　伊娃·马特斯和佛朗哥·马特斯,《重演：克里斯·伯顿的枪击》,2007 年,装置现场。

为《周末画报》拍摄时尚大片等,并将这些过程制作成引擎电影和数字摄影甚至戏剧表演,围绕"人民城寨"项目衍生出一系列关于社交媒体的非线性叙事作品。

自 2010 年林登实验室宣布裁员 30% 和 2013 年改变服务条款以便能够出于任何目的使用用户生成的内容以来,《第二人生》的实际活跃用户数量开始下降。但是越来越多的艺术家开始以各种形式创作带有社交媒体性质的作品和项目。创立于 2017 年,现由李汉威、刘树臻、方阳、善良共同运营的"史莱姆引擎"(www.slimeengine.com)就是一个线上的平台性组织,他们既是"语境提供者"也是"内容提供者",试图利用不受时空限制的虚拟世界开发各种各样前所未有的作品创作、展览策划和观展形式,比如他们策划的"海洋"（Ocean，2019）及其升级版"海洋 2.0"（Ocean，2021）两个线上展览就是邀请 100 位艺术家在他们创造的数字"海洋"中展示自己的数字艺术作品。

六、结语

综上所述，回顾数字艺术中交互影像非线性叙事的探索历程可以发现，真正意义上的交互影像诞生在新媒体艺术和数字艺术的语境中，计算机艺术和媒体艺术、影像艺术的发展为交互影像的出现奠定了基础。与注重身体和表演的交互艺术不同，强调影像和叙事的交互艺术经过长期探索先后在数字艺术领域形成了以线下交互影像装置为媒介的非线性叙事实验和以线上网络交互影像为媒介的非线性叙事实验两条线索。这两条线索与先后发生在电影产业的"电影游戏化"的交互电影和发生在游戏产业的"游戏电影化"的电影游戏两条线索相互映射，提示出交互艺术尤其是交互影像创作的一种未来趋势。1999 年由达西·迪努奇（Darcy DiNucci）创造、2004 年由奥莱利媒体（O'Reilly Media）公司推广的"Web 2.0"一词定义了一个基于网络平台和移动设备的社交媒体时代。无论"元宇宙"和"NFT"是否为昙花一现，艺术家在诸如社交媒体之类交互性更加激进的替代空间围绕交互影像展开的实验都将持续为非线性叙事的探索贡献新的可能。

注释

[1] 1901 年的《哲学与心理学词典》将交互定义为"两个或多个相对独立的事物或变化系统之间的关系,它们相互促进、阻碍、限制或以其他方式相互影响",并列举了身心关系以及物体在环境中和与环境之间的交互,这也通常被称为"互惠"。James Mark Baldwin, "Interaction," in *Dictionary of Philosophy and Psychology, volume I* (Oxford: Macmillan, 1901), p.561f.

[2] 又名《精密光学》(Precision Optics)。

[3] 列夫·马诺维奇:《新媒体的语言》,车琳译,贵州人民出版社,2020,第 20 页。

[4] 参见 https://whitney.org/essays/histories-of-the-digital-now (2023 年 2 月 26 日访问)。

[5] Nathaniel Stern, *Interactive Art and Embodiment: The Implicit Body as Performance* (Canterbury: Gylphi Limited, 2013).

[6] "Interactive Art: Interventions in/to Process," in *A Companion to Digital Art*, ed. Christiane Paul (Hoboken: John Wiley & Sons, Inc., 2016), p.310.

[7]《洛娜》最初使用的视频光盘是激光光盘(LaserDisc),随着技术的发展,2004 年该作品的视频光盘被更换为 DVD 光盘。

[8] 参见 https://whitney.org/exhibitions/Programmed?section=4&subsection=4#exhibition-artworks (2023 年 3 月 2 日访问)。

[9] https://www.lynnhershman.com/project/interactivity/ (2023 年 3 月 3 日访问)。

[10] 该小说的名字来自贝多芬的《A 大调第 9 号小提琴奏鸣曲》,作品 47。该作品因其技术难度、时间长度(约 40 分钟)和情感范围而闻名,又名《克勒采奏鸣曲》,是献给小提琴家鲁道夫·克勒采(Rodolphe Kreutzer)的,但是克勒采并不喜欢这首曲子,因此拒绝演奏。

[11] http://grahameweinbren.com/GW_Papers/NavigatingOcean.html (2023 年 3 月 4 日访问)。

[12] "换生灵"在历史上也被称为"auf"或"oaf",是一种欧洲民间传说和宗教中的类人生物,据说精灵会把人类的漂亮孩子偷走,留下一个丑陋的精灵一样的孩子,这个精灵一样的孩子就是换生灵。换生灵的故事经常出现在中世纪文学中,比如《格林童话》中的小仙人故事。换生灵的故事反映了当时人们对患有无法解释的疾病、紊乱或发育障碍的婴儿的关注。

[13] https://tonidove.com/artificial-changelings/text/(2023年3月4日访问)。

[14] 参见 http://www.mediaartnet.org/themes/overview_of_media_art/narration/ (2023年3月4日访问)。

[15] John Markoff, "Cult Film Is a First On Internet," *New York Times*, May 24, 1993.

[16] 克里斯蒂安妮·保罗:《数字艺术:数字技术与艺术观念的探索(原书第3版)》,李镇、彦风译,机械工业出版社,2021,第106页。

[17] 参见 https://www.mccoyspace.com/project/51/(2023年3月6日访问)。

[18] 同 [16],第107页。

[19] 1985年名为"VideoWorks",1988年名为"Director",1993年名为"Macromedia Director",2008年名为"Adobe Director"。

[20] http://www.mediaartnet.org/themes/overview_of_media_art/narration/(2023年3月8日访问)。

[21] 导演除拉杜兹·钦切拉之外,还有扬·罗哈克(Ján Rohác)和弗拉基米尔·斯维塔切克(Vladimír Svitácek)。

[22] http://www.naimark.net/writing/badidea.html(2023年3月8日访问)。

[23] 《潘达斯奈基》是想象软件(Imagine Software)公司计划在1984年发布的一款真正的电子游戏的名字,但是因该公司破产而未发布,该游戏的名字来自刘易斯·卡罗尔(Lewis carroll)创作的一种生物。

[24] 同 [16],第197页。

[25] MUD:原指多用户迷宫(Multi-User Dungeon),后指多用户空间(Multi-User

Dimension）或多用户领土（Multi-User Domain）。MOO：指面向对象的 MUD（MUD, object-oriented）。

[26] 参见 https://0100101110101101.org/works/（2023 年 3 月 9 日访问）。

[27] UCCA 尤伦斯当代艺术中心编《曹斐：时代舞台》，浙江摄影出版社，2021，第 185 页。

本文发表于《影视文化》第 28 辑

从实际出发
——"中国新媒体艺术教育 20 年"综述

李镇　彦风

内容摘要：自 2021 年至 2023 年，我们完成了一个名为"中国新媒体艺术教育 20 年"的调研项目。本文是对这一项目的阶段性综述，旨在回顾这一项目的入口、框架、分期、延展和思考。通过对 28 位一线艺术工作者、教育工作者和机构工作者的访谈，我们试图以相对独立的学术研究立场，呈现一幅由生动个案编织的 20 年艺术教育以及泛艺术教育实践的全景画，揭示个人艺术创作与学院教育教学之间相互影响的复杂关系，辨析实验艺术和跨媒体艺术以及相关学科概念的生成与演化，为中国未来新媒体艺术教育提供一种参考。

关键词：艺术教育；新媒体艺术；数字艺术；艺术与科技

入口

2021 年 6 月，我与好友、同事彦风得到中国艺术研究院院级学术研究项目和北京师范大学未来设计种子基金项目的支持，开启了一个名为"中国新媒体艺术教育 20 年"的调查研究项目。该项目的缘起是我于 2020 年调入中国艺术研究院，在刚刚更名不久的摄影与数字艺术研究所从事数字艺术和新媒体艺术的相关研究工作。在规划研究路径和工作线索的过程中，我们意识到，如果试图为建设中国艺术学学科体系、学术体系、话语体系做出一些努力，那么国外理论著作的翻译和国内艺术实践的调研就是同等重要的，而且可以在二者的相互比对中发现问题。对于前者，我们启动了"视觉媒介文化译丛"和"数字艺术系列教材"两个翻译项目；对于后者，调研的一个重要的组成部分就是回顾中国过去 20 年新媒体艺术教育的发展历程。

之所以将"艺术教育"作为我们的考察对象，不仅因为今天几乎所有重要的中国新媒体艺术家都在 20 世纪 70 年代、80 年代、90 年代和 21 世纪 00 年代经历过学院教育，无论他们的专业背景是国画、油画、版画、雕塑还是其他，而且因为他们中的大多数在世纪之交回到学院，将自己丰富的艺术实践带入教育实践，培养出来大量今天活跃在国内外艺术领域的 70 后、80 后、90 后、00 后新媒体艺术家。在某种程度上说，他们的艺术与教育实践可以映射出过去 20 年中国艺术教育中社会实践与学院实践、艺术工作者与教育工作者、当代艺术与媒体艺术、小写艺术家与大写艺术家的一系列复杂关系。

曾任中国美术学院跨媒体艺术学院院长的管怀宾认为，作为一位艺术教育的管理者和工作者，他始终在处理的一个重要问题就是

"融超经验——消化观念、技术的流变与普适性专业构建的矛盾"[1]。换句话说,中国当代艺术教育面临的一个主要矛盾就是社会(江湖)实践的流变性与学院(庙堂)实践的普适性之间的矛盾。从2023年的《普通高等学校本科专业目录》看,与新媒体艺术有关的专业包括2013年设立的实验艺术、2015年设立的跨媒体艺术、2022年设立的科技艺术,以及2002年设立的数字媒体艺术、2012年设立的艺术与科技、2016年设立的新媒体艺术六个专业。其中,前三个属于美术学类,都是特设专业和国家控制布点专业,后三个属于设计学类,除数字媒体艺术是基本专业之外都是特设专业。这些专业虽然概念和能指不同,但是范畴和所指相似,而分属美术学和设计学的布局则呈现出两个一级学科在争取教育资源上的对立与竞争关系。当然,设计学科相关专业的设立普遍早于美术学科的一个重要原因是前者比后者更早接触到计算机、互联网等新兴科技,这一点在欧美和中国都是如此。比学科概念更加复杂的是艺术概念。时任中央美术学院实验艺术学院院长的邱志杰在《科技艺术的概念》一文中以口语写作和名词解释的方式阐述了与之有关的14个概念,最终提出"科技艺术"的概念和谱系,作为申报科技艺术专业的铺垫[2]。对此,独立策展人、艺术家曹恺通过两篇文章迅速做出回应并进一步讨论了这些该概念[3]。

如何在这些错综复杂的概念中找到入口,进入我们的调研?或许惠特尼美国艺术博物馆数字艺术策展人、新学院媒体研究学院教授克里斯蒂安妮·保罗的观点值得借鉴。保罗在《数字艺术》

(*Digital Art*)一书中认为数字艺术的历史受到科技史和艺术史的双重影响和塑造,并将数字艺术理解为一种结合了当代艺术观念与数字媒介技术的艺术。按照她的观点,广义的新媒体艺术包括模拟时代的电影、录像、声音艺术和其他混合形式,以及数字时代的数字艺术。广义的数字艺术包括"使用数字技术作为一种工具创作更加传统的艺术作品——比如摄影、印刷或雕塑——的艺术,以及通过数字技术创作、存储和分布并以其特性为自身媒介的数字原生的、可计算的艺术"。[4] 后者可以被认为是狭义的数字艺术和新媒体艺术。新媒体艺术(媒体艺术)、艺术与科技、数字艺术是保罗常用的概念,也是欧美学界常用的概念。有趣的是,在中国的艺术教育领域,这样三个概念成为设计学科三个专业的名称,而当我们考察艺术(美术)学科时则发现,在做相关教育实践的恰恰是实验艺术、跨媒体艺术、科技艺术三个专业,尽管它们在建立之初大都使用了新媒体艺术、艺术与科技、数字艺术的概念。因此,我们选择了在中国出现最早、最具批判性、包容性、过程性、相对性的"新媒体艺术"作为我们这个艺术教育调研项目的名称。

框架

基于这些最初的思考以及在项目的展开、推进过程中形成的进一步思考,我们为这个项目确定了包括六个方面的基本框架:第一,该项目旨在对中国新媒体艺术教育过去 20 年的发展线索进行一次回顾性的记录与梳理。所谓"20 年"的起点无疑是 2001 年中国美术学院新媒体艺术研究中心的成立或 2003 年新媒体艺术系的成立,那么其终点当然就是 2020 年或 2022 年。在从 2021 年到 2023 年的三年里,我们克服新冠疫情期间遇到的重重困难完成了这一项目。第二,该项目以艺术教育工作者个体为中心,注重个人艺术创作与学院教育教学之间的关系。尽管开始我们想以学院为中心,但是很快发现,决定各个学院学科、专业不同基因的其实是一个一个具体的人,而且是那些身在一线的艺术教育管理者和工作者,因此,我们将焦点转移到这些具体的人,试图通过他们呈现创作与教学如何相互影响这样一个核心问题。第三,该项目围绕学院新媒体艺术教育展开,包括学院内外艺术教育以及泛艺术教育的实践。我们调研的实践者包括三类:第一类是相关院、系、工作室的创立者和负责人;第二类是在学院并不主流甚至边缘,但影响了很多人的教师、艺术家,以及离开学院和回到学院的艺术家;第三类是注重培养年轻艺术家的独立空间、画廊和美术馆等艺术机构的主要负责人。第四,该项目涉及实验艺术和跨媒体艺术两个主要二级学科,同时对相关学科概念进行辨析。实验艺术和跨媒体艺术的学科概念被大多数美术学院采用,但是在过去 20 年的发展历程中,新媒体艺术、数字媒体艺术、艺术与科技以及科技艺术、社会性艺术甚至现代艺术、当代艺术作为替代性学科概念发挥了各自的作用,它们产生和消失的语境值得我们进一步辨析。第五,该项目以口述历史和田野调查的方法推进,以访谈录、纪录片和调研报告的形式呈现。我们用三年时间采访了 28 位艺术工作者、教育工作者和机构工作者,涉及 10 个城市[5]的14家机构[6],编辑制作了由26篇访谈和3篇附录组成的两辑访谈录《中国新媒体艺术教育20年》,以及由24集访谈组成的同名系列纪录片[7]。第六,该项目强调相对独立的学术研究立场,试图为中国未来新媒体艺术教育提供一种参考。作为一家独立于美术学院系统的国家级综合性学术机构的研究人员,我们希望以一种相对独立、客观、公正的立场展开、推进这一项目,期待从中生长出来的一系列学术研究成果能够成为中国艺术教育在回望过去中走向未来的一份有益的参考。

分期

根据27篇访谈和3篇附录的内容,我们将过去20年中国新媒体艺术教育在学院的发展历程初步分为四个阶段:

准备期(2001—2005):中国美术学院于2001年成立新媒体艺术研究中心,并在此基础上于2003年成立新媒体艺术系,张培力任系主任,同年,将综合绘画系更名为"综合艺术系",陈守义任系主任,下设综合绘画、综合造型、总体艺术三个工作室;天津美术学院于2002年成立现代艺术学院,邓国源任院长,于2004年下设数字媒体艺术系,由张锰主持;湖北美术学院于2002年在油画系下设影像媒体专业,由袁晓舫主持,于2005年与国画系下设的动画专业合并成立动画学院,魏光庆任院长;北京电影学院于2004年在美术系下设新媒体艺术专业,由刘旭光主持;中央美术学院于2005年在油画系下设实验艺术工作室,由吕胜中主持;复旦大学视觉艺术学院于 2005 年成立，在新媒体艺术学院下设数字媒体艺术专业，由胡介鸣主持。

启动期（2006—2010）：中央美术学院于 2007 年在实验艺术工作室基础上成立实验艺术系，吕胜中任系主任；华东师范大学于 2009 年在设计学院公共艺术系设立公共艺术设计专业方向，邱岸雄在此任教；中国美术学院于 2010 年整合新媒体艺术系、综合艺术系的综合造型和总体艺术工作室以及展示文化研究中心，成立跨媒体艺术学院，许江任院长，下设具体媒介（张培力主持）、实验影像（杨福东主持）、开放媒体（姚大钧主持）、空间多媒体（管怀宾主持）、总体艺术（邱志杰主持）五个工作室，以及当代艺术与社会思想研究所（高世名主持）、基本视觉研究所（耿建翌主持）、跨媒体艺术研究中心（吴美纯主持）、展示文化研究中心（高世名主持），另有八个实验室；四川美术学院于 2010 年整合油画系的实验性课程和影视动画学院的摄影专业，成立新媒体艺术系，在新媒体艺术专业下设互动媒体和实验动画两个专业方向，由张小涛主持；广州美术学院于 2010 年整合设计学院基础部、油画系第五工作室、美术教育系资源，成立实验艺术系，冯峰任系主任。

发展期（2011—2015）：2011 年，中国美术家协会成立实验艺术委员会，谭平任主任；天津美术学院于 2011 年将现代艺术学院更名为"新媒体艺术学院"，于 2014 年将新媒体艺术学院更名为"实验艺术学院"，形成基础部和综合艺术、摄影艺术、动画艺术、影像艺术、移动媒体艺术五个系的框架；湖北美术学院动画学院于 2012

年增设数字媒体艺术专业，形成基础教研室和数字媒体、影像媒体、动画三个专业的框架；2013年，实验艺术被列入本科专业目录；中央美术学院于2014年在实验艺术系基础上成立实验艺术学院，吕胜中任院长，于2015年开始进行本科独立招生；2015年，跨媒体艺术被列入本科专业目录；中国美术学院于2015年将跨媒体艺术学院原有的工作室、研究所和研究中心调整为实验艺术（邱志杰、高世强主持）、开放媒体（姚大钧主持）、媒介展演（牟森主持）三个系，以及当代艺术与社会思想（高世名主持）、基本视觉（耿建翌、张培力主持）、总体艺术（邱志杰主持）、空间影像（高世强主持）、网络社会（黄孙权主持）五个研究所，另有八个实验室，高世名自2012年开始任院长，管怀宾自2016年开始任院长。

转型期（2016—2020）：鲁迅美术学院于2016年成立当代艺术系，只招收硕士研究生，陈小文任系主任，张丹自2019年开始任系主任；四川美术学院于2016年在新媒体艺术系新媒体艺术专业下设跨媒体艺术、艺术与社会、艺术与科技三个方向，李川任系主任，于2019年在新媒体艺术系的基础上成立实验艺术学院，李川任院长；西安美术学院于2017年在美术教育系的基础上成立实验艺术系，下设绘画专业（综合材料绘画方向）和实验艺术专业，武小川自2019年开始任系主任；中央美术学院于2017年在实验艺术学院下设实验艺术、科技艺术、社会性艺术三个专业方向，邱志杰自2016年开始任院长；广州美术学院于2018年在实验艺术系的基础上整合戏剧与影视艺术专业、摄影与数字艺术专业，成立跨媒体艺术学院，冯峰任院长，下设实验艺术、摄影、戏剧舞美、影视摄影与制作四个专业；中国美术学院于2020年在跨媒体艺术学院增设自由艺术工作室，由张辽源、蒋竹韵主持。

当然，2020年之后的中国新媒体艺术教育在学院继续发生着一些变化，比如：鲁迅美术学院于2021年将当代艺术系更名为"实验艺术系"，开始招收本科生；湖北美术学院于2021年将动画学院更名为"动画与数字艺术学院"，于2022年再次更名为"影视动画学院"；2022年，科技艺术被列入本科专业目录；同年，中央美术学院将实验艺术学院更名为"实验艺术与科技艺术学院"；西安美术学院于2023年在实验艺术系的基础上整合公共艺术系，成立跨媒体艺术系，王檬檬任系主任。甚至，中国新媒体艺术教育在学院的产生可以追溯至更早几个重要事件的影响：1988年张培力创作了第一件录像艺术作品《30×30》；1996年吴美纯和邱志杰策划了第一个录像艺术展"现象·影像"；1999年北京的"后感性"和上海的"超市：当代艺术展"两个展览一北一南遥相呼应；2000年第三届上海双年展"海上·上海"首次以官方的名义建立了策展人制度并展出了摄影、装置、录像、建筑作品，与之平行发生的展览还有"不合作方式"和"有效期"。因此，将20年分为四个时期只是一个初步的划分，这一项目涉及的时间范围其实包括从20世纪80年代末到21世纪20年代初的三十余年。

延展

通过创作和展览带动教学是新媒体艺术教育最有效的路径，这是这一项目中受访人的一个共识。在过去 20 年中，除一年一度的毕业展之外，很多学院逐步建立了一系列展览和会议的品牌，成为展示教育教学成果、促进国际国内交流的重要平台，比如：中国美术学院的三届"新媒体艺术节"[8]，四届"感受力论坛"[9]，六届"CAA 国际跨媒体艺术节"[10]，七届"网络社会年会"[11]；中央美术学院的四届"学院实验艺术文献展"[12]和两届"中国学院实验艺术教育大会"[13]，四届"EAST– 科技艺术季"[14]；北京电影学院的五届"北京电影学院国际新媒体艺术三年展"[15]；四川美术学院的五届"国际新媒体艺术论坛"[16]；西安美术学院的五届"关中忙罢艺术节"[17]；鲁迅美术学院的两届"LINK·东北青年当代艺术创作计划"[18]。这些品牌活动的建立与这些学院的影响力以及投入的财力、人力、物力有关，但都结合新媒体艺术、艺术教育、跨媒体艺术、实验艺术、科技艺术、社会性艺术以及当代艺术形成了各自兼顾全球与在地的品牌特色。

在学院之外的泛艺术教育同样重要。张尕于 2004 年、2005 年、2006 年在中华世纪坛艺术馆策划的三届"北京国际新媒体艺术展暨论坛"[19]，2008 年、2011 年、2014 年在中国美术馆策划的三届"国际新媒体艺术三年展"[20]，2023 年在深圳市当代艺术与城市规划馆策划的"真实的拓扑：媒体艺术深圳 2023-ZKM 运动中的艺术：媒体艺术杰作之旅"，以及他自 2015 年在上海新时线媒体艺术中心

（CAC）担任艺术指导以来策划的一系列展示、研究、创作、学术交流活动[21]和自2021年发起的媒体艺术研究与教学资源线上项目"媒体艺术21：2000年以来全球媒体艺术实践与反思，及其教学探索"[22]以一种全球视野和系统方法为新媒体艺术（媒体艺术）在中国的发生和发展做出了贡献。董冰峰是自2000年以来中国影像艺术和当代艺术的亲历者和见证者，从自我组织的"自由电影"到广东美术馆、UCCA尤伦斯当代艺术中心、伊比利亚当代艺术中心、栗宪庭电影基金会、OCAT研究中心、谢子龙影像艺术馆，从2010年的"从电影看：当代艺术的电影痕迹与自我建构"、2011年的"中国影像艺术1988—2011"、2016年的"屏幕测试：20世纪80年代以来的华人录像艺术"到2021年的"我们，集体"和2022年的"身体·宇宙：共同生活的艺术"，以及"蜜蜂文库·当代艺术"丛书，他的一系列机构、展览、研究、出版工作呈现出中国当代艺术与影像艺术交织缠绕的探索之路。当然，张尕作为中央美术学院的特聘教授，董冰峰作为中国美术学院的客座研究员，都与学院和艺术教育保持着密切的联系。同时，我们采访了外交公寓12号空间、没顶公司、UCCA尤伦斯当代艺术中心三家艺术机构的负责人彭晓阳、徐震、田霏宇，以独立空间、画廊、美术馆培养年轻艺术家的案例作为学院艺术教育的补充。比较遗憾的是三位对中国艺术教育有重大贡献的艺术教育工作者耿建翌、黄小鹏、吕胜中分别在2017年12月5日、2020年10月7日、2022年10月26日离开了我们，因此我们在这一项目中加入了三篇附录，作为对他们的纪念。

思考

在我们展开调研的三年中，中国当代艺术教育的话题始终受到艺术圈的关注，比如2021年2月18日至26日ARTFORUM艺术论坛中文网微信公众号连续发布了"教育力"专题的九篇短文；比如广东时代美术馆举办了由翁子健策划的"别杀我，我还在爱！——致敬黄小鹏"（2021年9月25日—2021年11月7日），并举办了"线上论坛：艺术家谈千禧年代以来中国的当代艺术教育"；比如上海当代艺术博物馆（PSA）举办了由凯伦·史密斯（Karen Smith）和杨振中策划、张培力担任特别顾问的"他是谁？——耿建翌作品回顾展"（2022年11月10日—2023年2月12日），之后又在UCCA尤伦斯当代艺术中心巡展（2023年3月18日—2023年6月11日），两家机构围绕这个展览举办了大量讲座、对话、工作坊和影像艺术交流；比如中央美术学院、景德镇陶瓷大学、景德镇陶文旅控股集团有限公司共同举办了"新青年——第四届学院实验艺术文献展暨第三届中国学院实验艺术教育大会"（2022年3月15日—2022年7月15日）；比如中国美术学院跨媒体艺术学院举办了"感受力论坛2023——作为教育的艺术 & 作为艺术的教育"（2023年4月15日—2023年4月16日）。

结合这些活动的启发和我们调研的展开，我们发现了一些问题。从教师的角度看，这些受访人虽然在教学和创作上的侧重点各有不同，但大多数都首先是有丰富艺术实践的艺术家，然后通过教师的身份把自己对艺术和教育的理解带入学院的教育实践，这是过去 20 年中国新媒体艺术教育的一个明显特点。然而未来受到进人制度和评价体系的影响，学院里的"职业"的教育工作者可能越来越多，"活跃"的艺术工作者可能越来越少，这似乎又是一个明显的趋势。从学生的角度看，通过这些受访人我们知道，今天的学生中几乎没人以"艺术家"为终极目标，他们中的大多数希望毕业之后继续升学，在国内国外读硕士、读博士，然后进入政府、国企、私企和学校，找到一份"好工作"是每个人的基本追求，至于能否继续在艺术领域深耕细作要看条件和机会。这种选择与今天社会、家庭甚至学校的评价体系有关，对极少数以艺术家为理想的学生提出了挑战。此外，随着调研的推进，我们越来越意识到无论新媒体艺术、艺术与科技、数字媒体艺术，还是实验艺术、跨媒体艺术、科技艺术，所有学科概念都是从实际出发的产物，这个"实际"包括时代、国家、地域、学院自身的文脉和构成学院的个体。我们认为，未来的学科概念和艺术概念也许不应被归纳为一个或几个，而应更加流动和多元，因为只有流动和多元才可能激发生机和活力。

对于"中国新媒体艺术教育 20 年"这个项目，我们其实抱有一个非常朴素的目的，就是通过回顾、回望、记录、梳理，为中国乃至世界未来的当代艺术教育提供一种参考。至于这个项目能产生什么样的影响，我们对这个项目有着什么期待，我们没有考虑太多。同时，受到时间、经费、能力的限制，这一项目仍然有很多不足之处：调研的广度和深度远远不够，缺少女性的案例，缺少学生的角度。我们希望在此后的持续调研中加以补充。尽管如此，我们深深意识到，艺术与教育的核心都是"人"。正如徐坦在访谈中解释博伊斯"人人都是艺术家"这句话时所说："实际上我理解的这个'人人都是艺术家'不是说每个人都要做一个职业艺术家，而是说每个人都有这种过艺术家似的生活的权利，或者说，过一种贴近艺术的生活的权力。"又如雅克·朗西埃（Jacques Rancière）在《无知的教师：智力解放五讲》中对约瑟夫·雅科托（Joseph Jacotot）所说"智力解放"的总结："下决心去出发，去行使自身的知性能力，并在行使中坚持它是属于所有人的能力；下决心去让自身举止如同平等世界的居民；让男女众人努力穿过各种事物和符号组成的森林，做出自身的知性历险，让自己被他人看作、并也将他人看作恒久劳作的探究者和艺术家，而非那种只学会了指挥与服从、逢迎与歧视的存在。"如果未来的观众和读者能在这个关于艺术、关于教育的项目中得到一些"智力解放"的启发，我想那会是最令我们高兴的一件事。

注释

[1] 管怀宾:《融超经验——消化观念、技术的流变与普适性专业构建的矛盾》,《艺术当代》2020年第4期,第34-37页。

[2] 邱志杰:《科技艺术的概念》,《美术研究》2020年第6期,第30-44页。

[3] 曹恺:《词源与词义,及其不充分辨析:读邱志杰〈科技艺术的概念〉笔记》,《画刊》2020年第10期,第69-74页;曹恺:《科技艺术的歧义与误读:复读邱志杰〈科技艺术的概念〉笔记》,《画刊》2020年第10期,第70-74页。

[4] 克里斯蒂安妮·保罗:《数字艺术:数字技术与艺术观念的探索》,李镇、彦风译,机械工业出版社,2021,第8页。

[5] 深圳、武汉、杭州、上海、西安、北京、广州、重庆、沈阳、天津。

[6] 中国美术学院、华东师范大学、上海视觉艺术学院、没顶公司、西安美术学院、中央美术学院、北京电影学院、外交公寓12号空间、广州美术学院、四川美术学院、湖北美术学院、鲁迅美术学院、天津美术学院、UCCA尤伦斯当代艺术中心。

[7] 27篇访谈来自徐坦、李巨川、管怀宾、高世强、张培力(包括张辽源和蒋竹韵)、邱岸雄、胡介鸣、杨福东、徐震、武小川、王郁洋、刘旭光、邬建安、彭晓阳、谭平、邱志杰、冯峰、李一凡、袁晓舫、托尼·布朗(Tony Brown)、张尕、董冰峰、张丹、李川、张锰、田霏宇(Philip Tinari),其中徐坦、李巨川和张尕没有录像,3篇附录来自刘畑与耿建翌访谈、黄小鹏和吕胜中的自述。

[8] 主题分别是"非线性叙事"(2001)、"迷宫"(2004)、"四季"(2008),由许江、吴美纯策划。

[9] 主题分别是"中国艺术教育论坛"(2012)、"中国媒体艺术教育论坛"(2016)、"以创作集体为方法"(2019)、"作为教育的艺术&作为艺术的教育"(2023),由跨媒体艺术学院主办。

[10] 主题分别是"迷因城市:骇进现实"(2015,杭州)、"存在巨链:行星三部曲"(2016,上海)、"未来媒体/艺术宣言"(2017,斯特拉斯堡)、"全

息书写"（2018，北京）、"演化论"（2019，杭州）、"近未来：可能生活"（2020，宁波），由跨媒体艺术学院主办，由开放媒体系、媒介展演系、实验艺术系轮流策划。

[11] 主题分别是"网络化的力量"（2016）、"与列斐伏尔前行：算法时代的都市论与日常生活批判"（2017）、"智慧都市网络（IUF）"（2018）、"网民21：超越个人账户"（2019）、"实践智慧之网"（2020）、"时刻互惠：合作生活的瞬间"（2021）、"Never Mind the Web3, Here's the P2P"（2022，旧金山、上海、北京、杭州、武汉、台北、香港），由跨媒体艺术学院网络社会研究所主办。

[12] 主题分别是"源于生活"（2006）、"和而不同"（2011）、"教学相长"（2017）、"新青年"（2022），由中央美术学院主办。

[13] 主题分别是"和而不同"（2011）、"教学相长"（2017）、"新青年"（2022），由中央美术学院主办。

[14] 分别于2017年、2018年、2019年、2021年举办，由中央美术学院主办。

[15] 主题分别是"水木境天"（2008）、"轨迹与质变"（2010）、"自律与思辨"（2013）、"迭代与交融"（2017）、"无界"（2021），其中第四届、第五届有研讨会，由北京电影学院主办。

[16] 分别于2012年、2013年、2014年、2015年、2016年举办，由四川美术学院主办。

[17] 分别于2018年、2019年、2021年、2022年、2023年举办，由西安美术学院主办。

[18] 分别于2020年、2021年举办，由鲁迅美术学院主办。

[19] 主题分别是"引领前沿""飞越之线""代码：蓝色"。

[20] 主题分别是"合成时代""延展生命""齐物等观"。

[21] 见 http://www.chronusartcenter.org（2023年6月8日访问）。

[22] 见 https://ma21.org/en（2023年6月8日访问）。

本文发表于《艺术当代》2023年第4期

附　录

编译 - 访谈

当代艺术与新媒体：
数字鸿沟，还是混合话语？

作者：爱德华·A. 尚肯（Edward A. Shanken）

编译：李镇

内容摘要： 自 20 世纪 90 年代中期以来，主流当代艺术与新媒体艺术之间一直存在着话语分歧。新媒体艺术在寻求合法性的过程中发展出了一个自主和孤立的新媒体艺术的艺术界。本文深入分析了主流当代艺术与新媒体艺术之间趋同和分歧的中心点。通过讨论平行艺术界、后媒介状况、进一步挑衅，对克莱尔·毕晓普（Claire Bishop）、罗莎琳·克劳斯（Rosalind Krauss）、尼古拉斯·伯瑞奥德（Nicolas Bourriaud）等人的观点以及主流当代艺术界的权力结构进行了批判。进而提出弥合裂隙，建构一种混合话语，在和解中对艺术史的正典以及新兴的艺术和文化形式形成新见解的主张。

关键词： 主流当代艺术；新媒体艺术；数字鸿沟；混合话语

自 20 世纪 90 年代中期以来，新媒体艺术已经成为国际经济和文化发展的一股重要力量，逐渐建立了自己的主要机构。[1] 随着跨学科博士项目在世界各地激增，位于艺术与科技交叉点的跨学科合作研究也获得了尊重和机构支持。在同一时期，受经济繁荣和国际博物馆、艺术博览会、双年展传播的推动，主流当代艺术（以下简称"当代艺术"）的市场和受欢迎程度急剧增长。这种充满活力的环境培养了艺术家、策展人、理论家和教育工作者在这两个领域的巨大创造力和发明力。然而，主流艺术界很少与新媒体艺术界融合。因此，它们的话语分歧变得越来越大。

当代艺术的实践和写作对艺术与社会之间的关系有着丰富的见解。事实上，他们经常参与数字网络文化中与全球连通性和社交性有关的问题。鉴于计算和互联网应用的激增，当代艺术的中心话语如果不合适的话，可能不可避免地会使用数字文化的关键术语，比如"交互""参与""编程"和"网络"。但是当代艺术文献中对这些术语的使用通常缺乏对新媒体的科学与技术机制、将其含义理论化的批判性话语，以及与之同样广泛的跨学科艺术实践的深入理解。同样，主流话语通常因基于新媒体艺术的技术形式或非物质性而忽视它，没有充分认识到它的理论丰富性，或它与当代艺术在概念上的相似之处。

新媒体不仅为艺术提供了更多的可能性，而且对科学与技术的美学应用和社会影响有着宝贵的见解。在最好的情况下，它是以元批判的方式做到这一点的。换句话说，它以一种自反地展示新媒体如何在知识生产、感知和交互的模式中深度重叠的方式部署技术，因此与相应的认识论和本体论转变密不可分。对其不利的是，新媒体艺术及其话语有时会对当代艺术的艺术史以及最近的美学和理论发展表现出一种薄弱的理解。由于新媒体艺术实践和理论的本性,作为一个原则问题,它经常拒绝采用当代艺术的正式语言和物质支持。这只是它在这些语境中经常无法引起共鸣的一部分原因。

几十年来,艺术家、策展人和理论家一直在争论电子艺术与主流艺术之间的关系。合法性和自我隔离的问题——其动力经常相互紧张——一直是这些争论的核心。在寻求合法性的过程中,新媒体艺术不仅试图将其实践置于当代艺术的理论和展览的语境中,而且发展了自己的理论语言和机构语境。前一种尝试通常是如此徒劳,后一种尝试是如此成功,以至于出现了一个自主和孤立的新媒体艺术艺术界。自 20 世纪 90 年代中期以来,它在国际上迅速扩张,而且拥有当代艺术的所有便利条件,当然,除了当代艺术的市场和合法性。

这种情况提出了许多问题,为讨论和争论提供了一块肥沃的土壤。当代艺术和新媒体艺术之间趋同和分歧的中心点是什么?是否有可能建构一种混合话语,对每一种话语提供细致入微的见解,同时为它们之间的更大混合奠定一个基础?新的生产和传播手段如何改变了艺术家、策展人和博物馆的角色?从这样一种和解中,可以对艺术史的正典以及新兴的艺术和文化形式形成什么见解?

艺术界

当代艺术特有的非凡多元性与传统的历史叙事不符,传统的历史叙事表明艺术不是渐进就是线性发展的。20 世纪 60 年代出现的先锋实践的多面性——从极简主义和观念艺术到偶发艺术、激浪派和表演，再到大地艺术、波普艺术、录像和艺术与技术——构成了一种艺术探索的显著多样性，与当时的革命青年文化和当代艺术市场的急剧增长同步。尽管其中一些趋势通过拒绝生产与藏品的传统形式对应的物品，含蓄或明确地避开了艺术市场/画廊系统，但是市场找到了许多与此类做法有关的出售实物或短暂作品的方法。录像艺术最近的流行和可收藏性表明，当代艺术有能力和愿望将以前没有市场的、相对短暂的艺术形式商品化。

20世纪60年代出现的多元化在过去的半个世纪中成倍增长，这得益于在世艺术家作品的市场快速增长［比如，格哈德·里希特和达米恩·赫斯特（Damien Hirst）作品的价格］，加上全球化和该领域的日益专业化。全球化带来了非西方艺术家、理论家、投资人和机构的涌入，在促进市场增长的同时，也贡献了巨大的文化变革和美学创新。艺术家机会主义地选择并结合了各种先驱的概念和形式发明，对抗风格、原创性和物质性的传统观念。他们通过探索理论问题、社会问题，以及特别对当代迫切要求和文化环境的形式关注，对新兴的文化变革做出了回应，并在这一过程中扩展了艺术的材料、语境和概念框架。专业化导致了越来越多的艺术家行业，使得艺术家能够以在高等教育机构教书为生并因此拥有了从事非商业工作的自由、资源和智力的许可。在这种情况下，艺术研究的概念占据了重要地位，催生了越来越多基于实践的博士项目，尤其是涉及新媒体艺术和艺术–科学合作的跨学科实践的蓬勃发展。由于这些因素，出现了越来越多的平行艺术界。每一个艺术界都有自己普遍认同的美学价值观和卓越标准，历史/理论的叙事，以及内部支撑结构。

尽管录像、表演、装置和其他非传统的艺术生产形式得到了批判性的承认和博物馆学的接受，但是当代艺术市场——尤其是由大型拍卖行主导的转售行业——仍然或多或少地与藏品保持紧密联系，而且所获绝大多数作品都是布面绘画和纸面作品。毫不奇怪，艺术市场的资本流动通过艺术家、画廊、期刊、藏家、博物馆、双年展和艺术博览会、评论家以及艺术学院之间的系统性联系，对当代艺术话语产生了巨大影响。正是这种特殊的当代艺术系统同时被圈内人和圈外人称为"艺术界"。

在这场剧变中，当代艺术通过对市场的控制，即使没有扩大，仍然保留了其作为艺术品质和价值的主要仲裁者的影响力。此外，尽管艺术界已经证明其有能力将非传统物品的艺术作品商品化，但是仍然没有成功地扩展其市场，使之包括（或利用）一些关键的平行艺术界，比如被格兰特·凯斯特（Grant Kester）、克莱尔·毕晓普和汤姆·芬克佩尔（Tom Finkelpearl）等人理论化的话语、社会参与和协作的艺术作品，或被学者理论化的新媒体艺术家的作品。这就引出了一个问题，即在应对当代迫切要求中，当代艺术的相关性如何。它在多大程度上起到了理论争论的重要话语场的作用？这些理论争论除满足自我延续精英系统的要求之外，还具有以声望换资本的相关性。

这个故意挑衅的问题并不新鲜。现在的不同之处在于，今天的平行艺术界有自己广泛的、自我延续的机构基础设施，这些基础设施远比 20 世纪六七十年代艺术家的集体和替代空间的松散组成更加发达和资金充足。换句话说，21 世纪 00 年代和 10 年代的当代艺术界比以往任何时候都面临着更加激烈的竞争。虽然它可能在市场价值问题上保留权威，但是在一个更广泛的批判性话语方面，它已经失去了很多权威，因为在这个领域，它不是唯一（或最有趣）的游戏。事实上，截至本文撰写之际，列夫·马诺维奇的《新媒体的语言》（*The Language of New Media*, 2001）在谷歌上的引用索引数量已经超过了罗莎琳·克劳斯、哈尔·福斯特（Hal Foster）和尼古拉斯·伯瑞奥德在其职业生涯中发表的所有作品的总和！

三十年前，艺术评论家约翰·佩罗（John Perreault）观察到，"艺术系统——由经销商、藏家、投资人、策展人和艺术家组成——可以在没有任何好艺术的情况下继续"。克莱尔·毕晓普发表在《艺术论坛》的文章《数字鸿沟》（*Digital Divide*, 2012）注意到"许多艺术家在使用数字技术"，她提出了一个有挑衅性和洞察力的问题："有多少人真正面对了通过数字思考、看见和过滤情感意味着什么的问题？有多少人将这一问题主题化，或深刻反思了我们是如何体验我们存在的数字化并被其改变的？"不幸的是，毕晓普将她的讨论局限于"主流艺术界"并否认"'新媒体'艺术领域"是一个"自身的专业领域"。因此，她只能"单方面指望那些似乎确实承担了这项任务的艺术作品"。当毕晓普因排斥新媒体艺术而被要求诉诸文字时，她反驳道，"新媒体或数字艺术"已经"超出了我的文章和……我的专业范围"。如果一位当代艺术史学家／评论家说表演、录像或装置超出了他们的专业范围，她／他会被认真对待吗？毕晓普在没有任何尴尬的情况下承认了自己的无知，这是一把双刃剑：即使她承认了新媒体艺术的存在，她也会自以为是地纵容对其忽视的当代艺术，因此具体化了她表面上试图解决的当代艺术和新媒体艺术之间的裂隙。事实上，批判性话语中的这些遗漏是带有意识形态色彩的。作为被动攻击性的修辞暴力形式，它们被剥夺了被排斥的权威性和真实性，确保了其从属地位。尽管毕晓普在主流语境中提出了这个问题，并为随后的争论充当了避雷针，但是这种肤浅和消息闭塞的艺术评论——如果不是故意无知和霸权的话——注定要像一个稻草人一样变得陈旧或可耻。它无意中证明了佩罗的论点，即当代艺术可以在没有任何好艺术的情况下继续，或者更糟的是，对整个艺术实践领域一无所知。

必须认识到，自阿瑟·丹托（Arthur Danto）引入了"艺术界"这一术语以来，这个概念一直就是一个有问题的概念。社会学家霍华德·贝克尔（Howard Becker）挑战了单义艺术界的概念，声称存在多种艺术界。根据贝克尔的说法，许多艺术界中的每一个都由"人的网络组成，他们的合作活动通过他们对传统做事方式的共同了解组织起来，产生了（特定）艺术界著名的那种艺术作品"。这就是说，尽管存在着巨大的多元化和内部摩擦，但是可以说当代艺术中或多或少存在着一个连贯的网络，主导着最有声望和影响力的机构。这不是为了提出一种阴谋论，而是为了观察一个动态、有效的系统。

佩罗之后，更进一步，主流当代艺术界不需要新媒体艺术；或者至少它不需要新媒体艺术来证明其权威。事实上，当代艺术的主导是如此绝对，以至于"艺术界"一词就是它的同义词。尽管数百年来，特别是在 20 世纪，艺术与科技的交织产生了杰出的成果，但是当代艺术的藏家、策展人和机构都很难承认新媒体艺术是一种对艺术史有效的贡献，更不用说价值了。正如后大师画廊（Postmasters Gallery）的联合创始人、联合总监马格达莱纳·索瓦（Magdalena Sawon）指出的那样，新媒体艺术没有满足人们对基于"数百年绘画和雕塑"的艺术应该是什么样子、什么感觉以及由什么组成的熟悉期望。[2] 它被认为是无法收藏的，因为正如佳士得的当代艺术专家艾米·卡佩拉佐（Amy Cappellazzo）观察到的，"藏家会对插电的东西感到困惑和担忧"。

主流当代艺术的运作逻辑——可以说是它的工作——要求它不断吸收艺术创新并被艺术创新激励，同时保持和扩大其在博物馆、博览会和双年展、艺术明星、藏家、画廊、拍卖行、期刊、正典文献和大学院系根深蒂固的权力结构。这绝不是一个简单的平衡行为，这些参与者中的每一个都有既得利益，即在一个高度竞争的环境中最大限度地减少波动和加强现状，同时最大限度地提高自己的回报。他们的权力在于他们对当代艺术的历史和当前实践的权威掌握，在于促进对使其充满活力的市场的共识和信心。因此，他们的权力、权威、金融投资和影响受到被认为的闯入者的威胁，比如新媒体艺术，这些被认为的闯入者不在他们的专业范围内，在形式和内容上挑战了当代艺术的许多基础，包括其商业市场的结构。例如，音乐唱片业的"四大"唱片公司因新媒体侵入既定的分布渠道而陷入困境。从这个角度看，老卫士有充分的理由阻止对大门的冲击，或者至少尽可能长时间地封锁大门。典型策略包括完全忽视闯入者或以表面理由将其摒弃。如果不被忽视（例如毕晓普），新媒体艺术通常会因其技术物质性而被摒弃，而对其概念维度及其与当代艺术关注的众多相似之处则没有认识或理解。与此同时，杰克·伯纳姆在20世纪60年代倡导艺术与技术，他对"围绕着如此多动力表演和'光活动'的时髦肤浅"持批判态度，指出在许多此类作品中"存在……更多的是富人区迪斯科舞厅"。因此，新媒体艺术和当代艺术的评论者持续提出类似的批评并不奇怪，尽管不幸的是后者倾向于把小麦和谷壳一起扔掉。艺术与技术之间以及当代艺术与新媒体艺术之间令人不安的关系有着悠久而复杂的历史。但是，新媒体艺术日益增长的国际地位和它积聚的似乎无法抑制的势头使得当代艺术对它的持续否认越来越站不住脚。

就新媒体艺术而言，它已经实现了某种程度的自我维持并自主独立于当代艺术，这可能是前所未有的。像当代艺术一样，新媒体艺术的特点是多元化和内部摩擦。然而，自1900年以来，艺术史上没有其他运动或趋势发展出了这样一个广泛的基础设施，包括自己的博物馆、博览会和双年展、期刊、文献和大学院系，它独立运作但是与当代艺术并行。与当代艺术相反，它（大部分）缺乏画廊、藏家和二级市场。但是新媒体艺术机构和从业者已经找到了来自不同企业、政府、教育和非营利来源的资金支持，这些来源包括地方的、地区的、国家的和跨国的。位于奥地利林茨的电子艺术中心（Ars Electronica Center）建于1996年，2009年完成了耗资4000万美元的扩建。与泰特现代美术馆（Tate Modern）耗资4.29亿美元的扩建或惠特尼博物馆（Whitney Museum）新市中心分馆7.2亿美元的预算相比，这可能相形见绌。然而，考虑到林茨的人口不到20万，4000万美元代表着对新媒体艺术的大量且持续的文化资源投入。如上所述，当代艺术和新媒体艺术理论的关键著作的学术引文数量也很有启发性。尽管当代艺术拒绝认真对待新媒体艺术，但从某种意义上说，新媒体艺术是一股不可忽视的艺术界力量。

后媒介状况及其不满

创造了"后媒介状况"一词的罗莎琳·克劳斯非但没有接受这个术语，反而认为这是一种必须抵制的令人担忧的情况。克劳斯指出，克莱门特·格林伯格将现代主义先锋视为"通过刻奇的'真实文化拟像'的传播对品味腐败的独特防御"，她认为，她支持的艺术家——爱德华·鲁斯查（Ed Ruscha）、威廉·肯特里奇（William Kentridge）、索菲·卡莱（Sophie Calle）、克里斯蒂安·马克雷（Christian Marclay）——"坚持反对'后媒介状况'"并"构成了我们这个时代真正的先锋，与之相关的后媒介从业者只不过是冒充者"。她声称，这些艺术家采用了替代形式的"技术支持"，取代了被后现代主义宣告死亡的传统媒体。根据克劳斯的说法，鲁斯查的技术支持是汽车，肯特里奇的是动画，卡莱的是调查性新闻报道，马克雷的是同期声。这种争论充其量是脆弱的，将对高度复杂的作品和实践的解释限制在一个方面——就像格林伯格做的那样——掩盖了汇聚其中的观念、媒体和技术支持的复杂层次。

例如，通过将肯特里奇的作品局限于动画，克劳斯忽略了这位艺术家在绘画、动画、表演和讲故事方面取得的丰富成就。肯特里奇与媒体的直接、身体的交互要求承认他在作品中融入的各种实践的媒介特定性和历史轨迹，即使它体现了后媒介状况的媒体混合，这依然与这种特定性矛盾。此外，聚焦这些对形式的关注完全掩盖了这位艺术家在南非生活时存在的种族隔离的社会和政治状况，对种族隔离的批判是他作品的中心，更不用说肯特里奇对人类状况的存在主义反思的令人痛心的悲情了。

将一件新媒体艺术的作品限制在任何单一的"技术支持"上，无论是罗伊·阿斯科特（Roy Ascott）对行星意识的参与，苏珊·科泽尔（Susan Kozel）在《情动城市：通道与隧道》（*AffeXity: Passages and Tunnels*, 2013，图1）等项目中对具身和情动的探索，还是"慢跑"（The Jogging）的基于社交网站汤博乐（Tumblr）图像和物品的经济调查，都有避免技术媒体讨论的优势。但是它对特定媒体——以及媒体生态——的微妙之处产生了同样的暴力作用，即艺术家在作品中使用的媒体，以及作为作品一部分的媒体。此外，它对社会、政治、情感和感情的品质视而不见。

艺术家克劳斯指出，后媒介性的罪魁祸首是约瑟夫·科苏斯

1 苏珊·科泽尔，《情动城市：通道与隧道》，2013 年。更新数字艺术节（Re-new Digital Arts Festival），尼古拉斯美术馆（Nikolaj Kunsthal），2014 年 10 月 31 日。该项目探索了都市空间中的情动。用于视频捕捉和编辑的即兴舞蹈和屏幕舞蹈技巧与增强现实结合。舞蹈编排被悬挂起来，作为隐藏的媒体层，通过连接实体空间和智能设备来被发现。

（Joseph Kosuth），他的罪行似乎是后杜尚主义理论和实践，这种理论和实践不仅限于媒介特定性的关注，而且要求对艺术的本性进行更广泛的质疑，正如他在有影响力的由三部分组成的文章《哲学之后的艺术》（*Art After Philosophy*, 1969）中阐述的那样。可以说，最好的新媒体艺术正是利用了这种艺术探索的开放性，超越了对媒介或支持的短视执着，正如科苏斯和其他人在四十多年前宣布的那样。新媒体艺术对媒体的痴迷对当代艺术评论家来说更像是一个问题，而非对新媒体评论家来说；后者运用了广泛的方法，包括媒体理论、媒体考古学和科技研究，与使用的各种媒体的特殊性进行斗争，同时也参与到最佳作品引发的深刻意义和情感体验中。不满足于为近亲繁殖的现代主义话语做出贡献（无论如何，他们都被排斥在外，因为他们的作品中有肤浅的形式元素），新媒体艺术家——就像在他们之前参与几乎每一次连续先锋实践的艺术家一样，从立体主义拼贴到行为艺术——用非传统的材料和技巧来质疑艺术的本性，经常挑战当代艺术界对面向物品的痴迷及其市场驱动的对可收藏小玩意的需求动态。与毕晓普的标准一致，他们认真研究了"通过数字思考、看见和过滤情感意味着什么……且……深刻反思我们是如何体验我们存在的数字化并被其改变的"。事实上，随着我们的存在越来越数字化，当代艺术坚持兜售的文化资本的物质象征似乎越来越不合时宜，或者至少越来越与一些观念、图像和艺术作品的实际流动形成紧张关系，这些观念、图像和艺术作品是通过计算机网络和在线分布渠道存在的。事实上，正如亚提·维尔坎特（Artie Vierkant）所说，这种紧张关系是所谓后互联网艺术家［包括奥利弗·拉里奇（Oliver Laric）、塞斯·普赖斯（Seth Price）和他自己］关注的焦点，对他们来说，艺术作品"同样存在于人们在画廊或博物馆遇到的物品的版本，通过互联网和印刷出版物传播的图像和其他再现，物品或其再现的盗版图像，以及任何其他作者编辑和再语境化的任何这些图像的变体"。

克劳斯对后媒介"冒充者"的挑战似乎适用于大多数新媒体（和后互联网）艺术家。但是在新媒体艺术的语境中，这种挑战并没有真正的意义。位于新媒体工具历史发展核心的理论和技术，以及与其应用相关的艺术和社会实践，似乎占据了一种混合的立场，跨越了媒介特定性和一系列非特定性趋势，包括跨媒体、多媒体、参与和融合。

一方面，新媒体实践和话语包含了媒介特定性，与结构电影实践类似。例如，斯坦纳·瓦苏尔卡（Steina Vasulka）和伍迪·瓦苏尔卡（Woody Vasulka）的早期工作探索了视频作为一种电子媒介的内在物质品质，包括音频和视频、反馈和实时注册之间的关系。同样，理论家海尔斯（N.Katherine Hayles）主张针对媒体特定性的批评；富勒（Matthew Fuller）、马诺维奇等人发展了软件研究和文化分析领域；尚肯、保罗、夸兰塔（Domenico Quaranta）、格雷厄姆和库克（Beryl Graham and Sarah Cook）等人主张采用新媒体艺术特定性的批判和策展方法；其他当代新媒体话语谈论的是数字诞生的实体、数字原生物品、数字研究方法、网络文化等。

另一方面，艾伦·图灵（Alan Turing）理论化的数字计算的基本原理将计算机视为一种"通用机器"，可以模拟任何其他专用设备的特定性功能。这一概念与媒介特定性明显不一致。技术学家艾伦·凯（Alan Kay）对一种他在20世纪70年代将其理论化为"元媒介"的多媒体个人计算机Dynabook的构思和发展，以及最近对这一概念的扩展，进一步拉开了新媒体实践、话语与格林伯格式现代主义的距离。与克劳斯相反，这种对所谓"后媒体多样性"的肯定应该被接受为一种对艺术、技术和社会语境中媒体本性的策略性质疑。换句话说，新媒体艺术拒绝维护现代主义的幽灵绝非失败；相反，它标志着在追求其目标方面，即使没有实现，也取得了成功。在这方面，它与当代艺术向一种后媒介状况的更普遍演化一致，为在两个表面上独立的话语之间建立一种和解奠定了基础。

克劳斯倒退地宣称，某些艺术家使用"技术支持"代表了"我们这个时代真正的先锋"并谴责了后媒介从业者是"冒充者"，这建立了一种不必要的二元对立和一种站不住脚的价值等级制度。就像伯瑞奥德反对技术对艺术实践的隐性和显性的影响一样，克劳斯的修辞拐杖必须被解除，它用来人为支撑的价值体系必须被解构。也许新媒体艺术对当代艺术话语最有用的贡献之一是理解材料、工具和技巧之间的关系，包括媒介特定性和后媒介状况。

进一步挑衅

至于伯瑞奥德对隐性影响的关注，值得探讨的观念是不使用新媒体的当代艺术可能有一些东西非常值得添加到新媒体艺术的话语中。沿着这些思路，策展人认为：

艺术创造了一种对当今技术产生的生产方法和人际关系的认识……（通过）改变这些，它使它们更加明显，使我们能够看到它们对日常生活的影响。（伯瑞奥德，2002）

换句话说，通过挪用新兴技术的基本逻辑，将其从原生语境中剥离出来并将其或多或少嵌入传统的艺术媒体中，可以使其影响得到更大的减缓。新媒体艺术不插电的例子可能会为如何在展览语境中更成功地呈现新媒体艺术提供潜在有用的视角，也可能提供一些例子证明隐性和显性的科技方法之间的相似之处，促进形成将两者结合起来的混合话语。

新媒体艺术经常被注意到的缺点之一是它不满足于当代艺术的形式美学惯例。在某种程度上，这种失败如果不能被原谅的话，可以根据媒体的性质和与之合作的艺术家的理论承诺去解释。例如，在某些情况下，很难证明在美术馆或画廊展示网络艺术作品是合理的。这样做可以说与一些新媒体艺术从业者和评论家认为的某些网络艺术和后互联网艺术实践的概念和形式的优势之一背道而驰：创作不需要在任何特定的地方或以某种特定的形式出现的作品，更不用说放在传统美学价值观的主祭坛上了，但是它被设计成可以被看到，如果不与之交互、再解释和再循环，只要有网络化的计算机或移动设备——也就是说，在字面上的任何地方。当网络艺术被纳入一个传统的展览语境时，它会发生什么？人们对它的体验会发生什么？它还是网络艺术，或者已经变成了一个奇怪的中性替身？布拉德·特罗梅尔（Brad Troemel）扩展了戴维·乔斯里特（David Joselit）"图像原教旨主义者"和"图像新自由主义者"的范畴（分别将艺术固定在原始文化语境或全球金融市场中），提出了"图像无政府主义者"的范畴，这反映了"一代人对知识产权的漠不关心，将其视为一种官僚监管的结构……图像无政府主义是导致艺术在艺术语境之外存在的路径"。这可能是主流当代艺术最害怕的。

夸兰塔引用茵克·阿恩斯（David Joselit）的话问道，我们如何才能"强调新媒体艺术的'当代性的特定形式'",而不"违反主流当代艺术的禁忌"？这一质疑思路提出的方向本身就必须受到质疑。违反禁忌在艺术史上发挥了重要作用。像新媒体艺术这样的边缘话语占据了揭示和挑战现状的明显优势。这一地位的实现不仅得益于技术媒体的明确使用，而且得益于挑战博物馆和画廊——或任何特定的区域设置——作为展览和接待的特权场所。发生在博物馆语境之外的社会参与式艺术实践的激增和越来越多的主流接受表明，这种挑战远不是新媒体艺术独有的。然而，如果新媒体艺术按照当代艺术设定的条件屈服并接受同化，那么它的大部分批判性价值将被篡夺。

人们必须记得，基于惯例的美学标准，杜尚的《泉》（1917）被1917年独立艺术家协会的展览的组织者拒绝了。正如对这些现成品的正典化需要对艺术构成的概念进行扩展一样，在主流话语中接受新媒体艺术也需要扩展美学标准。与这些早期的概念介入相比，杜尚的动态、感知的研究，比如他的《旋转玻璃片》（1920）和后来的《旋转浮雕》（Rotoreliefs，新媒体艺术史上的重要纪念碑）在主流当代艺术话语中被认为是相对而言无关紧要的。这些作品使用了电子媒体，目的是质疑持续时间、主体性、情感和感知。在这样做的过程中，他们也对惯例的美学价值观提出了异议，并要求对艺术和观看体验进行重新配置。事实上，正如新媒体艺术要求重写摄影史一样，它也要求重新考虑杜尚的作为时基艺术考古学中重要纪念碑的动态、感知的作品。

杜尚和科苏斯提出的对艺术本性的深刻挑战，以及由最好的新媒体艺术提出的挑战，应该被颂扬为一种巨大的力量。然而，我不得不同意策展人凯瑟琳·戴维（Catherine David）的断言，即"今天的艺术家用新媒体制作的很多东西都很无聊"。然而，公平地说，必须补充的一点是今天的艺术家在没有用新媒体的情况下制作的很多作品也同样无聊。事实上，只有极少数主流艺术家真正成功地在当代艺术的话语中获得了对他们作品的承认和接受。因此，事实并非新媒体艺术在当代艺术的试金石面前失败了，因为大多数当代艺术也失败了。

许多采用了新媒体的工具并获得主流认可的艺术作品，通常不被当代艺术承认为新媒体艺术本身的作品，就像对这些作品负责的艺术家通常不认同新媒体艺术界是他们的主要同行群体一样。杜尚和莫霍利－纳吉（Laszlo Moholy-Nagy）自20世纪20年代起创作的电子作品，迈克尔·斯诺（Michael Snow）、安东尼·麦克科尔（Anthony McCall）、布鲁斯·瑙曼（Bruce Nauman）和丹·格雷厄姆（Dan Graham）在20世纪六七十年代创作的结构电影和早期录像装置，詹姆斯·特瑞尔（James Turrell）、珍妮·霍尔泽（Jenny Holzer）和奥拉维尔·埃利亚松（Olafur Eliasson）在作品中对计算机控制的电灯的使用，以及道格·艾特肯（Doug Aitken）、道格拉斯·戈登（Douglas Gordon）、克里斯蒂安·马克雷和皮皮洛蒂·瑞斯特（Pipilotti Rist）的计算机操控录像装置，跨越20世纪80年代至21世纪00年代，全都同时适合新媒体艺术和当代艺术的话语。

在20世纪60年代被杰克·伯纳姆称赞、后来被布赫洛（Buchloh）回避的汉斯·哈克（Hans Haacke）早期技术和系统导向的作品现在已经被重新提及，这是一个对"系统美学"的更大重新思考的一部分。弗兰克·斯特拉（Frank Stella）、詹姆斯·罗森奎斯特（James Rosenquist）和索尔·勒维特（Sol LeWitt）在设计和制作过程中对计算机的使用是众所周知的，但在当代艺术的话语中却被销声了。罗伯特·劳森伯格以波普艺术家闻名，也是他于1966年共同创立的艺术与技术实验小组的一位核心人物。尽管劳森伯格职业生涯的这一方面在当代艺术的话语中被淡化了，但是这位艺术家以"在艺术与生活之间的裂隙中"推动表演闻名，对他来说，这显然包括使用技术作为一种有效的艺术媒介。此外，他与工程师比利·克鲁弗的合作表明了一种要弥合艺术与技术之间裂隙的信念，就像在《神谕》（*Oracle*, 1962—1965）和《声测》（*Soundings*, 1968）中一样。

在《关于观念艺术的段落》（*Paragraphs on Conceptual Art*, 1967）中，勒维特与技术之间的不稳定关系由他的隐喻性主张和警告之间的张力揭示，他主张"在观念艺术中……观念成为制造艺术的机器"，他警告"新材料是当代艺术的一大烦恼"。伯瑞奥德和其他人对明确使用技术媒体的持续偏见重述了这种狭隘和矛盾的态度。但是，通过承认和利用艺术中技术的隐性和显性使用之间的连续性会有很多收获。以新媒体艺术的实践加入勒维特的观念，卡西·瑞斯（Casey Reas）的《软件结构》（*Software Structures*, 2004）中的计算机代码解释了这位观念艺术家的几幅墙绘。受惠特尼博物馆艺术港网站委托，瑞斯邀请几位程序员用各种编程语言编写勒维特的指令。结果产生了多种形式，这表明在实体空间中绘制墙绘的助手对勒维特观念的模拟解释与在虚拟空间中程序员对这些相同观念的数字解释之间有着强烈的相似之处。

尽管有这些相似之处，当代艺术的观众和评论家很难将日常设备和计算"方言"（操作系统、应用程序、网站、键盘、显示器、打印机）视为美学对象。观念艺术的视觉平庸，行为艺术的短暂和无物品，以及大地艺术的偏远语境也面临着类似的困难，然而这些趋势还是努力克服了它们的障碍，部分原因是经销商对可销售物品的巧妙营销，在某些情况下，一种实践可以被解释为与作品的观念基础背道而驰。但是即使在艺术商品的生产可能在逻辑上与新媒体艺术实践一致的情况下，也很少有艺术家能够成功地生产出基于当代艺术标准的、值得称赞的视觉形式。

对寻求达到这些标准的新媒体艺术家来说，乔纳斯·伦德（Jonas Lund）的《错失恐惧症》（*The Fear of Missing Out*, 2013）提供了一种新颖的方法。一种计算机算法筛选"顶级策展人、作品、画廊和艺术家"的数据库，为"在她自己想到之前，在（艺术家）职业生涯的某个特定时刻创作的理想作品"生成标题、材料和说明。与许多观念和后观念艺术实践一样，实际的物品可能不如潜在的观念重要，但是必须符合当代艺术标准。事实上，伦德观察到他必须"以一种令人信服的方式遵循指令……（将）其转化为可行的东西"。在这里，

2 乔纳斯·伦德,《快乐帽子散沙自私鬼》,2013 年。椰子肥皂,7 分 50 秒视频循环。

该观念包括一种对自动化数字系统和大数据、主观呈现的美学对象以及当代艺术市场的讽刺性媒介化(和中介化)。图 2 展示了伦德的另一件作品《快乐帽子散沙自私鬼》(*Cheerfully Hats Sander Selfish*, 2013)。

我们生活在一个全球数字文化中,在这个文化中,新媒体的材料和技巧对越来越多的人来说都是广泛可用、可访问的。全世界数以百万计的人参与社交媒体,有能力制作并与数以百万计的其他人分享自己的文本、图像、录音、录像、GPS 轨迹。在许多方面,早期的新媒体艺术作品实现了远程协作、交互和参与,比如阿斯科特的《文本的褶皱》(*La Plissure du Texte*, 1983),可以被视为社会价值观和实践的典范,这些价值观和实践很快随着 Web 2.0 和参与式文化的出现而出现。像《愚蠢的手》(Daft Hands, 2007）这样的 YouTube 视频可以让五千多万观众感到高兴和惊讶，催生出自己的名人、杰作和混音器的亚文化。如果伦德的算法和数据库很好并且被他开源了，那么理论上，任何有实力的人都可以成为有市场价值的当代艺术对象。在这种语境中，专业艺术家、策展人、理论家和评论家的作用是什么？他们能提供什么特别的东西，为这种充满活力、集体性、创造性的文化增加价值和洞察力？为什么还要关心当代艺术或新媒体艺术本身呢？保留这些区别，并将这种艺术实践与更广泛的大众文化生产和接受形式区分开来有什么利害关系？这样的区分只是为了通过为它们的独家、有利可图和（或）享有盛誉的实践保留神话般的地位，从而保护当代艺术和新媒体艺术免受闯入者的侵扰吗？

伯瑞奥德评估一个展览的参数为这些难题提供了一些见解：

……这个"交换场所"必须基于美学标准进行判断，换句话说，通过分析这种形式的连贯性，然后分析它向我们暗示的"世界"的象征价值，以及它反映的人际关系的图像的象征价值……。所有再现……都指的是可以融入社会的价值观。

这一一般性陈述从形式连贯性、"象征价值""人际关系"和社会价值观模型等方面定义了"美学标准"。由于这些术语在媒介和语境方面是中性的，它们提供了一种开放性，使各种艺术界能够融合。

专业化的艺术实践为具有挑战性的问题、不断变化的价值观和社会关系提供了诗意和隐喻的方法。这些方法与其他学科方法在如何竞争现有知识形式和建构替代理解模式方面有着实质上的不同。由于美学概念和材料复杂且往往自相矛盾分层,这些方法本身就具有挑战性。像科学和其他学科的高水平研究一样,不熟悉该领域的专业化学科语言和方法的外行通常无法理解其结果。因此,它们不太可能在 YouTube 上流行。但是作为评判此类艺术研究的标准,评估其在 YouTube 的受欢迎程度并不比评判科学研究更有效。《愚蠢的手》是参与式文化的标志性表现,并就那种文化的标准而言相当成功,即其在 YouTube 的受欢迎程度。尽管《愚蠢的手》有着吸引人的聪明、精湛和风格,但是它并没有像《文本的褶皱》那样创造出一个可能的未来世界的工作模型,更不用说准确地预测那个世界(即《愚蠢的手》在其中所传播的参与式文化的世界)的一些关键特征了。用伯瑞奥德的美学标准来说,《愚蠢的手》并没有像《文本的褶皱》那样,将"象征价值"灌输给"它向我们暗示的'世界'以及它反映的人际关系的图像"。

最终,艺术研究通过阐述富有远见、象征和元批判的实践回应了文化的迫切要求,将自己与流行文化区分开来。在这方面,技术媒体可能恰恰提供了所需工具来反思那种技术深深嵌入知识生产、感知和交互的模式的深刻方式,并因此与相应的认识论和本体论的转变密不可分。这种元批判方法可能会为艺术家提供最有利的机会来评论和参与今天数字文化中正在发生的社会变革,其目的正如伯瑞奥德恳求的那样,"以一种更好的方式生活在这个世界上"。

注释

[1] 其中包括奥地利林茨的电子艺术中心和年度艺术节，德国卡尔斯鲁厄的艺术与媒体中心（The Center for Art and Media）和媒体博物馆（Media Museum），纽约的 Eyebeam（眼光）和 Rhizome.org（根茎），圣保罗的 FILE 艺术节，以及游牧年会，比如电子艺术国际研讨会（International Symposium on Electronic Art, ISEA）和从新加坡到伊斯坦布尔都举办过的国际媒体、艺术、科学史会议。

[2] 笔者的采访，2010 年 4 月 13 日。后大师画廊是纽约为数不多的不区分新媒体和当代艺术的画廊之一，展现了与这两个艺术界有关的重要艺术家。

爱德华·A. 尚肯为华盛顿大学数字艺术与实验媒体（DXARTS）客座副教授，克雷姆斯多瑙大学媒体艺术史教师，孟菲斯大学霍亨伯格艺术史卓越讲席，阿姆斯特丹大学新媒体讲师。

本文发表于《艺术当代》2024 年第 2 期

当代艺术实践中的摄影身份
——访艺术家王友身

受访人：王友身
采访人：李镇、樊航利

李镇（以下简称李）：近期，你的个展"文化符码——王友身的旅程"在中间美术馆开幕。这个展览聚焦于你20世纪90年代以来30多年的艺术实践，请分享一下这个展览的缘起。

王友身（以下简称王）：1月11日，我收到中间美术馆馆长卢迎华的展览邀请——一封很长且打动我的邮件，她想3月在中间美术馆举办我的个展。从中探讨中年艺术家如何自我梳理、如何被阐释、如何继续生长、继续保持活力等问题，以丰富他们对于艺术现场多层次的实践思考和认知。

卢迎华和刘鼎一直致力于中国当代艺术史"社会主义现实主义的回响"的研究和展览，他们希望在中间美术馆举办的"沙龙沙龙——1972—1982年以北京为视角的当代艺术侧影""巨浪与余音——重访1987年前后中国艺术的再当代过程"等展览的线索中继续往 20 世纪 90 年代推进研究。他们选定我作为切入点，希望能在展览中呈现出一种艺术家的生涯，一些深入艺术世界的实践，而不仅仅是作为结果的"作品"本身。

展览在筹备过程中，各个环节都伴随着不确定性，我们时刻保持敏感并积极应对，因为这关乎展览的各种可能性。其中，当展览顾问刘鼎提议把"王友身个展"改为"王友身的旅程"时，我们觉得对展览起到了方向性的引领作用，使得整个展览的作品选择、呈现、阐释等都随之发生了改变。

展览开幕后，一位前辈艺术家跟我说："你过去 30 年的艺术活动其实也是你重要的工作，是区别于其他艺术家的明显特征。"实际上，我的日常工作和艺术活动就是一个"中介"、一个"平台"，具有"媒体"属性，我希望这个展览、这些作品能够成为对别人有益的信息和材料，从而衍生出更多的可能性工作。

李：配合此次展览，中间美术馆举办了"文化符码"系列活动的第一场研讨会"早期观念摄影实践——从 1986 年的中央美术学院学生摄影协会谈起"。央美学生摄影协会是在什么样的契机下成立的？

王：20 世纪 80 年代是美术、文学、诗歌、摇滚乐、电影等被时代点燃的年代。1985 年，我就读于中央美术学院二年级时，全国各地的"85 美术运动"风气也进入美院，美院开始出现各种社团，热闹非凡，其中的"学生剧团"已经走出校门、参加各类公演。当时，央美的国、油、版、雕传统专业教学依旧沿用 50 年代的"苏派"

美术教育模式。幸好，我就读的是新成立的连年系，较开放和自由，并且鼓励我们对媒介进行实验与拓展。因此，"未被规定的"摄影在介入我们日常学习、创作的同时，也成为我们乐于探索的艺术媒介。

最初，我们以"中央美术学院摄影俱乐部"为名，并在 1985 年于美院走廊组织了成员影展（未公展），1986 年于美院陈列馆举办了第二届摄影展，1987 年正式更名为"中央美术学院学生摄影协会"，强调了"学生"属性，协会成员包括毕建锋、陈淑霞、洪浩、刘庆和、钮初、孙振杰、王虎等人，我任协会主席。在围绕摄影技术与媒介语言进行实验的同时，我们主动到院外参加各类摄影展示及交流活动，被多次邀请参加在中国美术馆举办的展览。"学生影协"真正凭借摄影迈出校门、走入社会、走出国门。

李：在研讨会中，你的发言题目为《不可逆》，这是出于怎样的考虑？

王：《不可逆》是我在线性时间流逝中对人生状态的切身感悟。我们的小组成员钮初去年已经离世，而我也近期住院做了手术。

当年，"学生影协"的外联工作主要由我俩负责，经常搭档着挨门逐户地谈合作。毕业后，钮初没有从事艺术相关工作，加之钮初的爱人也不在艺术圈，对钮初的艺术工作、作品存世情况知之甚少。钮初作为小组重要成员，没有现存摄影作品，他的际遇让我感到惋惜，同时，心里产生了莫大的失落感。此外，《不可逆》也是对摄影界、当代艺术界对我们观念摄影小组研究不可逆事实的溯源与澄清。

樊航利（以下简称樊）：1987 年 8 月 13 日，《摄影报》发表了由你执笔、具有宣言性质的《我们的话》？

王：我们的摄影作品偏观念，且完全区别于当时的纪实摄影。时任《摄影报》编辑的耿海挑选了我们一些符合当时价值判断以及普遍能接受的作品。这组稿件一经发表，不论是宣言内容、作品形式，还是排版方式、版面比重，都迅速引发了广泛争议，一时间，读者来信不断。这次发表，为我们厘清了创作思路、摄影与绘画的关系，也让我们正视了作为艺术创作的摄影在中国的现状以及发展的契机与动力。除了在《摄影报》的集体亮相，1987 至 1988 年间，我们陆续参加了在中国美术馆举办的"全国第一届摄影小说展""黑白魂 I 北京市首届青年影艺展""首都大学生摄影艺术展览"及"法国阿尔勒国际摄影节"等展览，作品也多次被选登在《中国摄影家》《中国摄影》《现代摄影》《大众摄影》等主流摄影刊物中。

协会成员这一阶段的摄影作品，着重于对摄影媒介技术、表达方式上的多种尝试。在我们看来，和绘画等其他艺术语言一样，摄影也是我们观察世界、表达自我观念的途径之一，对曝光、暗房技术、正负片叠加等独特摄影语言的探索是完全服务于我们的思想与表达的。

樊：这次展览名称为"文化符码"，在"编码"过程中，你想传递的内容与观者之间产生了怎样的碰撞？

王："文化符码"是策展人卢迎华他们提出来的，与这次展览的研究主题相关。在过去 10 年中，他们一直致力于解码中国当代艺术史，希望在重新梳理的同时重建认知。在我看来，保持开放是艺术家与策展人有效合作的基础。因此，我负责将作品和文献交给他们，然后由他们对我过去三十多年的"艺术旅程"进行解码、编织，最后以展览的形式呈现。在这个过程中，我没有任何意见并全力配合。

在展览现场，观众的反馈总是会让我对自己的作品形成新的认知。有一位青年电影学者将当代艺术和"第六代"电影作品中涉及的"长城"元素进行了横向比较，这触发了我对展览作品新的解读。当墙成为媒介，《每平米》是现实的日常物，《报纸·广告·中间》则是历史、文化、媒体的"中间"通道，这些不同属性的"墙"在展览语境中实现连接与建构，从而使作品不断被激活和衍生。因此，我一直认为，好的展览是具有开放性的。

樊：20 世纪 90 年代，公共媒体对当代艺术的报道、引导、参与，《北京青年报》一马当先，是极重要的助推者及前卫信息源，你一直参与其中且起着引领作用，《北京青年报》参与的项目、与当代艺术的互动有哪些？

王：入职《北京青年报》后，我编辑的艺术专版以报道当代艺术家作品和展示活动为主，我希望把最前沿、具有实验性、最有意思的展览、艺术家推介出来。

作为记者、参展艺术家，我参加并报道了 1989 年的"中国现代艺术展"。展前，我向报社申请了开版进行专版报道，计划在开展后把报纸拿到中国美术馆展场。我知道，想报道该展的媒体较多，而我的"双重身份"可以很便利地在第一时间、第一现场采访到组织者、批评家和艺术家们。例如，我在布展自己作品的间隙，完成了对黄永砯、王广义、吴山专、耿建翌等艺术家的作品拍照、作品自述，在专版编发了《九人百字谈——与"中国现代艺术展"主要作者对话》等。我一直想做的就是这样的真正意义上的艺术新闻，"中国现代艺术展"的报道一直引导着我后来十多年的艺术专版工作。

20世纪90年代，我开始通过《北京青年报》这个平台，与当代艺术界进行广泛且持续性的互动。1991年，《北京青年报》复刊10周年，我策划和组织了在中国历史博物馆举办的"新生代艺术展"，报社作为承办方负责组织和宣传，组委会成员由报社年轻记者和编辑组成，艺委会则包括尹吉男、周彦、范迪安等年轻策展人和批评家，我特别邀请了邵大箴先生作为艺术总监，展览总监是我们社长。这次展览成为中国当代艺术史迭代，《北京青年报》和我艺术推介、组织工作的一个范例。1994年，我在《北京青年报》上策划了"(博缘华)1994艺术室内设计方案邀请展"，12位艺术家（李永斌、顾德新、王鲁炎、杨君、张培力、耿建翌、宋海冬、汪建伟、李强、陈少平、王广义、倪海峰）的作品方案经由媒体展览方式进入60万读者视野，该展对当时无展览、无空间、无费用的"三无"状态的艺术实验起到了极大的推动作用，至今，这个展览方式仍具有前卫性。

李：1988年，你从央美毕业并就职于《北京青年报》，从事传媒行业的同时，传媒也成为你的艺术创作方式，创作了《报纸系列》《清洗系列》等作品。为什么会选择图像这一媒介应用在你的创作中？

王：一般意义上的摄影术，记录是核心，对摄影技术性、现场性等基本特性的应用是许多人成功的原因。而我则希望以艺术的方式进行介入，更加打开、还原摄影术本身的材料属性。成像、清洗是摄影术中两种截然相反的化学过程，通过对各种图片进行处理，直至图片中原有的图像、信息，变形、抽象为一种图像碎片与无法辨识的"清洗"效果，这些被消解的图像和其中所包含的信息便自成一套视觉编码。这次展览通过"从去意义到无意义"与"从图像处理到图像消失"两个角度切入，是对我作品的深描与细读。通过对如何成像、如何展示、如何消失等方面展开研究，很多特别有意思的话题便可以嵌入其中，呈现方式和表述的不断增加，作品也变得越来越有趣。展览呈现出了我的艺术"旅程"，而结果对我来说并不那么重要。

比如，《日晒·军营俱乐部》是我对新闻史中一幅重要作品的挪用，它是为1997年荷兰布雷达"另一次长征：中国观念艺术展"而作。展览地址在一个废弃军营，这座拥有复杂历史的军营在战争结束后成为开放的公众场所。我选择了一张我早前收藏的图片资料，即影响世界的新闻照片《萨拉热窝地下选美照》，并把这张新闻照片送到印制《北京青年报》的印刷厂制作成胶印网目版软片，我将这幅照片覆盖在军营俱乐部的巨大窗户上，同时，我也把它制作成酒单，放在复原的吧台和每张餐桌上，我试图恢复军营俱乐部鼎盛时期"快乐"的现场。此外，该作品也放大了我作为艺术家和新闻人的双重身份。二十多年后的今天，在这次中间美术馆的展览中，原计划只有该作品的文献部分，而我在布展时觉得它缺少现场及现实语境的关系。为此，我找到了2013年曾清洗过的"选美"照片，并与1997年的作品文献一同展示，不同时空和语境中的作品才得以重新呈现，"我们如何恢复日常的快乐？"的作品设问也得到了更新。

樊：你将展览称之为"现场艺术"，在展览中，你的工作方式是怎样的？

王：我属于偏现场工作的艺术家。现场艺术家是靠感知工作，且有些是无法用语言陈述的。在展览现场，很多信息汇聚而来，我会把听到的、看到的东西全部内化、沉淀，并生成很多展览方案。受各种因素的制约，方案会有一个不断反弹、应对、否定、修正的过程，但这也正是现场艺术最有挑战却最有趣之处。观众看到的展览呈现只是艺术家工作的一部分，甚至对有些人而言，有些完全是无效工作，但对我而言却是有效的，因为展览过程是我最认可的，呈现的部分只占工作量的很少而已。因此，不管是日常工作还是展览计划，我至少会准备两个方案，这样才有可能推进工作。当这种工作方式变成自觉的时候，展览便成为一个不断自我设问、不断试错的过程。在众多可能性中，工作才产生意义，而不至于在单一性、唯一性中停止。

展览方案做好后，我会搁置一段时间，这个一段时间可能是很久，只有它能说服我自己后，它才有可能在某种机缘中成为作品。我不太喜欢待在舒适圈，因为这样的话，工作是不断重复的，有些工作可能需要多次实验，极少可能一次就行。展览本身就是一个不断掌控和失控的过程，现场艺术家是偏合作型的艺术家，因为我知道，只有通过与美术馆馆长、策展人、工作人员等进行方方面面的沟通，展览工作才能继续。

樊：回顾你的职业生涯或创作历程，有怎样的独特感触？

王：在我三十多年的"旅程"中，我跟很多朋友说过，我的日常工作和艺术工作都是我的艺术材料，是我的艺术工作方式。我工作的理由是解决我自己面对的现实和艺术困惑、问题、途径以及可能性。我的工作需要与不同个体、团队或空间、系统合作，产生具有"穿透力"的工作。

本文发表于《中国摄影家》2022年第6期

王友身

1964 年生于北京，1984 年毕业于中央美术学院附中，1988 年毕业于中央美术学院，1988 至 2018 年任职于北京青年报社，曾担任美术编辑、艺术总监等职务。现生活、工作于北京。创作了《√》《报纸系列》《营养土》《日晒·军营俱乐部》《暗房》《清洗系列》《每平米》《外交公寓》《(北青艺术)办公室》等作品。参加了"中国现代艺术展""新生代艺术展""威尼斯双年展""圣保罗双年展""台北双年展""广州三年展""上海双年展"等众多国内外重要美术馆和艺术机构展览。

1 每平米·清洗·我的风景 6-05,照片、水、石膏板、花籽、胶,100cm(H)×100cm×4cm,2010—2014,作者:王友身。

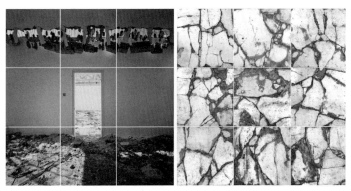

2 每平米－1,照片、石膏板、木板、胶,左 300cm(H)×300cm,右 100cm×100cm、9幅,2010—2014,作者:王友身。

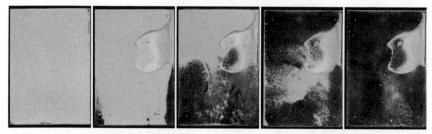

3 星城－资料1，扫描、爱普生艺术微喷，100cm（H）×350cm，2015，作者：王友身。

4 长纱2，扫描、爱普生艺术微喷，150cm（H）×105cm，4幅，2015，作者：王友身。

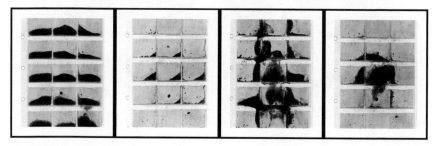

5 星城－资料3，扫描、爱普生艺术微喷，70cm（H）×232cm，2015，作者：王友身。

6 报纸·广告,照片,现场纪录摄影,250cm(H)×180cm,1993,作者:王友身。

7 报纸·广告·中间,报纸、纸上艺术微喷、壁纸胶、梯子、木椅子、红色塑料水桶、纸箱、工作服、口罩,尺寸可变,1993—2022,图为 2022 年中间美术馆"文化符码——王友身的旅程"展览现场,图片提供:王友身。

8 报纸·看报,照片,行为纪录摄影,185cm(H)×127cm,1993,作者:王友身。

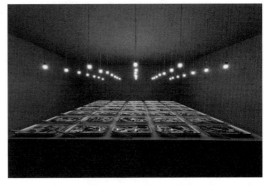

9 暗房·清洗,新闻照片、显影盘、水、红灯、夹子,尺寸可变,1993—2022,图为 2022 年中间美术馆"文化符码——王友身的旅程"展览现场,图片提供:王友身。

10 日晒·军营俱乐部,新闻照片软片、彩色灯管、酒单、桌椅,尺寸可变,1997,作者:王友身。

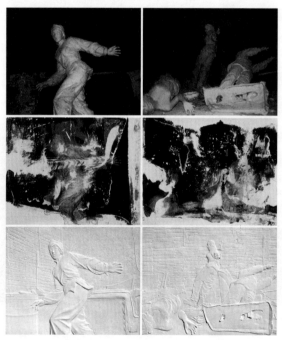

11 时差 −3,照片,水、玻璃钢,90cm(H)×120×20cm,6幅,2006—2008,作者:王友身。

表演影像与媒介反思
——访青年艺术家陶辉

受访人：陶辉
采访人：李镇

李镇（以下简称李）：你毕业于四川美术学院油画专业，是什么契机让你开始做影像创作的呢？

陶辉（以下简称陶）：在考上四川美术学院之前，我喜欢看湖南卫视的《快乐大本营》节目，很想做广播电视编导，觉得将来做编导可以见到好多明星，而且觉得综艺节目可以融入更多创意。考四川美术学院的时候，我的专业是全县第一，老师告诉我这个分数不去读油画系很可惜，而且说不定编导专业毕业后就业会很困难。我上了油画系之后，发现油画系有实验影像的部分，我可以拍一些既像电视剧又像综艺节目、电影的作品。当时，油画系的老师都比较包容，传统和实验的内容都要学，毕业创作也可以自主选择，只要做得好，就可以毕业。

大二的时候，艺术家李一凡给我们上实验影像课程，他看了我拍的录像之后,给了我很大的鼓励。大四的时候,李一凡成为我的毕业创作导师。我画了一幅画并拍了一个录像。这两件作品分别是《小青记得要忘记》和《蒙古症》,人物原型来自20世纪90年代家喻户晓的电视连续剧《新白娘子传奇》和《还珠格格》,关于影像与表演的探讨就是从这个时候开始的。这两件有些粗糙的作品,虽然都以私人经验为入口,但都有很公众的东西在里面,这一点是我后来所有作品中最核心的部分。

李:《谈身体》是你来北京之后的第一件影像作品,其中关于身体与身份的讨论让人印象深刻。你创作这件作品的灵感来源是什么?

陶:大学毕业之后,我来到北京,发现别人的创作跟自己的很不一样,自己做的好像特别本土,一点儿都不国际化。2010年前后,北京的艺术圈流行学术热,似乎每个人都在讨论学术问题,不看几本学术著作就没办法融入其中。我告诉自己一定要努力看书,因此就把创作暂时放到了一边,但是看理论书很痛苦,往往看了下一句就忘了上一句讲的是什么。就这样过了一年,我的状态越来越差,严重到觉得自己好像不可能做艺术了。2012年,一次与姐姐的聊天改变了我的想法,姐姐说:"艺术为什么要听大多数人的看法?艺术不就是要打破那些规则的吗?"我把之前做的方案翻出来看,发现原来这些就是自己想做的东西,为什么要丢掉呢?于是,我回到自己最熟悉的内容,重新开始创作。

当时我住在黑桥,一位给其他艺术家做助手的朋友放了一张床在我的工作室。那张床很大,占据了工作室很大的空间,我每次走过的时候都有一种错觉,好像有个人拿着《古兰经》坐在上面。因此,当一个画廊群展需要一件新录像作品时,直觉告诉我可以拍这个。同时,那段时间我喜欢上一个人类学研究的论坛,并在那里认识了一位朋友,这位朋友根据我发过去的照片分析了我的体貌特征。这两个方面的经历就是《谈身体》的灵感来源。我的很多作品都在讨论身份、性别、种族、文化的话题,但是我不是理论驱动型的艺术家,也不是研究型的艺术家,每次都是在实践中朝某个方向慢慢发展,作品完成之后才发现其中的线索。

李:2013年的《谈身体》和2014年的《演技教程》拍的都是在一个空间里发生的一段表演,前者是你个人的表演,后者是一群人的表演。《演技教程》这件作品的核心是什么?

陶:《演技教程》同样与黑桥有关。黑桥有个菜市场是钢架结构的,下面是菜市场,上面是空的,我经常跑到上面玩儿,有一天突发奇想,觉得好像有很多人在那里各做各的表演,之后这个场景一直在我脑海中萦绕。我开始写作,边写边改,但因为菜市场不允许拍摄,也没找到空旷的废墟,最后只好花钱租了一个影棚来拍。写作期间,我跟妈妈聊了很久,我觉得妈妈太戏剧化了,就跟妈妈说不要天天看电视剧、学电视剧,妈妈很生气,说自己没有模仿电视剧,只是电视剧在拍自己而已。这种说法一下子把《演技教程》这件作品最核心的部分说了出来:大众和大众媒体之间是一种互相学习、互相模仿的关系。

《演技教程》中十三位女性演员只有一位是真正的职业演员，演的孕妇。为了找演员，我加入了一个"第三职业表演群"，并参加了这个群的线下活动。其中，只有一位演老师的联通博物馆讲解员能够记住全部台词。此外，还有一些完全不会表演的画廊女孩也参加了演出。把很真、很精致的表演和很假、很粗糙的表演放在一起始于一种妥协，但是后来成了我的一种坚持。我发现这样做是正确的，因为如果完全找专业演员演，观众就会完全相信，作品就没那么有张力，但是如果有很粗糙的成分，观众就会产生怀疑，然后下一秒又变得很精致，真假之间来回转换，似乎反而更有张力。

李：2017年你在日本京都驻留期间创作的《你好，尽头！》看起来很像制作精良的日剧，同时因为是固定场景、固定机位拍的九部短片，所以看起来又很像摄影或杨福东所说的"单帧电影"。

陶：我的工作方法还是先寻找场景、后开始写作，我觉得这样工作起来会更有确定性，不会做太多的妥协，因为如果反过来，在日本京都那样一个语言不通的地方工作将是很困难的。我的很多作品都首先是以一个场景的形式出现的，然后通过这个场景发散出去、生长出来，场景中的"物"加上"人"就会是一个很丰富的概念。

《你好，尽头！》九个视频中的故事主要来自发生在中国令人印象深刻的新闻，其中七个的剧本是我写的，其余两个是我朋友写的。演员都是在当地招募的，其中一半是有表演经验的专业演员，完成了台词比较复杂的部分，另一半是京都艺术中心的志愿者，完成了台词比较简单的部分。在驻留的两个月里，我玩儿了一个月，之后两个星期写剧本，两个星期拍摄、剪辑。最后，我把九个屏幕设计成九个墓碑的样子，每个屏幕搭配一个沙发。在美术馆和画廊展出影像作品时，有些作品太长，观众往往坚持不住，看一半就走了，因此我希望观众可以坐下来看我的作品，哪怕只看两三个，只要那个段落是完整的就可以了，结果没想到很多观众都是一次看完了九个。

李：马凌画廊的个展"节奏与知觉"展出了你2019年创作的四件（组）作品。这个个展可能对你而言挺重要的原因不仅仅在于作品的形式有了一些改变，更在于作品的观念有了一些新的东西，你开始反思媒介本身。

陶：在此之前，对我来说，媒介完全就是媒介，媒介完全就是工具性和服务性的。在"节奏与知觉"中，画廊的之字形空间被两道PVC滑动门分隔成了三个相对独立的空间。第一个空间中的作品是《屏幕作为展示主体》，红、蓝、绿、白四个显示器被依次排列在一个手推车上，几乎还原了出厂之前正在测试的状态。作为一个影像艺术家，我觉得自己总在"压榨"投影仪和电视机，其实这些技术本来就很有"艺术性"，每次艺术的大变迁都与技术的大发展有关，因此我希望让屏幕作为展示主体显现出来。第二个空间中的作品是《跳动的原子》，一位晚会歌手在一个巨大的竖屏中播报自己的生活片段，穿插其间的是类似抖音素材的舞蹈片段。我像一个专门拍抖音的人在成都的大街小巷拍各种各样的人跳舞，拍了一个星期。晚会歌手是一位成都方言剧女演员，而且是经常演泼妇的那种，她那种老气的讲话方式显得有点儿诙谐。

第三个空间中的作品是《白色建筑》和两幅《无题（全息建筑）》。《白色建筑》装置的下半部分既像吊脚楼又像百叶窗，令人联想到现代主义建筑，上半部分有点儿像广播电视台的指挥中心控制台，四个屏幕中播放的是黄河瀑布和安塞腰鼓的视频，这些视频是我花八块钱在淘宝买的。二手视频与控制台处理的二手信息刚好契合，只是把声音换成了来自尼亚加拉瀑布和非洲鼓的声音，形成一种错置。《无题（全息建筑）》是用全息摄影技术拍的微缩建筑模型，就是房地产售楼处房子卖完、沙盘撤走之后废弃的微缩建筑模型。全息摄影是一种特别复杂、耗时耗力的技术，这种技术对环境的要求很高，房间里不能有任何气流，柔软的东西比如橡皮就拍不出来，物体的振幅达到 0.1 纳米就无法成像，因此需要一个绝对安静、空气比较稳定的空间。激光从旁边的房间发射出来，通过透镜变成两束光，一束打在拍摄物体表面上，另一束打在成像材料表面上，物体有多大，成像就有多大，因此最后看起来是一个立体的呈现。1971 年丹尼斯·伽博尔（Dennis Gabor）凭借这项技术的发明获得了诺贝尔物理学奖，今天的 VR 和 AR 技术都与之有关，但是目前做全息摄影的人越来越少了，原因可能是这种技术对现实而言没有太大的作用。对我来说，这种技术就是一种能够绝佳体会媒介的东西，全息摄影看上去是平面的,其实是立体的,而且里面包含了很多信息。因此,"全息建筑"与"白色建筑"形成一种互文关系,并与前两个空间中的作品一起引发我们反思一个问题,那就是"人在数字时代如何自处、共处"。

李:《类似装扮》是 2020 年美凯龙艺术中心的委任项目,后来在抖音和微信公众号发布。为什么会在疫情期间创作这样一组作品?

陶:疫情期间,很多展览被取消或者被推迟了。在疫情最严重的三个月里,我跟妈妈一起生活,有了更多的沟通和交流。当然,为了寻找新的突破,我一边写写小说,一边逛逛淘宝。2020 年 3 月底 4 月初,我回到北京,做了一个在抖音平台播放、不需要去展厅看、比较适合这个阶段的新作品《类似装扮》。《类似装扮》是美凯龙艺术中心委任的一个系列短剧,总共五集,每集两分钟左右。我化身成为一位"抖音用户",通过装扮表演在各种身份之间转换:刷抖音的影像艺术家,刷抖音的抖音创作者,或者刷抖音的普通用户。由于抖音的传播对象可能更多的是一些利用业余时间刷刷抖音的大众,因此,我希望在一种比较通俗的剧情中呈现装扮表演的主题。同时,针对怎么吸引观众的注意力、怎么让观众坚持看完两分钟,我思考了很多,尽管抖音会根据算法把不同内容推送给不同类型的对艺术或者艺术化表达感兴趣的观众。《类似装扮》的竖屏展示方式可能与《跳动的原子》有些类似,但是《跳动的原子》还是一件以艺术家身份创作的录像作品,只是素材或者题材来自大众社交媒体,而《类似装扮》则甚至不能算是作品,且不能销售,完全是在抖音平台和微信公众号平台面对公众进行呈现,所以出发点还是不太一样。我觉得有时候特别大的限制反而可能促使艺术家在缝隙中找到很多新的语言,比如,疫情导致各种公共空间变得没有那么容易展示作品,艺术家就会想办法去寻找一些其他的方式。

本文发表于《中国摄影家》2022年第7期

陶 辉

1987年出生于重庆云阳，2010年毕业于四川美术学院油画系，获学士学位，现工作、生活于北京。作品以影像和装置艺术为主。作品曾在巴黎蓬皮杜艺术中心、罗马当代艺术博物馆等不同国家和地区展出、放映。

1　类似装扮之一，2021，作者：陶辉。

2　类似装扮之二，2021，作者：陶辉。

3-1　无题（全息建筑之一），2019，作者：陶辉。

3-2　无题（全息建筑之二），2019，作者：陶辉。

3-3　无题（全息建筑之三），2019，作者：陶辉。

4 《谈身体》截图,单通道高清录像,彩色,3分45秒,2013,作者:陶辉。

5 《你好,尽头!》录像截图之一,高清影像装置,彩色,有声,2017,作者:陶辉。

6 《你好,尽头!》录像截图之二,高清影像装置,彩色,有声,2017,作者:陶辉。

7 "节奏与知觉"展览现场之一,2019,图片提供:陶辉。

8 "节奏与知觉"展览现场之二,2019,图片提供:陶辉。

关于访谈的访谈

受访人：李镇
采访人：佳作书局

编者按：

任职于中国艺术研究院的李镇老师在研究和教学的同时，三年内出版了三部访谈类书籍，颇受读者欢迎。这几种访谈录不仅内容鲜活，而且设计感十足。佳作君不禁对李镇的工作方法产生了好奇，借着暑期的空当对李老师进行了采访，一探他的访谈之道。

佳作：在从艺术工作者的群像中挑选个人进行采访时，如何选择、邀请您的采访对象？您采访的艺术家往往有多重角色，比如同时是教育工作者、策展人，您通常怎样选取访谈的角度？

李镇：年轻一代策展人和艺术家的项目是我在一个自我调整时期做的，所以会更轻松、自由一些。我委托了我的朋友李佳帮忙联系他们这一代里面比较活跃的策展人。做完之后，我觉得还不足以反映一个小小艺术圈的生态，所以又邀请第一本书里的12位策展人每人帮我推荐一位有长期合作、比较有意思的艺术家朋友。但是像新媒体艺术教育这个项目，就是结合我所在单位和我个人兴趣的一个相对正式的研究项目，所以需要一个调研的出发点。

从一开始，我和彦风就希望院校里面的院系、专业的创建者、负责人要占一大类；第二类是那些在院校体系边缘或者之外，但是同样培养了大量年轻艺术家的教育工作者；最后一类就是美术馆、画廊和独立空间的负责人、主持人。通过对这些不同采访对象的采访，我们想把艺术教育拓展到艺术教育和泛艺术教育这样一种更大的视野中去。

至于艺术家的多重角色，我会在不同的项目里选择不同的重点，根据每个人具体的工作重心来选择切入的角度。在某种程度上说，这些角色也有一定的共通性。尤其是新媒体艺术领域的工作，不论是艺术家、策展人、还是教育工作者，甚至写作者和编辑，其实都有一个共性——他们都是语境的营造者和提供者，都有很强的组织、策划、创作和表达的需要。

佳作：您提到《中国新媒体艺术教育 20 年》书中一些受访人是在院校以外通过艺术机构和独立空间进行泛教育实践的，他们分享的教育方面的经验有哪些？

李镇：有一类是艺术教育工作者在院校以外通过各种平台进行教育实践。我可以举几个特别典型的例子。比如耿建翌和张培力，他们虽然曾在国美（中国美术学院）任教，但是在校外有一个平台叫"想象力学实验室"，特别有名。他们其实是在校外搭建了一个帮助年轻艺术家从院校走向社会的桥梁。另外，像黄小鹏和徐坦都曾在广美（广州美术学院）任教，他们离开院校之后曾跟广东时代美术馆合作过一个"黄边站"，也是在校外支持刚刚走出校门进入艺术行业的年轻艺术家。这些年轻艺术家需要一个中间的缓冲地带。当然还有从川美（四川美术学院）退休的杨述和倪昆以及现在还在川美的李一凡在重庆做的"器·Haus 空间"，影响也很大。其实很多人都在做类似的工作。

还有一类是跟院校没有直接联系的画廊、美术馆和独立空间。比如徐震做的"没顶公司"，里面有一个"魔法班"，通过一个更机构化的画廊去推出年轻艺术家。还有彭晓阳做的"外交公寓 12 号空间"一边在梳理老一辈艺术家的个案，另一边也在推出新一代艺术家的个案。当然还有 UCCA 尤伦斯当代艺术中心的"新倾向"和"新现场"以及四年一度的年轻艺术家大型群展等项目。我觉得院校实践与社会实践之间是有一个鸿沟的，所以需要各种泛教育实践架起桥梁，上述这些都是具有桥梁性质的项目。

佳作：您的新媒体艺术教育项目意在梳理我国该领域过去的发展历程，需要对历史资料进行整理，同时也包含了很多时下的信息。如何去处理这种时间跨度？在过去和现在之间进行联系的时候，如何去重新梳理艺术史与个人的关系？

李镇：其实对年轻艺术家、策展人的调研与新媒体艺术教育项目二者之间是有连接的，正好涉及两代人，比如新媒体教育项目中的一些受访人正好就是年轻艺术家、策展人调研中的一些受访人的老师。所有真历史总是当代史。我把这些调研当作一个个历史的切片去看待,从此时此刻开始,听他们讲过去的经历,然后听他们讲未来的可能。这种切片可能没有特别宏大的意图、不是非常当下的话题。一个切片虽然很小,但是如果很多切片连接起来,就会产生一定的意义。

佳作:《中国新媒体艺术教育20年》没有像您的《十二次访问》一样采用第三人称视角,是因为希望保留受访者直接的叙述么?

李镇:视角的问题我一直在反思。当时本能地选择这样做,现在回过头想其实是有一些原因的。比如《十二次访问》系列的出发点更多是轻松、自由地聊天,所以在采访的过程中大家就会聊得非常发散。这个时候如果不加整理,读者阅读起来会感到漫无边际。于是我就尝试从我的视角出发,将访谈的内容写出来,当然这不是什么新的文体,但对我而言算是一种尝试。与之不同的是,《中国新媒体艺术教育20年》作为一个相对正式的研究课题一定会有一些针对性的问题和一个大的框架。因为每次采访量都很大,我们发现只需要把文字打磨干净,然后编辑出一个逻辑关系,就可以形成一篇很有意思的文字。

佳作:在采访的时候怎样让艺术家打开"话匣子"说出自己真实的经历和想法?

李镇：以新媒体艺术教育项目为例，对采访对象的艺术和教育活动进行梳理是我们展开采访工作的前提条件。我会把所有能找到的资料都找来看一遍，列出一个基本的线索，在这个线索里面要找到一些关键的时间节点，然后还要根据他的工作重心找到他主要的艺术观念和方法。这是针对每个人首先要去做的，因为只有对他有充分的了解，才有可能挖掘到更多的内容。当然，我们有一些必须要问的问题，比如他所在的院系或专业的主要教学框架是怎样的？人才培养目标是怎样的？教师和学生的构成又是怎样？此外，尽我最大的努力与受访人达成"共情"可能是一个很重要的方法。我们希望受访人说更多的话，所以尽量不去打断他。

佳作：您在什么程度上受到人类学民族志、田野调查和口述史研究的影响？您怎样看待口述史中，记忆的不确定性？

李镇：最近这些年人类学热，大家给"人类学"加了很多前缀，形成各种各样的"人类学"。我经常跟中国艺术研究院艺术学研究所做人类学研究的同事聊天。但是，对我来说可能更重要的是我想去捕捉艺术家比较鲜活的经验，通过面对面交流的方式做调查。

口述史中记忆的不确定性确实存在。有趣的是，我认识一位和我同名的学者——中国电影资料馆的李镇，他在电影研究领域做非常扎实的口述史。他讲过一个案例，通过口述史证明动画片《乌鸦为什么是黑的》的文献记载与事实之间的差距。这个案例告诉我们文献有时候可能是不可靠的，好的口述和采访其实能够纠正一些文献中的错误。今天主流学者的研究方法大部分是从文献到文献、从书本到书本。这种方式适合用来做史学研究，但对当代艺术研究来说是远远不够的，所以我还是希望跟艺术家能有更多的接触和直接的交流。最理想＝方法是用文献和口述来互证。我在做采访之前、之后会读很多文献，这本身就是一个相互带动的研究过程。

我工作除田野调查或者口述史之外，另外还有一条线索就是翻译。我会通过翻译带动文献阅读，一方面我们会翻译最近五年到十年出版的数字艺术和媒介理论著作，另一方面我们还会翻译一些面向学生和普通读者的带有概论性质的教材，所以翻译也有两条线索。我希望采访与翻译两部分能够形成一种相互比对和补充的关系，尽量避免那种单一的"从文献到文献""从书本到书本"的研究。我越来越觉得只有通过这种特别直接的接触，才能真正理解艺术家和他的作品，仅仅看艺术家的展览，读他的著作或者画册是远远不够的。

佳作：您怎样处理采访后的文字稿与采访留下的影像记录的关系？需要如何区别看待它们？

李镇：我们会保留一个非常完整的原始文字稿和影像资料，但是在做出版物或者纪录片的时候肯定要做大量的取舍，包括结构的重新编辑和内容的自我审查，最后才能以一个相对完整的形态呈现出来。为什么一定要有文字和影像？人类记录历史的方法无非就是这两种。但如果我们只有文字，那就无法记录受访人的面部表情、肢体动作，或者他的犹豫、停顿、重复、修正。就像徐坦说的，这些都是很有意思甚至意味深长的，所以我们保留了这些原始资料。我的合作者彦风认为，这个东西可能需要再过二十年或者更长的时间，它的价值和意义才会显现出来。

当然，我的采访有很多遗憾，比如新冠大流行期间我做《十二次访问：艺术家》就没有办法带着摄影师一起做，所以只有录音，没有录像。另外，《中国新媒体艺术教育20年》最早采访徐坦和李巨川的时候新冠大流行仍然没有结束，而且我们没有立项，没有经费，因此也是只有录音，没有录像。我想，这些遗憾都是非常重要的体验，也是项目的重要部分。

佳作：您会不会考虑信息的时效性，会否受到新媒体行业信息传播的影响？

李镇：就时效性而言，做书就比做杂志慢，做杂志就比做报纸慢，做报纸又比做新媒体慢，所以做书本身就是一种最缓慢的方式，不会具有特别强的时效性。但是我觉得时间的确对我们有很多影响，比如特别遗憾的一件事就是我们原本有采访吕胜中的计划，但是我们还没约到，他就去世了。所以这件事给了我一个很重要的提示，就是应该想到就做、把握时机。但是就"20年"这个项目而言，我们其实做了一些弥补，比如把刘畑对耿建翌的一篇访谈，以及黄小鹏和吕胜中的自述放到书的附录里，作为对这些为中国的当代艺术教育做出过重要贡献的人的一种纪念。

佳作: 做艺术行业的访谈录有些"跨学科"的意味,属于在历史学研究、社会调查、媒体记者和艺术从业者之间的跨界。这种跨学科的思维有哪些优势或者难点,以及需要平衡的地方?

李镇: 我觉得徐坦说得很好,"跨学科"不是从一个学科跨到另外一个学科,而是进入学科之间的灰色地带。我对当代艺术、新媒体艺术和数字艺术感兴趣的重要原因之一就是它的跨媒介性和跨学科性,以及开放性。其实当代艺术最有魅力的一点就是它既没有核心也没有边界。它迫切需要把各种不是艺术的东西带到艺术的语境中,把各种在其他学科无法讨论的东西带到艺术中,使之转换成为当代艺术的一部分。它在不断地去核心、去边界,它在不断地走出"舒适区",所以它肯定就是跨学科、跨媒介的。当然,跨学科和跨媒介都是很难的,甚至只是跨语言或者跨文化就是很难的。我觉得可能做研究式的采访更关注深度和广度,而媒体式的采访更关注时效性和热点话题。我肯定属于前者。

佳作: 在策展人、艺术家和教育工作者之后,您接下来会考虑针对艺术行业里的哪些人群或现象进行访谈和调研?

李镇: 之前的采访和调研只是一个起点,比如《十二次访问》只呈现了一个小小的艺术圈的生态,做《中国新媒体艺术教育20年》之初其实是想做整个中国新媒体艺术领域的调研,教育只是一个小小的落脚点,因为中国和欧美一样,最初的新媒体艺术探索大都发生在大学和科研机构中。后来我们希望扩展一下,不想只局限在美术学院，所以做成了教育和泛教育领域的调研。有意思的是，"20年"这个项目曾经遭到一些老师的批评，因为大家发现两本书中的受访人全是男性（计划采访的两位女性都拒绝了我们），那么从政治正确的角度来说，这无疑是我们的硬伤。但是同时，我觉得我们的确呈现了过去20年的现象和问题——中国新媒体艺术教育领域的话语权的确一直掌握在男性手中。相反，在"十二次"这个项目中，男女比例完全平衡。

接下来我还想采访更多的艺术工作者，但是可能会从"教育"转向"城市"，因为在调研过程中，我发现中国各个城市的艺术生态远比我可怜的想象丰富得多。具体一点，可能会在城市与媒介的部分融入艺术与科技的调研，然后在城市与社区的部分融入艺术与社会的调研。

佳作：谢谢李老师的分享。

2023 年 8 月 10 日

致谢

本书中的 28 篇文章都来自我学习、工作三段经历期间的所思所想。因此感谢我的硕士导师彦东教授、我的博士导师刘巨德教授，以及我现在的领导李树峰院长。

我与彦风既是工作中的同事，又是生活中的好友，更重要的是我们以及我们的研究生组成了中国艺术研究院专注新媒体艺术和数字艺术研究的团队，在谭平院长的指导下共同完成了北京师范大学"未来设计种子基金"项目和中国艺术研究院院级学术研究项目，完成了《中国新媒体艺术教育 20 年（第一辑）》《中国新媒体艺术教育 20 年（第二辑）》两本访谈录和 24 集同名纪录片，本书中的很多文章尤其是"数字 – 媒体"和"编译 – 访谈"两篇中的文章灵感都以这些研究为基础。

同时感谢机械工业出版社，尤其是饶薇、马晋二位老师。我们的合作从《十二次访问：策展人》《十二次访问：艺术家》开始，包括正在进行的"艺术与科技实验室译丛"，这些合作非常愉快，而且产生了一定的社会影响。

我的研究生田真、张梦迟、赵浩淼、周文奇帮我依据发表文章校对了本书中的一些文章。感谢她们，希望她们都有美好的未来。